억울하니?

임경숙 변호사의 이기는 **法**

제1판 1쇄 인쇄 | 2022년 01월 06일
제1판 1쇄 발행 | 2022년 01월 11일
지은이 | 임경숙
펴낸이 | 이진영
펴낸곳 | 이지컴
주소 | 서울시 서초구 잠원동 44-1 우정빌딩 203호
전화 | 02-512-5038
팩스 | 02-512-5039
출판등록 | 2013년 03월 13일 제 2013-000078호
ISBN 979-11-977533-0-5   03360
정가 16,000원

＊잘못된 책은 바꾸어 드립니다

임경숙변호사의 이기는 **法**

억울하니?

임경숙 지음

EASYCOM

추천사

"모든 국민은 인간으로서의 존엄과 가치를 가지며, 행복을 추구할 권리를 가진다. 국가는 개인이 가지는 불가침의 기본적 인권을 확인하고 이를 보장할 의무를 진다."

우리 헌법 제10조다. 즉, 인간의 존엄성과 행복이 헌법에서 지향하는 궁극적 가치라는 뜻이다. 법은 인간의 존엄과 행복을 위해 존재한다. 여기서 '행복'이라는 말이 조금은 모호하게 느껴질 수도 있겠지만, 보다 만족스러운 삶을 영위하고 불행하지 않을 권리라고 생각하면 되겠다. 저자는 모든 국민들이 억울하지 않고, 불행하지 않았으면 하는 바람에서 글을 쓰게 되었다고 했다. 평소 법 앞에서는 냉철한 모습을 보이면서도, 의뢰인들을 따뜻하게 안아주기도 하는 저자가 어떤 이야기를 풀어낼지 사뭇 궁금해졌다.

원고를 읽어본 후, 가장 먼저 든 생각은 '이보다 쉽고 재미있을 수는 없다'였다. 법조인이 아닌 이들에게는 낯설고 어려울 수 있는 법 조항들을 최소화했고, 실제 사례들을 어떻게 법적으로 해결해 나가는지를 흥미진진하게 풀어내어 독자층을 넓히려는 노력이 돋보였다. 물론 법원의 실제 판례나 소송을 준비하는 과정에서 반드시 놓치지 말아야 할 사항들은 오목조목 집어내어 신뢰성 높은 법률 정보를 전달하고 있다.

오늘날을 살아가는 우리들에게 꼭 필요한 지식은 다름 아닌 법률 지식이다. 이 책은 우리가 살아가며 한 번쯤은 맞닥뜨릴 사례들을 소개하고 있다. 부동산 계약부터 상속 분쟁, 이혼 및 양육 문제, 저작권과 명예훼손까지 많은 이들이 궁금해할 법한 사례들이다. 변호사인 저자가 필드에서 뛰며 접한 다양한 사례들을 예시로 다루며 일상생활에 도움이 되는 법을 보다 이해하기 쉽게, 친절하게 설명한다.

법을 알면, 법이 당신의 일상을 지켜준다. 어렵고 낯선 법을 알기 쉽게 전하고 싶다는 마음으로 하나하나 써 내려간 저자의 글들을 통해 많은 이들이 억울하지 않고 안전한 일상을 영위하며, 든든하고 현명한 대처를 할 수 있었으면 한다. 그리고 이 책이 그것을 도와줄 것이다.

법무법인(유한)산우
대표변호사 **임정혁**

프롤로그

"아는 변호사 좀 있어?"

살면서 한 번쯤은 해보는 말이 아닐까 싶다. '에이 설마~ 무슨 드라마도 아니고, 이런 일이 일어나겠어?'라고 생각하지만, 한 치 앞도 내다볼 수 없는 것이 우리들의 인생이다. 그리고 어느 순간, 나와는 관련 없는 이야기라고만 느껴졌던 일들을 마주하게 된다. 예를 들어 상속을 둘러싼 분쟁부터 부동산과 채무 관계, 그리고 직장 내 괴롭힘과 퇴직, 이혼과 양육 문제, 저작권이나 명예훼손과 같은 자신의 권리를 지키는 일까지 사실상 우리가 체감을 하지 못할 뿐, 우리의 일상생활 곳곳에는 법적인 해결이 필요한 다양한 문제들이 존재한다. 지구에 중력이 있기에 우리가 두 발을 딛고 살아갈 수 있고, 규칙적으로 달이 뜨고 지는 것처럼 법도 마찬가지다. 법은 중력처럼 우리 눈에 보이지는 않지만, 우리를 지탱하고 있으며 그로 인해 사회는 안정적으로 돌아간다.

그런데 왜 법은 같은 말이라도 이렇게 어려운 걸까? 법조문도 어렵고, 법원에서 판사가 써주는 판결문도 정말 어렵다. 법은 분야와 범위도 엄청 방대하다. 일반법에서 특별법에 이르기까지 우리가 자주 접하는 법도 있지만, 어쩌다 만나는 보기 드문 법도 많다. 이러한 법의 모든 분야를 다루는 것은 사실상 불가능에 가까울 정도이다.

　모든 법을 설명해 줄 수는 없지만, 일상생활에서 흔히 접하는 문제들과 주변 사람들이 자주 찾아와 상담하는 주제들을 모아서 누구나 알기 쉽고 이해하기 쉽게 사례를 들어 설명해 줄 수 있으면 좋겠다는 생각을 했다. 설령 아는 변호사가 없어도, 법을 잘 몰라도, 많은 사람들이 억울하지 않게 자신의 권리를 지킬 수 있었으면 하는 바람이었다. 이러한 생각을 기반으로 하나하나 작성한 글들을 일간지를 비롯한 다양한 매체에 꾸준히 기고를 했다. 3년이라는 시간 동안 쓴 글들을 모아보니 상당한 양이 되었다. 그동안의 글들을 모아 한 권의 책으로 만들면 가까이에 두고 언제나 유용하게 펼쳐 보기 좋겠다는 고객과 독자들의 의견에 따라 본 저서로 출간하게 되었다.

　이 책을 통해 법은 어렵고 복잡하다는 고정관념을 잠시 내려놓을 수 있었으면 좋겠다. 법은 어렵지도 멀지도 않다. 친구처럼 가까이에 두고 지내기를 바란다.

　먼저 **이혼/재산분할 편**에서는 최근 급증하는 이혼과 관련한 다양한 사례를 다루었다. 이혼을 원하는 배우자와 이혼을 원치 않는 상대방의 경우, 긴 법정 공방 끝에 결국 이혼이 되는 경우도 있고, 이혼이 성립하지 않는 경우도 있다. 무엇이 이 결과를 만드는 것일까? 또한 평상시 조금씩 쌓이던 불만들이 명절을 기점으로 폭발하기도 한다. 혹시 명절증후군도 이혼의 이유가 될 수 있을까? 이혼과 더불어 가장 치열하게 다투는 부분은 재산분할이다. 정말 가장 치사해지는 부분이기도 하다. 자신이 한 푼이라도 더 가져가기 위해 온갖 핑계를 댄다. 과연 법이 이 핑계들을 어디까지 인정할까? 사실 이혼은 사람의 감정에서 비롯된 것이기에 100% 똑같은 사례는 존재하지 않으며 미묘한 차이에 따라 결과가 달라지는 경우가 종종 발생한다. 다양한 변수가 존재하는 이혼인 만큼, 많은 사례들을 다뤄서 궁금증을 해소할 수 있게 했다.

민사 편에서는 부동산과 관련한 문제들을 주로 다루었다. 건물 철거, 매매계약, 임대차 관계, 건물 보수, 상가 임대차 계약, 주택 임대차 계약 등에서 임차인이 임차료를 안 주면 어떻게 하나, 임차 건물에 하자가 생기면 누가 보수해야 하나, 보증금은 제때 돌려받을 수 있을까, 더 살고 싶은데 임대인이 방을 비워달라고 하면 어떻게 대처해야 하나 등 우리 주변에서 흔히 발생하는 문제들을 사례를 들어 설명하였다. 참고로 임차인뿐만 아니라 임대인에게도 도움이 되는 사례들이 많다.

형사 편에서는 아동학대, 성폭력과 관련한 몰카, 도박, 무면허 운전, 명예훼손, 온라인 사기 등을 다루어 보았다. 그냥 언뜻 보기에는 동일해 보이는 사건이라도 당사자와의 관계, 구체적인 사실관계에 따라 법이 판단하는 결과는 아주 달라질 수 있다. 실제 사례를 기반하여 최대한 자세히 설명을 하였지만, 독자분들이 비슷한 사례를 만나게 되면 이 책에서 나온 결론과 동일하겠거니 하고 일반화하지 마시기 바란다. 반드시 전문가를 찾아 구체적인 상담을 받으시길 권고 드린다. 비슷한 사례라고 할지라도 전혀 다른 결과가 나올 수 있다.

상속/후견 편에서는 드라마보다 더 드라마 같은 현실의 문제들을 다뤘다. 부모님이 돌아가시면 제사상 앞에서 상속인들끼리 유산을 가지고 다툰다. 형제간에 싸우지 말고 화목하게 지내라고 누누이 일렀건만, 돌아가신 부모님이 마음 편히 저승으로 떠나실 수가 없을 정도이다. 그리고 100세 시대와 함께 새롭게 부각되고 있는 노인 부양과 관련한 성년후견 문제도 증가하고 있다. 이에 한정후견, 미성년후견 사례도 함께 살펴보았다.

근로기준법/기업법무/노무 편에서는 근로관계에서 발생하는 여러 가지 문제들, 근로 계약, 휴가, 수당, 산재보상, 징계나 해고, 임금체불, 직장 내 성희롱 등 다양한 사례들을 다루었다.

저작권/상표권/초상권/인공지능 편에서는 인터넷의 발달과 1인 미디어 시대에 걸맞은 사례들이 등장한다. 저작권 문제와 더불어 개인의 초상권, 상표권 등이 주요 이슈였으며, 다양한 사례를 가지고 내방한 의뢰인들과 상담을 많이 하였다. 더불어 이제는 인공지능과 빅데이터의 시대이다. 이세돌을 이기는 알파고부터 그림과 음악까지 만드는 인공지능이 우리들의 앞에 성큼 다가왔다. 이에 따른 법은 반드시 동반되어야 할 것이다. 그래서 인공지능과 관련된 주제를 집중적으로 다뤄보았다. 앞으로 다가올 신개념의 기술이 인간 사회를 어떻게 변하게 할지 자못 기대가 된다.

마지막으로 본 저서에서 가능한 많은 사례를 소개하려고 하였으나 지면의 한계가 있어 103개의 사례만 실었다. 소개하지 못한 더 많은 사례가 있고, 독자들과 나누고 싶은 재미있는 사례는 계속 생기고 있다. 흥미진진한 이야기를 차곡차곡 모아서 독자들을 만나러 조만간 다시 오겠다.

2022년 1월
문정동 사무실에서

목차

이혼/재산분할

019_내가 뭘 잘못했는데. 이혼당하기 싫어
023_바람핀 남편으로부터 각서를 받으려면
026_사랑의 콩깍지. 유효기간은 얼마
029_사주팔자. 궁합 나쁘다고
034_시월드 처가살이 이제그만
037_절대로 결혼하면 안되는 사람 5가지
045_절대로 이혼하면 안되는 사람 2가지
048_조강지처불하당. 이게 뭔말인고
052_졸혼과 이혼 어느 것이 나은가
055_황혼이혼! 이제라도 편하게 살자!
059_매맞는 남편도 아내를 상대로 이혼청구 가능한가
062_배우자의 도박채무를 부부공동채무로 보아야 하나
065_배우자의 간통 시 대처방안은
068_사실혼관계가 파탄나도 재산분할이 가능한가
071_양가 부모의 부당한 대우 이혼사유가 될까
074_유책주의와 파탄주의 어떤게 더 나은가
077_재산분할 후 은닉한 재산을 추가하여 재분할 가능한가
080_협의이혼을 전제로 재산분할 약정을 했다가 재판상 이혼을 하는 경우
083_혼인 파탄 이후 불법행위 손해배상청구권도 재산분할의 대상이 되나
086_혼인기간이 짧은 전업주부도 재산분할 청구할 수 있나

민사

091_멋지게 지은 건물, 철거하고 쫓겨나야 하는 걸까
095_고의 불법행위 자가 과실상계 주장 가능한가
098_로또 1등 당첨금을 나눠주어야 할까
101_매수인이 착오를 이유로 매매계약을 취소할 수 있는가
104_무효인 가등기가 추후약정에 의하여 소급하여 유효한 등기로 전환되는가
107_상가 임차인이 대항력을 갖기 위해 필요한 것은
111_소수지분권자는 공유물 보존행위로서 공유물의 인도를 청구할 수 있는가
114_아파트 매도인의 미납된 공용관리비를 아파트 매수인이 부담해야 하는가
117_아파트 외벽의 균열로 인한 누수 시 누구를 상대로 손해를 청구해야 할까
120_약관의 중요내용에 대한 명시·설명을 어디까지 해야 할까
123_임대인이 2년보다 적은 특정기간만을 정해 전월세 계약을 할 수 있을까
127_임대인이 부동산 인도를 빨리 받으려면
130_임차건물 화재 시 임차인의 손해배상책임의 범위는 어디까지인가
133_임차건물의 수선의무는 누구에게 있는가
136_임차인이 부동산을 임대인의 동의없이 제3자에게 양도하였다면
139_임차인이 상가권리금 회수기회를 보호 받으려면
143_전월세 보증금을 돌려받으려면 임차권등기명령 활용하라
146_전월세 보증금의 증액은 얼마가 가능할까
149_젠트리피케이션! 상가보증금 증액 제한할 수 없을까
153_주민등록이 주택임대차보호법 상 대항력의 요건을 충족시키려면
156_차임을 연체하는 임차인은 어떻게 내보낼수 있나
159_형사고소가 민사채권의 소멸시효를 중단시킬 수 있나

형사

165_'비매품'으로 받은 물건들, 되팔아도 괜찮을까
169_'애인'의 사진을 몰래 찍으면 처벌되나
172_계부모의 방임! 아동학대로 처벌되나
175_내기골프가 도박에 해당할까
178_도로가 아닌 곳에서 무면허운전 할 경우 처벌되나
181_법률상 부부 사이에도 강간죄가 성립하나
184_사실만을 쓴 온라인상 후기도 '명예훼손죄'가 될까
188_상사폭언 상해죄되나
191_아동학대 처벌 어디까지
194_온라인 등을 통한 개인거래 사기도 처벌할 수 있나
198_온라인거래사기꾼의 개인정보도 보호될까

상속/후견

203_돌아가신 아버지의 빚이 너무 많으면
206_법정상속에서 아내의 기여분을 추가로 인정받을 수 있는가
209_사전증여와 효도계약서 어떻게 써야 할까
212_산재법상 유족급여는 상속재산 아닌 유족의 고유재산
215_상속에서 제외된 자녀, 유류분 청구로 상속재산 받을 수 있다
219_상속재산분할협의로 지분을 모두 넘기면 사해행위가 되나
222_유언의 방법과 요건은 어떻게 되나
225_태아도 상속받을 수 있나
228_한정승인과 관련한 의사표시의 효력발생시기는 언제인가
231_고령화 사회! 후견제도는 무엇인가
234_남편이 중증 환자일때
237_동생이 다단계 사기를 당한다면
240_홀로 남겨질 우리 아이, 누가 돌봐주나
243_후견인이 내 재산을 마음대로 쓴다면

근로기준법/기업법무/노무

249_ '아르바이트생'도 연차휴가 및 연차수당 대상인가
252_ '저성과자'라는 이유로 해고할 수 있을까
255_ '프리랜서'도 퇴직금을 요구할 수 있을까
258_ 5인 미만 사업장도 퇴직금 지급해야 하나
261_ 과로와 스트레스도 업무상 재해인가
265_ 관리인 경비원도 근로자, 업무상 사고나 질병에 산재적용 가능한가
268_ 구두로 약속받은 근로계약 갱신도 보호받을 수 있을까
271_ 권고사직이 부당해고에 해당하려면
274_ 근로계약서 작성은 필수인가
277_ 법으로 보장되는 연차휴가, 제한 시 처벌 가능한가
280_ 실업급여를 받으려면 어떤 조건이 필요한가
283_ '모닝커피' 심부름도 '직장 내 괴롭힘'이 되나
286_ 여름 휴가와 휴가비 지급은 의무일까
289_ 외국인 근로자라도 부당해고 신고, 산재신청 가능한가
292_ 임금수준 및 해고 제한 수습근로자도 보호받나
295_ 직원감시를 위한 CCTV설치도 가능할까
298_ 채용과 해고에 '성별'를 차별한다면
301_ 채용예정자의 채용취소, 부당해고로 다툴 수 있나
304_ 체불임금문제 소송이 더 유리한가
307_ 투잡시대, 겸직금지 위반을 이유로 해고 될수 있나
310_ 해고 당일 문자로 받은 해고통보가 효력있을까
313_ '확찐자' 놀림 성희롱 될 수 있나
316_ 휴업이유에 따라 휴업수당 지급의무도 달라지나

저작권/상표권/초상권/인공지능

321_1인 미디어 시대 저작권에 위반되지 않게 하려면
325_내가 찍은 나의 사진, 다른 회사가 임의로 사용하면 초상권 침해인가
328_스크랩이 허용된 사진이라도 영리 목적이면 저작권 침해인가
331_정품을 판매한 경우에도 상표권자의 허락을 받아야 할까
334_인공지능과 드론 및 안티드론
337_인공지능과 변호사 A의 하루
340_인공지능과 비대면 면접
343_인공지능과 예술가
346_인공지능과 워라밸
349_인공지능과 일자리 감소
352_인공지능과 차별
355_인공지능과 코로나19
358_인공지능과 한국판 뉴딜 정책

이혼
재산분할

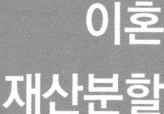

내가 뭘 잘못했는데.
이혼당하기 싫어

'혼인신고서 접수 후 취소는 절대 불가합니다'

구청에서 혼인신고를 할 때 한 번쯤은 봤을 경고(?) 문구이다. 한 번 접수서를 내면 취소가 절대 불가하니, 그만큼 신중하게 결정해야 한다는 의미이겠다. 물론 그 당시에는 행복에 가득 차서 저런 안내 문구가 잘 들어오지 않겠지만 말이다. 하지만 살다 보면 결혼 생활이 행복만 가득한 것은 아니란 걸 깨닫게 된다. 결혼 전에는 보이지 않았던 상대방의 단점이 보이기도 하고, 결혼 생활 자체에 싫증을 느끼기도 한다. 이혼율이 점차 늘어가면서, 우리 주변에서도 이혼한 사례들을 적지 않게 살펴볼 수 있다. 그러나 이혼은 혼인신고서를 작성하는 것처럼 간단한 일이 아니다.

이 사람과는 더 이상 같이 못 살겠다고, 이혼해야겠다고. 분기탱천해서 이런저런 증거들을 잔뜩 들고 찾아오는 의뢰인이 있는 반면, 어느 날 갑자기 날벼락처럼 법원으로부터 날아온 이혼소장을 받아들고 놀라서 어쩔 줄 모르며 찾아오는 의뢰인도 있다. 자기가 왜 이혼 소송을 당해야 하는지 모르겠다는 것이다. 부부가 서로 이혼에 합의하였다면, 변호사 사무실까지 찾아오지는 않는다. 부부가 직접 법원으로 간다. 변호사 사무실까지 찾아오는 경우의 대부분은 상대방과 대화가 안 된다거나, 이혼에 동의하지 않는 경우다.

어느 날 찾아온 의뢰인은 혼인생활 40년이 넘은 부인이었다. 비교적 부유한 집안에서 태어나고 자라 경제적으로 어려움 없이 살았다. 학교를 졸업하고 잘 생긴 청년을 만나 콩깍지가 씌어 친정 부모의 반대를 무릅쓰고 후딱 결혼을 했다.

잘 생긴 청년은 젊은 아가씨에 비해 가정환경이나 경제력, 학벌 등의 조건이 많이 기울었다. 세상 물정 모르던 철부지 아가씨는 오로지 사랑만 있으면 된다고 생각했다. 본인이 궁색함 없이 편안하게 자랐기 때문에 남의 집안도 자기 집안처럼 다 잘 먹고 잘 사는 줄 알았단다. 돈은 항상 집에 있고 필요할 때는 그냥 쓰면 되는 것인 줄 알았단다.

그러나 결혼하자마자 다가온 현실은 만만치 않았다. 시부모님은 시골에 자기 땅 없이 소작농을 하며 사시는 분들이었고, 남편은 그저 그런 직장을 다니며 박한 월급을 받았다. 딸이 사는 게 딱해 보였던 친정 부모님은 신혼부부에게 성미소(방앗간)를 차려줬다. 옛날에는 농사를 지으면 정미소에서 쌀이나 보리를 빻아주고 그 대가를 받았다. 그 이후에도 친정에서 세차장도 차려주고, 한정식 식당도 차려주면서 경제적으로 아낌없는 지원을 해 주었다.

무능했던 남편은 직장도 그만두고 처갓집 도움으로 지역 유지 행세를 하며 호의호식하면서 살았다. 물론 경제권은 부인이 가지고 있었다. 전국 요지에 부동산도 가지고, 아들딸 낳고 잘 살았다. 아니, 잘 사는 줄 알았다. 그러던 어느 날 남편이 아내를 상대로 이혼소송과 재산분할 청구 소송을 하였다. 아내는 소장을 받아들고 너무나 큰 충격을 받아 정신을 잃었다. 응급실에 실려가 검사를 받아보니 쇼크에 의한 급성 뇌졸중이었다. 긴급하게 수술을 진행했다.

아내가 퇴원하고 집에 오니 남편은 짐을 싸서 원룸으로 가출했다. 기나긴 법정 싸움이 시작됐다. 남편은 평생 처갓집과 부인에 대한 열등감에 시달렸다고 한다. 부인이 경제권을 가지고 있어서 재산이 아무리 많아도 자기 마음대로 돈을 쓸 수 없어서 불만인 것이었다. 그래서 이제는 이혼을 하고 있는 돈을 펑펑 쓰면서 편하게 살고 싶다고 했다. 부인의 입장에서는 기가 막히고 코가 막힌 일이다. 부인과 아들딸을 비롯한 가족들이 겪을 아픔의 무게는 전혀 신경 쓰지 않는 모습이었다. 부인을 대리한 저자는 법정에서 부인에게 재판상 이혼 사유가 없다는 점을 강조하였고, 재판부도 부인 측의 주장이 타당하다고 보아 남편의 이혼 청구를 기각하였다. 자유를 선언하고 집을 나갔던 남편은 주머니가 궁색해지자 다시 집으로 돌아왔다.

이혼 재판의 경우 유책주의와 파탄주의로 나뉜다. 미국을 비롯한 서양의 경우, 파탄주의를 채택한다. 이혼의 원인이 누구에게 있든 혼인 생활이 파탄 났다면 이혼이 성립하는 것이다. 반

면 우리나라는 유책주의를 택하고 있다. 혼인 파탄의 원인을 제공한 유책배우자는 이혼소송을 제기할 수 없다. 왜냐하면 축출이혼을 방지하고자 하는데 목적이 있기 때문이다. 축출이혼이란 유책배우자가 무책배우자를 고의로 쫓아내는 이혼이다. 예전에는 남편이 바람을 피워 두 집 살림을 하면서, 상대적으로 경제적 지위가 낮은 조강지처를 일방적으로 쫓아내는 경우가 많았는데 이것을 축출이혼이라고 한다. 현재 대법원은 유책주의를 고수하고 있지만, 이혼율이 점점 증가하면서 파탄주의에 근거한 하급심 판결들도 심심찮게 나오고 있다. 현실적으로 혼인 생활이 지속되기 힘든 경우도 있기 때문이다. 그럴 때는 가정 파탄의 책임 유무를 따지기보다는 이혼을 인정해야 한다는 흐름을 반영한 것이라 볼 수 있다.

상대방이 이혼하고 싶다고 하여 모두 이혼이 되는 것은 아니다. 이혼 사유가 타당하고, 혼인의 회복 가능성이 전혀 없어야 한다. 그러나 당사자가 혼인의 회복을 위해 노력하고, 회복 가능성이 있으며, 가정을 지키고자 노력한다면 우리는 최대한 그 가정을 지킬 수 있게 도와주는 것이 옳다. 가정은 우리 사회를 구성하는 최소 단위이기에 가정이 굳건해야 사회가 반듯하고 사회가 반듯해야 나라도 튼튼하기 때문이다. 가화만사성이라 했던가.

바람핀 남편으로부터 각서를 받으려면

흔히들 사랑은 유치하다고 한다. 별거 아닌 사소한 것에도 서로를 바라보며 웃고 행복해하기 때문이다. 하지만 이별은 더 유치하다. 다 큰 어른인데도 네가 잘못했네, 아니다 네가 더 잘못했네, 하며 싸운다. '그때 네가 잘못했잖아! 각서도 썼잖아!' 하며 과거의 이야기까지 가져와서 누가 더 잘못했는지 시시비비를 가려 달라고 한다. 마치 초등학교 담임선생님 앞에서 '얘가 더 잘못했는데 저한테 괜히 그래요', '아니거든요. 얘가 더 잘못했어요' 하고 이르는 아이들 같다. 사랑이 유치한 만큼 이별의 과정도 참 유치하다.

남편이 바람을 피웠다. 딱 걸렸다. 증거도 완벽하게 모았다. 이혼하자고 했다. 남편이 잘못했다고 한다. 싹싹 빈다. 또다시 바람을 피우면 전 재산을 아내 명의로 해 주겠단다. 다시는 안 그런다고 각서를 쓰겠단다. 혈서라도 쓰겠다고 한다. 이때, 각서를 받으면 안전할까? 또다시 바람을 피우면 진짜 각서대로 전 재산을 아내 명의로 가져올 수 있을까?

아니다.

각서는 각서일 뿐 법적으로 직접적인 효력이 없다. 정상 참작의 자료로 사용할 수 있을 뿐이다. 예를 들어 보자. '다시 바람을 피우면 전 재산을 아내의 명의로 하겠다.'라고 각서를 썼다. 이 각서 한 장으로 부동산의 명의를 변경하고, 은행에서 남편의 예금을 즉시 인출하여 내 계좌로 이체할 수 있겠는가?

그럼 각서가 무슨 소용이람? 그러나 소용이 있기는 있다. 이혼소송으로 갈 경우 남편의 유책을 증명하는 증거자료로 쓸 수 있다. '에이~ 그럼 받으나 마나네?' 그렇지 않다. 이 각서 하나가 있고 없고에 따라 나중에 혹시나 있을 소송에서 커다란 영향을 미칠 수 있다.

아무리 판사 앞에서 '예전에 남편이 바람을 피웠네. 어쩌네. 유책 배우자'라고 목소리 높여 외친들 주장만 있을 뿐 입증할 수 있는 증거가 없으면 소용이 없다. 만약의 경우를 대비해서 모든 증거는 보험 든다고 생각하고 차곡차곡 모아 두어라. 나중에 요긴하게 쓰일 날이 온다.

대기업 임원 출신인 남편이 있다. 젊어서는 직장이 지방에 있는 관계로 주말부부를 했다. 그런데 부인이 바람을 피웠다. 들켰다. 울고불고 빌어서 관대하게 용서했다. 남편이 늙어 은퇴하고 집에만 있자, 부인이 남편 꼴 보기 싫다고 이혼 소송을 했다. 남편은 아닌 밤중에 홍두깨로 뒤통수 맞은 격이다. 남편이 이혼 법정에서 아내가 바람을 피운 내용을 주장했으나, 아무런 증거가 없었다. 법원은 증거로만 말한다.

각서를 두리뭉실하게 '바람을 피우면 전 재산을 주겠다.'라고 쓰면 의미가 없다. 각서를 받으려면 아주 구체적으로 작성하는 게 좋다. 예를 들어 육하원칙에 따라 '잘못'을 구체적으로 쓰고, 그에 따른 지급 액수, 은행 계좌번호, 지급 방법, 지급날짜 등을 확실하게 적는다. 이렇게 구체적인 각서를 써두면 아주 확실한 증거로 사용할 수 있다.

사랑의 콩깍지, 유효기간은 얼마

첫눈에 반했다. 그 사람의 웃는 모습이 너무 멋져서 사랑이 시작됐다. 처음 본 순간 다른 부분은 모두 흑백인데, 그 사람만 총천연색으로 눈부시게 빛이 났다. 처음 봤을 때 천둥과 벼락이 치는 것처럼 심장이 쿵쾅거렸다.

이런 얘기들은 로미오와 줄리엣처럼 운명적인 사람을 만났을 때 하는 표현들이다.

이렇게 강렬한 인상에 이끌려 사랑에 빠졌다는 사람들이 아니더라도 대부분 상대방의 멋진 모습, 중저음의 부드러운 목소리, 환한 미소 등 특정한 모습이나 경험들이 좋아서 사랑을 하게 된다. 그 사람을 생각하면 기분 좋은 설렘이 온종일 나를 감싸고, 앉으나 서나 그 사람만 생각하게 된다. 생각만 해도 설레고 보고 싶고 원하는 건 무엇이든 해주고 싶은 마음이 사랑이다. 그래서 보고 싶고 또 보고 싶어서, 매일 보고 또 보아도 성이 안차서, 김종환이 부르는 "사랑을 위하여" 가사처럼 '이른 아침에 잠에서 깨어 너를 바라볼 수 있다면…' 하고 결혼이라는 걸 한다.

이러한 운명적 사랑이나 애틋한 사랑의 감정에 유효기간이라는 게 있는 걸까? 처음에는 죽고 못 살아서, 하루를 살아도 행복할 수 있다면 그 길을 택하겠다고 하면서, 너 없이는 못 살겠다 해서, 결혼이라는 걸 했는데, 왜 이제는 너무도 미워 죽겠다, 꼴도 보기 싫다고 하면서 사랑이 원수로 변하고 이혼하지 못해 안달이 나는가?

프랑스 프레데릭 베그베데 감독의 "사랑의 유효기간은 3년"이라는 영화가 있다. "사랑? 잠깐 나타났다가 사라지는 안개. 사랑의 현실이란 햇살이 비추면 소멸하는 안개야" 이 영화에 나오는 대사 중 하나이다. 뇌 호르몬을 연구하는 기관의 발표에 의하면 사랑에 빠지는 것은 뇌에서 분비하는 호르몬인 "페닐에틸아민" 때문이며, 이 호르몬이 분비되는 기간이 3개월에서 길어야 3년이라고 한다.

좀 더 자세히 알아보자. 사랑에 빠지면 뇌의 변연계에서 이 호르몬이 작용해 뇌에서 도파민, 노르에피네프린, 세로토닌 등 각성제 역할을 하는 호르몬이 분비되는데, 이러한 호르몬 중 페닐에틸아민이라는 호르몬의 수치가 올라가면 이성이 마비되고 행복감에 도취되는 그야말로 콩깍지가 씌게 된다는 것이다.

아! 이런~ 그토록 아름답고 황홀한 사람의 감정이 고작 호르몬 작용의 결과란 말인가? 어이없고 허무한 일이 아닌가? 기분이 나쁘고 삭막하기까지 하다. 내 인생의 반려자. 운명적인 사랑. 하늘이 맺어준 천생연분. 내 눈의 콩깍지. 이 모든 것이 고작 뇌에서 분비된 얼마 안 되는 호르몬의 영향이고, 이 또한 유효기간이 이토록 짧다니!

저자는 사랑의 호르몬 이론에 동의하지 않는다. 사랑을 그렇게 화학적, 생리학적 요소로 정의하기에는 수많은 문학작품과 그림, 음악에서 아름답고 절절하게 묘사하는 사랑의 서사시들이 철 지난 들꽃들이 시들어 버린 것처럼 불쌍해 보이기 때문이다.

사랑의 호르몬 유효기간이 3년뿐 이라면, 죽음도 불사했던 로미오와 줄리엣의 위대한 사랑이 안타깝고, 사랑을 위하여 평생을 헌신해 온 평강공주 같은 인생 선배들의 삶이 허무하고, 애절하게 노래한 수많은 오페라와 유행가 가사들이 부질없다.

사랑의 유효기간이 고작 3년뿐 이라면. 3년마다 한 번씩 사랑의 감정을 갱신하고 반복하며 살 일이다. 갱신의 횟수를 늘려서 사랑하면서 한 오백 년 살고지고, 백년해로하시기를…

불같은 사랑만이 사랑일까? 따뜻함, 편안함, 연민, 이런 감정도 사랑이 아닐까?

번개 치며 다가오는 불같은 사랑도 있지만, 은근히 구들장 데워지듯 천천히 오는 사랑도 있다. 첫눈에 반하는 사랑도 있지만, 자세히 보고 오래 보아야 사랑스러운 사람도 있다.

그러니 사랑이 식었다고, 더 이상 사랑하지 않는다고, 사랑이 없는 삶을 살기 싫다는 이유로 이혼하니 마네 하며 싸우지 맙시다.

사주팔자,
궁합 나쁘다고

번화가를 돌아다니다 보면 사주팔자와 궁합을 봐준다는 천막에 줄을 서있는 사람들을 볼 수 있다. '누가 그런 걸 믿어'라고 생각할 수도 있겠지만, 한 편으로는 정말 궁금하기도 하다. 내 미래는 어떤 방향으로 흘러갈지, 지금 옆에 있는 사람과 앞으로도 함께 해도 될지……. 본능적으로 인간은 가보지 못한, 경험해 보지 못한 미래에 대한 궁금증을 안고 산다.

첨단 인공지능 알파고가 바둑천재 이세돌을 이기고, 일론 머스크가 달나라를 지나 화성으로 우주여행을 하는 시대이다. 과학이 발달하고 천문학이 발달해도, 우리 힘으로 잘 안 되는 일을 만나거나, 고난에 닥치면 각자가 가지고 있는 신앙에 의지하던가, 그마저도 없으면 민간신앙에 기대게 된다.

사주팔자나 궁합을 둘러싼 분분한 의견을 살펴보자면, 미신이라고 무시하시는 사람도 있고, 오랜 역사를 가진 조상의 지혜이니 어느 정도 참고는 하되 너무 맹신하지만 않으면 된다는 사람도 있다. 철학이고 통계학적으로 타당한 부분이 많으니 신뢰할 수 있다고 하는 사람도 있다. 미래가 잘 안보일 때, 이래야 하나 저래야 하나 갈림길에 서서 판단하기 힘들 때 또는 주변에 아무도 내 얘기 들어줄 사람이 없거나 답답할 때… 그런 때 철학관에 가서 이런저런 신세한탄과 함께 하소연을 하면 속이 풀리면서 도움이 되는 경우도 있다.

저자는 직업의 특성상 상담을 많이 한다. 법률 상담만 하는 것은 아니다. 어느 날 젊은 커플이 상담하러 왔다. "사랑하는 사이라서 결혼을 하고 싶은데, 궁합이 나쁘다네요. 어쩌면 좋아요."

이혼을 앞두고 찾아온 젊은 의뢰인도 있다. 결혼 전에 사주팔자가 사납고 궁합이 나쁘다는 소리를 듣고 시댁에서 반대가 심했는데, 그래도 우겨서 결혼을 했단다. 역시나 결혼생활이 순탄치 않더란다.

집안에 우환이라도 생기면 '새사람이 잘못 들어와서 그렇다', 남편 사업이 신통찮으면 '배우자 사주가 나빠서 네 운이 안 풀리는 거다'라고 탓하는 시어머니가 있다. 안 좋은 일만 있으면 사사건건 사주팔자 트집을 잡으며 스트레스를 주어서 급기야 유산까지 하였다. 오죽하면 '어른들이 사주팔자, 궁합이 나쁘다고 할 때 결혼하지 말걸' 하고 후회를 한다고 했다. 남편도 처음에는 미신이라고 무시하더니, 시어머니가 말끝마다 사주팔자와 궁합이 나쁘다는 얘기로 트집을 잡으니 나중에는 그 말에 은근슬쩍 세뇌가 된 것 같고, 점점 부인을 대하는 게 뜨악해지고 마음이 멀어지는 것 같단다. 그래서 도저히 견딜 수 없다며 이혼을 해야겠다고 찾아왔다.

사주팔자나 궁합이 나쁘다는 것만으로 이혼사유가 될까? 아니다.

그러나 **사주팔자와 궁합이 나쁘다는 이유로 배우자나 배우자의 직계존속이 구박을 하거나 스트레스를 주는 등 심히 부당한 대우를 한다면 이혼 사유가 될 수 있다.** 협의이혼을 하는 것이 가장 깔끔하겠지만, 혼인 파탄의 제공자가 위자료나 재산분할로 한 푼도 줄 수 없다고 하면 재판상 이혼을 해야 한다. 이 경우 배우자 직계존속의 심히 부당한 대우를 입증하여 위자료를 받을 수 있다. 그리고 혼인 기간 동안에 부부가 공동으로 형성한 재산이 있으면 정당하게 재산분할도 할 수 있다.

사주팔자나 궁합이 나쁘다고 하는데, 이걸 노력으로 바꿔서 성공한 사람은 없을까? 신앙으로 극복하는 사례는 있다. 기도의 힘이 운명보다 강하다고 하면서.

사주팔자나 궁합을 믿는 것은 운명론 또는 결정론을 믿는 것과 같은 맥락이다. 결정론이란 그 사람의 운명이 이미 정해져 있고, 그 사람이 아무리 벗어나려 해도 정해진 프로그램에 따라갈 수밖에 없다는 이론이다. 운명론 또한 이미 조물주가 정해 놓은 수순대로 살아가게 되고, 본인이 아무리 벗어나려고 노력해도 궁극적으로 정해진 운명에 따라 움직인다는 것이다.

이와 반대되는 이론이 환경론 또는 변화론이다. 우리 속담에 '팔자 고친다'는 말도 있다. 어떤 환경과 사람을 만나느냐에 따라 전혀 다른 결과를 만들어 낼 수 있다는 말이다. '코이의 법칙'을 아시는가? 코이라는 물고기는 작은 어항에다 기르면 5~8cm밖에 자라지 않지만, 커다란 연못에 넣어두면 15~25cm까지 자란다. 그러나 더 넓은 강물에 두면 90~120cm까지 자란다. 동일한 유전자를 가지고 태어났지만 어떤 환경에서 자라는지, 어떤 생각을 하며 사는지에 따라 전혀 다른 결과가 나타난다는 것이다.

저자는 결정론보다는 환경론을 좀 더 지지하는 편이다. 그렇다고 결정론을 완전히 무시하는 것은 아니다. 환경론적인 입장에서 결혼생활을 살펴보자. 벨린다 루스콤은 '결혼학개론'이라는 책에서 결혼이란 삶을 업그레이드하는 이벤트라고 하였다. 사람들은 결혼을 통해 성취감과 안정감, 헌신, 자유, 협력, 개인의 가치 향상, 변화와 같은 가치를 원하고, 무엇보다 감동을 원한다. 결혼이 동반자적 관계를 의미하지만, 무엇보다 정서적 의미에서 친밀감을 요구한다.

결혼은 서로 협력하고 성취감을 느껴가며 서로가 서로에게 성장하는 촉진제로서의 역할을 해야 한다. 일방적으로 상대방에게 헌신과 희생을 요구하던 시대는 지났다. 각자의 성장을 위해 힘쓰고, 상대방의 성장을 위해 기꺼이 도와주는 태도를 가져야 한다. 결혼은 인생의 마라톤이다. 사소한 부분에서 다툴지라도, 큰 틀에서는 같은 방향을 바라보며 함께 성장할 수 있는 관계이어야 한다.

'코이의 법칙'처럼 두 사람이 함께 만들어 가는 결혼생활이 작은 어항인지, 연못인지, 넓은 강물인지에 따라 결과가 전혀 달라진다. 사주팔자. 궁합이라는 운명이 정해져 있더라도 어떠한 환경을 만드는지에 따라 훌륭하고 멋진 결혼생활을 할 수 있다.

　사주팔자. 궁합이 나쁘다고 좌절하거나 우울해하지 마시기를…

시월드 처가살이
이제그만

　전혀 다른 환경에서 20~30년 가까이 자란 젊은 남녀가 만났다. 부모도 다르고, 자라온 환경도 다르고, 교육배경도 다르다. 너무도 다르게 자란 두 사람이 함께 살기로 결정한 이후, 덤으로 따라오는 양가 가족이 있다. 결혼이란 두 사람이 너무도 사랑해서 가정을 이루는 것인데, 둘만 사는 게 아니다. 서로 다른 둘이 맞춰가며, 양보하며, 때론 싸우며 살기도 바쁜데, 양가 집안에서 문제를 거든다.
　예전부터 시집살이의 고단함을 '벙어리 3년, 장님 3년, 귀머거리 3년'이라고 했을까? 요즘 젊은 새댁들은 '시~'로 시작하는 단어는 모두 싫어해시 '시금치'도 싫다고 하는 농담이 있을 정도이다. 고부갈등만큼이나 심각한 새로운 갈등의 양상이 장서 갈등 즉 처가살이다. 결혼을 하니 장인 장모님의 간섭이 여간 어려운 게 아니다. 다른 집 사위들과 수시로 비교하고, 수입이 많네 적네 타박하고 사사건건 잔소리를 하는 것이다.

이러한 시집살이, 처가살이 갈등이 고조되는 시점은 특히 명절이나 양가의 큰 행사가 있을 때다. 특히 명절 전후로는 명절증후군이라는 말이 생길 정도로 양가와 관련한 갈등이 노골적으로 드러난다. 명절에 어느 집부터 먼저 가는지, 용돈을 얼마만큼 드려야 하는지 등을 가지고 신경전을 벌이기도 한다. 엄청 피곤한 일이다.

명절 전후로 저자를 찾아오는 의뢰인 중 명절증후군을 호소하는 케이스는 너무 많아서 일일이 열거하기도 힘들 정도이다. 평상시에 누적되어 있던 갈등이 명절을 기점으로 폭발하는 것이다. 더 이상 못 참겠다고 한다. 시어른들은 명절 음식 준비, 제사, 뒷설거지 등 며느리들이 힘들게 일하는 것이 당연하다고 생각한다. 며느리들이 다리에 쥐가 나고 허리가 으스러지도록 일하는 동안 아들들은 하나같이 방에서 TV 보면서 맛있는 명절 음식 대령하라고 큰소리만 친다. 얼마나 불공평한 일인가! 맛있는 음식 장만도 산더미 같은 설거지도 함께 할 일이다. 며느리만의 일이 아니다.

서양에서는 결혼하여 분가하면 양가 어른들은 간섭을 잘 안 한다. 며느리에게 요구하는 의무사항도 없고, 시댁에 가면 손님처럼 앉아 있다가 온다. 사위에게 잔소리하지 않고 그렇다고 백년손님 대하듯 어려워하지도 않는다. 쿨~~하다.

이제는 세상이 바뀌었다. 양가 어른들이여~ 자녀들이 결혼하면 마음에서 독립시켜 주자, 어린 아기의 이가 자라면 이유식을 먹여 젖을 떼듯이, 자녀들이 결혼하여 가정을 이루면 심리적 이유식을 하여 마음의 젖을 떼자. 자녀들이 지지고 볶으며 사네 마네 하더라도 적당한 거리를 두고 알아서 하게 놔두자. 며느리 도리, 사위 책임 등 자녀들에게 너무 많은 의무를 강요하지도 말고, 효도하라고 요구하지도 말자. 자녀들을 독립시켰으니 어르신들은 홀가분하게 여생을 즐기자.

절대로 결혼하면
안되는 사람 5가지

"행복한 가정은 서로 닮았지만, 불행한 가정은 모두 저마다의 이유로 불행하다." 톨스토이 작품 '안나 카레니나'는 이렇게 시작한다. 많은 분들이 저마다의 불행한 사연을 가지고 저자를 찾아온다. 시집살이가 힘들어서, 돈이 없어서, 폭력이 심해서, 낭비벽이 심해서, 바람을 피워서 등……. 상담을 하다 보면 절대로 결혼을 하면 안 되는 유형의 사람들에 대한 기준이 나온다. 젊은 선남선녀들에게 처음부터 이런 사람은 절대 만나지 말라고 알려주고 싶다.

설령 이런 사람이 돈이 많고, 잘 생기고, 멋있고, 엄청 잘해준다 하더라도 아예 쳐다보지도 말라. 처음 만날 때는 잘 모를 수도 있다. 그러나 알게 되면 바로 헤어져라. '혹시나 바뀔 수도 있지 않을까? 내가 사랑으로 그 사람을 변화시키면 되지. 신앙으로 극복할 수 있어'라고 생각한다면 일찌감치 꿈 깨시라. 사람은 절대 안 변한다. 절대로 결혼은 하지 마라. 만약 결혼했다면 아이가 생기기 전에 얼른 헤어져라. 아이가 생기면 헤어지기 정말 힘들어진다. 불행한 생활을 견디고 고통을 감내하면서 결혼생활을 유지할 것인지 진지하게 고민해 봐야 한다.

절대로 결혼하면 안 되는 사람의 유형을 대표적으로 5가지만 설명하겠다.

1. 상습적으로 폭력. 폭언을 하는 사람

다른 사람들에게는 천하에 둘도 없는 호인이면서 집에만 오면 입에 걸레를 물고 사는 사람이 있다. 폭언은 물론 폭행도 서슴지 않는다. 그러면서 반성하지 않는다. 맞을 짓을 하니 때렸다고 한다. 오죽하면 때리겠냐고도 한다. 말로 안 되니 때려서라도 가르쳐야 한다고 합리화한다. 학력이 높거나 머리가 좋으면 더욱 지능적으로 폭언과 폭력을 행사한다. 증거를 안 남긴다. 얼굴 등 보이는 곳은 안 때린다. 남들이 보이지 않는 곳만 전략적으로 폭행한다. 말로 고문하는 게 얼마나 고통스러운지 아시는가? 지능적으로 교묘하게 약점을 후벼 파면서 괴롭히는 것을 안 당해본 사람은 상상도 못한다.

이런 사람은 아무리 돈을 잘 벌고, 사회적 명성이 높아도 절대 같이 살면 안 된다. 의뢰인의 남편은 대학교수이고 외국 유학까지 갔다 온 최고의 지성인으로서 대학 총장까지 역임했다. 겉으로는 최고의 지성을 자랑하지만 집에만 오면 이루 말할 수 없는 '개아들'이 되었다. 의뢰인은 너무도 창피하여 친정에도 친구들 아무에게도 말을 못 했다. 의뢰인의 딸내미가 더 이상 참지 말라고 등 떠밀며 엄마와 함께 저자를 찾아와서 이혼소송을 의뢰했다.

2. 상습 도박 중독

어느 날 아주 예쁘고 여리한 분이 찾아왔다. 오자마자 펑펑 울기 시작했다. 저자는 마주 앉아서 그분이 눈물을 그치기까지 차분히 앉아서 기다렸다. 잠시 진정이 되자, 그분은 블랙박스 영상 사진을 보여 주었다. 강원도 정선 강원랜드로 가는 길의 사진, 강원랜드 주차장에 들어가는 사진, 그리고 강원랜드에서 나와서 집으로 오는 사진. 날짜별, 시간 순서대로 정리가 된 사진들을 보여 주었다. 남편이 인터넷 게임을 즐기는 것은 결혼 전부터 알고 있었다. '게임 정도야' 하고 대수롭지 않게 생각했다. 그러나 남편의 은행거래내역에 '인터넷 스프츠토토'가 찍혀 있었다. 게임의 금액을 누적해보니 1년에 억 단위가 넘었다.

어느 날부터인가는 야근한다고 하면서 새벽에 들어왔다. 바쁜가 보다 했다. 그런데 야근이 너무 잦았다. 기분이 싸~ 했다. 혹시나 하고 차량 내비게이션의 경로 검색을 하니, 야근했다고 하는 날 강원도 정선에 갔다 온 기록이 수두룩하게 있었다. 블랙박스를 보니 역시나 강원랜드 사진이 날짜별로 있었다. 처음에는 화를 냈다. 미안하다고 했다. 다시는 안 그런다고 했다. 한 번만 믿어달라고 했다. 그러나 오래가지 않았다. 또다시 도박을 하고 있다는 것을 알았다. 그다음에는 얼러보기도 하고, 협박을 해보기도 하고,

눈물로 호소해 보기도 했다. 아무 소용이 없었다. 더 이상 희망이 없어서 이혼했다.

3. 마약 중독

우리나라는 마약 청정지역이었다. 그러나 지금은 한해 마약사범만 1만 6000명이 검거되고 있다. 해외 유학생이나 재벌가 또는 일부 연예인들의 마약 투약 사실이 드러나면서 모방범죄까지 생기고 있다. 마약이라고 하면 대마초, 히로뽕, 모르핀 등을 생각하기 쉬우나, 의사의 처방전이 있으면 비교적 쉽게 구하는 수면제인 졸피뎀이나 수면내시경 때 사용하는 프로포폴도 마약이다. 최근 해외 유학생들이 외국에서 마리화나 같은 것에 비교적 쉽게 노출되어 있다가, 국내로 돌아오면서 가지고 들어오다가 검열에서 걸리는 경우도 심심찮게 있다.

저자를 찾아온 의뢰인은 대학생이었다. 친구들과 함께 베트남에 여행을 갔다가, 호기심에 대마초 담배를 사서 돌려가며 피웠다. 어느 날 사귀던 남자친구에게 일방적으로 헤어지자고 통보를 하였더니, 의뢰인이 베트남 여행에서 대마 흡연을 한 사실을 알고 있던 남자친구가 경찰에 의뢰인의 마약 사실을 고발하였다. 마약사범은 엄격하게 처벌한다. 저자는 초범이고, 호기심에 딱 한 번 한 사실을 들어 관대한 처벌을 구했다. 의뢰인은 징역 8월에 집행유예 2년을 선고받았다. 의뢰인은 눈물을 흘리며 깊이 반성하고 다시는 유혹에 빠지지 않겠다고 다짐을 하였다. 그러나 마약은 중

독성이 강하다. 한번 마약이 주는 황홀한 쾌감을 맛본 사람은 강렬한 그 유혹을 뿌리치기 힘들다. 그래서 본인의 의지와는 상관없이 중독이 되기 쉽고, 마약을 끊는 것이 생각보다 훨씬 어려워 불가능에 가깝다고 한다.

4. 바람기 많은 사람

이혼상담 중 가장 많이 접하는 사례가 배우자의 외도, 불륜, 바람이다. 평균 수명이 100세를 바라보는 시대를 살면서, 사별이든, 이혼이든 배우자가 2회 이상 바뀔 가능성이 높다는 우스갯소리도 있다. 평생을 어떻게 한 사람하고만 사느냐고 목소리 높이던 드라마의 불륜남도 있다. '남자는 열 여자 마다하지 않는다.' '절구통도 치마만 두르면 예쁘다.' 등 남자의 바람기를 합리화하는 속담은 차고 넘친다. 옛날에는 본처 외에도 후처, 첩 등을 두는 것을 능력 있는 것으로 여기던 시절도 있었다. 중동의 어떤 나라는 일부다처제를 법적으로 인정하기도 한다. 그러나 우리나라는 일부일처제이다. 부부는 정조의 의무가 있다. 아내든 남편이든 자신의 배우자에게만 충실해야 한다. 한 눈 팔지 마라.

간통죄가 사라지고 상간자소송이 급격히 늘었다. 배우자가 아닌 다른 여자나 남자에게 '사랑해. 보고 싶어' 같은 문자를 보내면 간통하지 않았더라도 '부정행위'로 인정될 수 있다. 상당한 위자료 청구도 가능하다. 당사자는 유책 배우자가 된다. 상습적으로 배우자가 아닌 외간 여자나 남자와 간통을 하는 배우자와는 빨리 끝내라. 평생 마음고생한다.

  어느 날 저자를 찾아온 착한 남편은 아내의 바람기를 감당하기 힘들다고 했다. 아내는 수시로 남자를 바꿔가면서 바람을 피웠다. 남편은 어린 아들이 불쌍해서, 참고 살았다고 한다. 아내의 바람을 처음 알았을 때 바로 이혼하지 못한 것을 후회하면서 지금이라도 이혼해야겠다고 한다. 아내도 처음에는 잘못했다고 손이 발이 되도록 싹싹 빌더란다. 그래서 마음이 약해져서 용서를 했단다. 그러더니 그다음에 바람을 들켰을 때는 사업상 만나는 사람이라고 거짓말을 하더란다. 이혼을 결심했다가 어린 아들이 눈에 밟히더란다. '내가 조금만 더 참자'라고 생각했지만, 최근에도 바람을 피워서 더 이상은 참을 수 없다고 했다. 더 이상 불행하게 살고 싶지 않아서 용기를 냈다고 한다. 배우자가 바람을 피우면 스스로 본인을 자책하는 경우가 있다. 내가 무엇인가 부족해서 그런가 하고 내가 잘하면 다시 돌아올 것이라고 생각한다. 문제의 원인을 자신에게 찾는다. '내가 무엇인가 소홀했나 보다.', '내가 너무 꾸미지 않아서 그런가 보다.'라며 자신의 탓으로 돌리는 경우도 있다.

  반대의 경우도 있다. 바람을 피운 당사자가 반성은커녕 남 탓을 한다. "너 때문이야. 네가 아무렇게나 하고 있으니 싫증이 났어. 권태기야. 지겨워. 네가 집에서 아무렇게나 입고, 화장도 안 하고, 방귀도 아무 데서나 뿡뿡 뀌고, 조신한 맛이 없어. 밖에 나가봐 예쁜 여자들이 얼마나 많은데…" 완전 적반하장이다. 이런 사람은 약도 없다. 미련 없이 떠나시라.

5. 의부증, 의처증 심한 사람

　연애 초반에는 상대방의 지대한 관심과 구속을 나에 대한 큰 사랑이라고 착각한다. 아니다. 그건 의처증이나 의부증이다. 사랑이란 탈을 쓴 집착이다. 저자의 의뢰인은 부인의 의부증에 시달리다 찾아왔다. 처음에는 자신의 직장 동료와 무슨 관계냐 추궁하더란다. 아무 사이 아니라 했다. 그럴 리가 없단다. 미행을 붙이기도 했단다. 남편은 부인의 의부증을 도저히 견딜 수가 없어서 못 살겠단다.

　반대의 경우도 있다. 이번에는 남편의 의처증 때문에 찾아온 의뢰인이다. 아내가 회사에서 회식을 하면 엄청 싫어한다. 수시로 문자를 보내고, 즉시 답변이 없으면 바로 전화가 온다. 어디에 있는지 위치를 찍어 보내라고 하고, 회식장소에 와서 기다리고 있다가 픽업해서 오겠다고 한다. 휴일에 친구도 못 만난다. 어쩌다 친구들 모임에 나가면 수시로 전화하고, 어디냐고 묻고, 누굴 만나는지 인증샷을 찍어서 보내라고 한다. 아내 몰래 핸드폰 검사를 하는 것은 기본이다.

　또 다른 의처증의 사례는 부인이 춤바람이 났다고 의심을 한 남편이다. 부인은 견디다 못해 집을 나갔다. 그러자 남편은 술을 엄청 먹고, 취한 채로 부인에게 전화를 걸어 집으로 돌아오지 않으면 집에 불을 지르고 죽어버리겠다고 협박을 했다. 보다 못한 아들이 119에 신고를 했다. 남편은 정말로 가스렌지 연결호스를 잘랐다. 경찰이 문을 부수고 들어가 남편을 체포했다. 남편은 방화미수로 구속되어 실형을 살았다.

통상적인 의처증, 의부증을 보이는 경우에 저자는 부부심리 상담을 권한다. 먼저 상담을 받아보고, 문제의 원인을 분석하고 치료해 보자고 한다. 그래도 해결책이 없으면 법의 도움을 받자고 한다. 이혼은 언제라도 할 수 있으니.

과도한 집착과 의심으로 인한 심각한 상태의 의부증, 의처증인 경우 가정폭력을 동반하기도 한다. 심지어 살인까지도 한다. 사랑이란 이름의 탈을 쓴 의부증, 의처증에 속지 말아야 한다.

저자는 많은 의뢰인들과 상담을 하면서 가능하면 이혼은 하지 말라고 한다. 신중하게 결혼을 결정한 만큼 이혼은 더더욱 신중하게 결정하라고 권한다. 그러나 위 5가지 경우의 의뢰인에게는 오히려 이혼하는 것이 최선이라고 한다. 결혼을 앞둔 젊은 남녀들에게 이런 경우에는 절대로 결혼하지 말라고 한다.

사람은 고쳐지지 않는다.

절대로 이혼하면
안되는 사람 2가지

　결혼해서 살다 보면 가끔씩 욱~하고 올라오면서 '확 때려치울까' 하고 이혼을 생각해 보는 경우가 왕왕 있다. 살면서 어찌 매일매일 꽃길만 있으랴. 고비 고비 어려움도 있고, 본의 아니게 상처 주거나 받는 경우도 있고, 사네 마네 하면서 치열하게 다툴 때도 있다.

　결혼할 때는 평생 배우자가 연애할 때처럼 사랑스럽고, 달콤한 말을 속삭여주고, 아침에 눈을 뜨면 스윗한 눈길로 바라봐 주면서 항상 깨가 쏟아지게 살 줄 알았다. 어찌 하루하루가 비단길이고, 꿈길같이 좋기만 할까? 어쩌다 가끔 좋은 일이 있으면 그걸 에너지 삼아 힘들고 어려운 날들을 견뎌 가는 것이다. 산다는 것은 오히려 무덤덤하게 습관처럼 반복되는 일상이 더 많은 것이다. 그렇게 하루하루 살다 보면 아이들도 자라고, 살림살이도 나아지고, 검은 머리 파뿌리가 되도록 백년해로하게 되는 것이다.

이혼하고 싶은 이유는 너무도 많다. 폭력·폭언·불륜·도박·마약·의처증·의부증 이런 사유는 빼자. 이런 것은 당연히 이혼해야 하니까. 그러나 돈이 너무 없어서, 가난하게 사는 게 싫어서, 사는 게 너무 심심하고 단조로워서, 권태기가 찾아와서, 사랑이 식어서 등등 수많은 사유로 불쑥불쑥 이혼하고 싶어질 때도 있다. 이혼하고 싶더라도 절대로 이혼하면 안 되는 경우가 있다. 곰곰이 생각해 보고 자신이 이런 경우에 해당되면 절대로 이혼하지 말라.

1. 경제적으로 자립 준비가 안된 사람

맞벌이는 해당이 안 된다. 경제적 능력이 있는 분은 이 부분을 건너뛰어도 된다. 결혼 후 경력이 단절되었거나, 특별한 기술이나 자격증이 없이 살림만 했다면, 이혼하더라도 생계가 막막할 수 있다. 이혼 후 재산분할을 하더라도 재산 규모에 따라 막상 나눠보면 얼마 안 되는 경우가 많다. 준재벌이나 부모로부터 상당한 재산을 물려받은 사람이 아닌 보통의 평범한 부부를 기준으로 예를 들어보자. 대부분 혼인 기간 동안 공동으로 형성한 재산이 아파트 한 채에 약간의 현금 정도이다. 아파트에 대출이 있으면 대출 금액을 공제한 금액으로 계산한다. 이를 절반으로 나눈다. 그러면 실제로 손에 쥐는 것은 얼마 안 된다. 그 돈으로 혼자 나와서 또는 어린 자녀들을 데리고 나와서 살아가려면 정말 삶이 팍팍해진다. 정말 이혼해야겠다면, 도저히 못 살겠다고 마음을 먹으면 이혼하기 전에 자격증 공부를 하라. 기술을 배워라. 충분히 자립할 정도로 능력을 갖춘 후에 이혼을 해라.

2. 외로움을 많이 타는 사람(정서적 독립 준비)

경제적 자립만큼 중요한 요인이 하나 더 있다. 정서적 독립이라고 한다. 외로움을 많이 느끼고, 주변 사람과의 애착관계가 어긋나면 우울하거나 불안해하는 사람이 있다. 의존적 성향을 가진 사람은 홀로서기가 힘들 수 있다. 심리치료가 필요하다. 평상시 자존감이 낮거나, 남의 평가나 판단에 민감하고, 자신 있게 결정하지 못하고, 다른 사람의 의견에만 의존하는가? 그렇다면 이혼을 하기에 앞서 전문 심리상담을 먼저 하라. 자신의 상황을 객관적으로 바라보고 스스로 바로 잡을 수 있는 내면의 힘을 길러야 한다. 그래야 이혼을 하더라도 자존감을 가지고 주도적으로 삶을 바라보고 행복한 방향으로 꿋꿋하게 살아갈 수 있다.

결론을 말하자면 경제적이나 정서적으로 독립할 능력이 될 때 이혼을 하라. 만약 준비가 안 되어 있다면 충분히 힘이나 능력을 기른 후에 하라.

조강지처불하당. 이게 뭔말인고

구관이 명관! 조강지처만한 사람은 없다.

貧賤之交不可忘 빈천지교불가망
糟糠之妻不下堂 조강지처불하당

가난하고 천할 때 사귄 친구 잊어서는 아니 되고,
술지게미와 쌀겨가루 먹으며 가난을 함께 한 아내는 내보낼 수 없다.

《후한서(後漢書)》〈송홍전(宋弘傳)〉에 나오는 말이다. 즉, 지금 부유하고 잘 나간다고 하여 어려운 시절의 친구를 잊지 말고, 지금 권태기가 들거나 다른 집 아녀자가 눈에 들어온다고 하여, 함께 고생하고 동고동락하며 살아온 배우자를 버리고 바람피우지 말라는 말이다. 혹자는 무슨 꼰대 같은 소리냐, 지금 이혼율이 얼마이고, 인간 평균수명이 100세가 되는 세상에 어떻게 한 사람 하고만 평생을 사느냐, 옛날 호랑이 담배 피던 시절을 얘기하지 말라고 할 수도 있다.

그러나 저자는 꼭 이 말을 하고 싶다. **조강지처 버리지 마라!**

2020년 연말을 기준으로 혼인건수는 21만 4천 건인데, 이혼건수는 10만 7천 건이었다. 단순히 산술식으로만 비교하자면 혼인 건수의 절반이 이혼한다고 볼 수 있다. 물론 통계전문가가 보면, 혼인 연도, 혼인 기간 등 여러 가지 변수를 종합적으로 함께 고려하여 검토하여야 정확한 통계가 나오지, 단순히 혼인 건수와 이혼 건수만을 비교하면 통계학적 오류가 발생한다고 반박할 수 있다.

맞다. 그런데 그렇게 통계학적으로 분석하면 머리도 너무 아프고, 통계학 강의도 아니니 지금은 그런 변수까지 포함하여 분석하는 것은 논외로 하자.

그냥 단순하게 생각해보자. 작년 한 해 동안 21만 4천 쌍이 혼인을 했는데, 이혼한 건수는 10만 7천 건이니 이혼율이 절반이나 된다. 이 때문일까? 결혼식은 올리되, 혼인신고는 바로 하지 않는 사실혼 관계의 젊은 신혼부부들도 늘고 있다. 같이 못 살겠다고 판단하면 얼른 헤어지고, 괜찮으면 그때 혼인신고를 하겠다는 영리한 발상이다. 이런 사실혼 관계는 위 통계에 포함되지 않으니, 실질적인 혼인과 이혼의 건수는 더 많아진다.

이혼소송을 상담하다 보면 이혼 사유의 상당 부분을 차지하는 것이 배우자의 바람과 불륜이다. 예전에는 간통죄라는 것이 있어서 형벌로 응징을 할 수 있었는데, 지금은 간통죄가 폐지되고 나니, 형법이 아닌 민사소송인 상간자 손해배상 소송이 급격하게 늘고 있다.

간통죄의 경우는 두 사람이 그야말로 직설적으로 간통하는 현장을 잡아서 그 증거를 들이밀어야 하기 때문에 증거 잡기가 무척 힘들었다. 그러나 상간자 손해배상 소송에서의 증거는 배우자의 카톡 문자, 사진, 전화 통화 녹음, 블랙박스 영상 등 아주 다양하게 수집이 가능하고, 직접적인 간통 현장이 아니더라도 야한 농담이나 아이콘 등도 간접증거로 인정이 되고 있다. 그러다 보니 예전보다 배우자의 부정행위를 입증하기가 훨씬 수월해졌다. 배우자가 방심하는 사이에 카톡이나 전화 통화 내역, 문자 등을 들여다보고 사진을 찍어둘 수 있기 때문이다.

평상시에 배우자가 수상한 행동을 하거나, 왠지 모를 싸한 느낌이 오면 배우자 모르게 증거수집에 들어가기도 한다. 바람을 피우는 당사자는 배우자가 눈치를 못 챌 정도로 완벽하게 바람을 피우고 있다고 착각한다. 그러나 배우자의 육감은 생각보다 매우 정확하고 빠르다. 딴짓을 하면 바로 들키게 되어 있다.

저자의 의뢰인은 배우자의 바람을 눈치채고 배우자의 핸드폰을 샅샅이 확인하여 카톡과 문자, 사진 등을 모두 확보해 두었다. 심지어 배우자에게 각서까지 받아 두었다. 배우자에게 정리하고 돌아올 시간을 주었으나 배우자가 미적거리자 바로 상간자 소송을 하였고, 저자는 손해배상 금액을 두둑이 받아내어 의뢰인을 흡족하게 해 주었다.

저자의 또 다른 의뢰인은 상간자였다. 즉 상간자 소송의 당사자가 되어 억울하다고 찾아온 경우이다. 골프 모임의 멤버들과 골프를 치고, 장난으로 몇 가지 이모티콘을 카톡으로 보내며 골프 모임에 계속 나오라고 문자를 보낸 것이 상대방 배우자에게 딱 걸려버렸다. 상대방 배우자는 추가 증거를 확보하지 못한 채, 카톡 문자만을 증거로 상간자 소송을 걸었다. 저자는 단둘이 만난 것도 아니고, 모임에 계속 나오라는 취지로 문자를 보냈을 뿐이며, 부정행위를 암시하는 어떠한 내용도 없음을 이유로 반박하여 결국 원고 청구 기각을 받아 상간자 소송을 전부 이겼다.

이런저런 사유로 인한 상간자 소송은 셀 수 없이 많으며, 그 사례 또한 무척 다양하다. 의도하든 의도하지 않았든 배우자가 아닌 사람들과 어울리는 기회도 많고, 구설수에 오를 일도 많아졌다. 놀 때는 화끈하게 놀더라도 뒤끝은 남기지 마라. 증거를 남기지 말라는 얘기가 아니다. 상대방이 오해할 만한 행동을 하거나 바람을 피우지 말라는 얘기다.

구관이 명관이고, 같이 고생하며 오랜 시간 함께 살아 온 배우자가 최고다.

졸혼과 이혼
어느 것이 나은가

　어느 연기자에 이어 소설가가 '졸혼'을 선택했다. 소설가 부부는 지난해 말부터 이혼을 논의하다가 최근 '졸혼'에 합의했다고 밝혔다. 이들은 한 매체와의 인터뷰에서 "건강이 나빠지면서 여러 생각이 들었다. 남편이 이혼을 원치 않아 졸혼으로 합의했다"라며 "지금이라도 내 인생을 찾고 싶었다. 잘 해낼 수 있을지 걱정이 되지만 마음은 편안하다"라고 심경을 밝혔다.

　'그럴 거면 그냥 이혼을 해. 이혼이랑 뭐가 달라?'라고 생각하는 사람이 있을 수도 있다. 대체 졸혼은 어디에서 처음 시작된 말일까? 졸혼이라는 개념은 생각보다 오래되었다. 2004년, 일본의 스기야마 유미코 작가가 〈졸혼을 권함〉이라는 책에서 처음 사용한 용어이다. 부부 관계는 유지하지만, 결혼의 의무에서는 벗어나 자신만의 시간을 갖는다는 뜻이다. 몇십년 동안 누군가의 아내 혹은 남편, 엄마 혹은 아빠로 살아왔기에 이제는 그런 역할을 내려

놓고 자기 자신을 다시 찾아보자는 의미로 처음 쓰인 것이다.

우리 사회에서 졸혼(卒婚)이라는 단어는 2016년에 소개된 이래 '결혼을 졸업한다'는 의미를 가진 신조어로 다루어지고 있다. 즉, 졸혼은 이혼을 하지 않은 채 부부 관계를 정리하고 서로 간섭 없이 독립적으로 살아가는 것을 가리킨다. 졸혼은 현행 법률상 인정되는 제도는 아니기에 그 형태가 다양하고, 성립요건을 구체적으로 단정할 수는 없다. 다만, 졸혼 역시 혼인 당사자 사이의 계약이기에 이혼하지 않고 혼인관계를 유지하며, 서로 독립하여 간섭하지 않는 가족 관계를 유지한다는 점에 의사 합치가 있어야 한다.

따라서 다른 배우자의 의견을 무시한 채 일방 당사자의 주장만으로는 졸혼이 성립될 수 없다. 즉 부부 양 당사자 의사의 합치가 없는데도 일방이 졸혼이라고 주장하면서 별거 등을 시도하거나 이를 합리화하려 한다면 악의의 유기(민법 제840조 제2호) 또는 기타 혼인을 계속하기 어려운 중대한 사유(민법 제840조 제6호)에 해당하여 재판상 이혼 원인이 될 수 있다.

그렇다면 졸혼이 이슈로 급부상하는 원인은 무엇일까. 이혼보다 졸혼을 선택한 사람들의 이유를 살펴보면, 첫 번째로 **'이혼 관련 스트레스를 회피하기 위해서'**이다. 부부가 이혼을 하는 경우, 남성은 사회적 명예로 인한 스트레스를, 여성은 이혼 후 경제문제와 가족문제로 인한 스트레스를 받는 것이 일반적이다. 두 번째로 **'결혼생활 형태를 계속 유지하기 위해서'**이다. 졸혼이라는 중간지대의 설정을 통해서 현존의 결혼생활을 유지함으로써, 상대방이 지닌 사회·경제적 능력을 공유할 수 있고, 자녀들이 이혼으로 받는 트라우마를 줄일 수 있다. 연금이나 세금 등의 경제적인 측면에서도 유리하다. 세 번째로 **'원하는 대로 살기 위해서'**이다. 부부 모두 결혼생활 및 가계를 유지하기 위하여 헌신적인 노력을 하는 것이 일반적인 모습이고, 개인을 위한 삶은 찾아보기 힘들다. 즉, 졸혼을 통하여 개인을 삶을 되돌아볼 시간을 가질 수 있다는 것도 졸혼을 선택하는 이유이다.

그러나 졸혼이 모든 부부관계의 능사라고 볼 수는 없다. 졸혼은 현행 법률상 인정되는 제도가 아니므로, 졸혼을 한 당사자는 법률상 혼인관계로 분류가 된다. 법률상 부부는 민법상 동거·부양·협조의무 등 인적 혼인 의무를 부담하고, 민법에서 명시적으로 규정하고 있지는 않으나 배우자의 부정행위를 재판상 이혼원인으로 하고(민법 제840조 제1호), 중혼을 금지하는(민법 제810조) 우리 법질서에 비추어 정조의무(성적 충실의무)도 가진다. 즉, 졸혼을 하는 경우에도 위 법률상의 의무는 현존하는 것이고, 그 의무 위반으로 인한 법률상 문제가 발생할 소지가 있으므로 주의가 필요하다.

황혼이혼!
이제라도 편하게 살자!

사랑에 있어서 나이는 숫자에 불가하다는 말이 있다. 그런데 이별에 있어서도 마찬가지이다. 한 영국 부부가 100세를 앞두고 이혼한 사실이 알려져 이목이 집중된 사례가 있다. 마이클 잭스의 어머니도 80세의 나이로 결혼 60년 만에 이혼하기도 했다. '평생의 반려자'라는 말은 옛말이 된 것이다. 평균 수명이 늘어나기도 했고, 이혼을 '참고 사는' 시대는 지났기 때문이다.

올해로 65세가 되는 A는 얼마 전 금지옥엽으로 키운 3남매 중 막내딸을 결혼시켰다. 딸의 결혼식을 지켜보며 A는 문득 자신의 결혼생활을 돌아보게 되었다. 40년 전, 먼 친척의 소개로 3살 연상의 남편 B를 만나 곧 결혼한 A. 결혼생활 동안 몇 번인가 남편의 외도를 목격하기도 했고, 사업 실패 후 알코올 의존증에 경제활동이 힘들어진 남편을 대신해 생활전선에 뛰어들어 바깥일과 집안일까지 모두 책임져야 했던 시기도 있었다. 한때 이혼을 결심하기도 했지만 자신만 바라보고 있는 어린 자녀들 때문에 버텨온 시간이었다. 아이들이 다 자란 후부터는 아예 남편과 별거하며 남처럼 지내고 있는 상황, A는 자신만 바라보던 어린 자녀들이 모두 자라 자신의 곁을 떠난 지금이라면 더 이상 남편 B와의 부부관계를 유지할 필요가 없다는 생각이 들었다. 실제로 부모님의 황혼이혼을 찬성하는 자녀들도 늘었다고 한다. 몇 십년 동안 저들을 키워준 어머니 혹은 아버지가 이제라도 편히 사셨으면 하는 바람이겠다.

요즘 시대를 살아가는 사람들 중 '황혼이혼'이라는 단어가 어색한 사람은 없을 것이다. **'황혼이혼'은 인생의 황혼기라 불리는 50대 이상의 부부가 이혼을 하는 경우나, 자녀들을 다 키워 독립시킨 후에 하는 이혼을 지칭하는 말**로 쓰인다. 하지만 보다 일발적으로는 혼인관계를 20년 이상 유지해오던 부부가 이혼하는 경우를 말한다.

올해 통계청에서 발표한 이혼 관련 자료에 따르면 지난해 이혼 건수 10만 8700건 중 혼인 기간을 기준으로 하였을 때 '결혼생활 20년 이상인 부부'의 이혼이 33.5%로 가장 많았고, 21.4%로 '결혼생활 4년 이하인 부부'의 이혼율이 그 뒤를 이었다. '황혼이혼'이 '신혼이혼'을 확실히 앞지르게 된 것이다.

과거 '황혼이혼'은 여러모로 쉽게 결정될 수 있는 이혼이 아니었다. 주위의 시선 때문에 혹은 자식들 때문에 '이 나이에 무슨', '지금까지도 잘 참고 살아왔는데 조금만 더 버티면'식의 자기 위로와 희생으로 배우자 중 누구 한 명이 사망하는 순간까지 참고 사는 경우가 대다수였다. 참다못해 법원에 찾아가 보아도 부부의 나이와 그에 비례하는 긴 혼인 기간은 이혼을 허락받을 수 없게 하는 가장 큰 이유가 되기도 하였다.

특히 '황혼이혼'은 남성에 비해 여성에게 더 큰 부담이었다. 주로 '가사노동'을 담당하던 여성들의 경우 직접적인 경제활동을 통한 소득이 없어 부부 공동재산에 대한 기여도를 인정받기 어려워 평생 남편을 도와 함께 만들어온 공동재산임에도 정당한 몫을 받기가 어려웠기 때문이다. 경제활동이 소극적이었던 분위기에서 소득도 모아둔 재산도 없이 평생을 '전업주부'로 지내온 여성에게 이미 경제활동이 어려워진 50대가 지나서 하는 이혼은 당장 '먹고 살 일'을 걱정해야 하는 '생존'의 문제이기도 했다.

하지만 시대가 변했다. 우리는 이혼을 권하지는 않지만 흠이 되는 것도 아닌 시대를 살고 있다. 나를 무조건 희생하기보다는 상황에 따라 나의 행복을 찾는 것이 필요하다는 인식이 보편적인 사회가 된 것이다. 주로 경제적 약자의 지위에 머물던 여성들의 경제적 지위가 향상되고 경제활동이 활발해지면서 경제적인 문제에 발목이 잡히는 일도 줄어들었다. '전업주부'인 경우에도 마찬가지이다. 최근 재산분할을 결정하는데 있어 기여도 판단에 대한 법원의 태도가 변하면서 소득활동을 통한 직접적인 기여가 없다고 하더라도 집안을 돌보고 아이를 키우는 등 '가사노동'을 통해 경제활동을 하는 배우자를 도왔다면 내 몫의 재산을 분할 받을 수 있게 되었다.

위 사례의 A도 나이와 상관없이, 남편B와 협의로 이혼하거나 법원에 재판상 이혼을 신청할 수 있다. 현재 A와 남편 B가 별거 중이며 과거에도 둘 사이에 실질적으로 부부라 여길 만한 관계가 없었고, B의 외도 등 남편으로서 가정을 제대로 돌보지 않은 점들이 인정된다면 A의 B에 대한 이혼청구는 별 무리 없이 받아들여질 수 있을 것이다. 또 A가 전업주부로서 재산 형성에 기여한 점, 이후 경제활동으로 가정경제를 책임져 온 점 등 충분히 부부 공동재산 형성에 기여를 인정할 수 있다는 점에서 A씨는 재산분할에 있어서도 자신의 정당한 몫을 주장하여 분할 받을 수 있다.

매맞는 남편도 아내를 상대로 이혼청구 가능한가

'맞을 짓을 했다'라는 말은 변명이 될 수 없다. 폭력은 어떠한 이유에서도 용납될 수 없으며, 가족이라는 이유로 참고 넘기는 것은 더더욱 있을 수 없는 일이다. 하지만 가정 폭력으로 고통을 호소하는 아내는 물론, 남편도 점점 늘어가는 추세이다.

부인 A와 남편 B는 중매로 만나 혼인을 한 법률상 부부이다. 어려서부터 친정집의 재산이 넉넉하여 곱게 자란 A는 버릇이 없고 다혈질이었다. A는 스트레스를 받거나 짜증나는 일이 있으면 그 화를 남편 B에게 풀었다. 처음에는 말로만 하소연을 하다가, 어느 순간 B가 자신의 얘기에 건성으로 대답한다는 이유로 B를 꼬집거나 옆구리를 치기 시작하였다. 처음에 B는 A의 폭행을 사소한 장난 정도로 여겼지만, 급기야 물건을 던지고 막대기로 치는 등 강도가 심해지자 사태의 심각성을 느꼈다. 견디다 못한 B는 A의 폭행을 피해 집을 나온 후 이혼소송을 제기하였다.

예전에는 매 맞는 아내가 상대적으로 대다수를 차지하고 있어, 흔히 부부간의 가정폭력에 관하여 **'남편이 가해자이고, 아내가 피해자'**라는 인식을 가지고 있었다. 그러나 남편의 경제적 무능 및 남녀평등이 강조되는 사회 분위기에 따라 아내한테 얻어맞는 남편, 즉 **'매 맞는 남편'이 늘어나고 있다.** 경찰에 신고된 남편 대상 가정폭력은 2013년 830여건, 2014년 1100여건, 2015년 1400여건으로 지속적인 증가 추세이고, 남성 가정폭력 상담을 전문으로 하는 '한국 남성의 전화'에 접수되는 상담 건수도 2009년 856건에서 2014년 2230건으로 계속하여 늘어나고 있다. 물론 아내에게 폭행을 당한다는 것을 말하기 껄끄러워 하는 남자들도 많을 것이다. 대부분의 가정폭력 피해자는 여성이라는 통계에 가려져 있었으나 '매 맞는 남편'에 관한 사회적 관심도 필요한 때이다.

가정폭력이란 가정 구성원 사이에 신체적으로나 정신적 또는 재산상으로 피해를 주는 행위를 말한다. 구체적인 폭력의 형태로는 상해, 폭행, 유기, 체포나 감금, 협박, 강간, 추행 등을 말하는데, 가장 흔한 폭력의 형태는 '폭행'이다. 가정폭력은 가정폭력 특례법을 우선으로 적용하여 경찰은 신고를 받으면 폭력행위를 저지하고, 가정폭력의 행위자와 피해자를 분리하여 수사를 한다. 피해자는 가정폭력 관련 상담소 또는 보호시설로 인도하고 만약 긴급한 치료가 필요하면 의료기관으로 인도하기도 한다. 가정폭력이 심해지면 직권이나 신청으로 법원에 피해자의 격리, 접근금지 등의 긴급 임시조치를 청구할 수 있다.

위 사례에서 법원은 ① A와 B 사이의 혼인관계가 회복될 수 없을 정도로 악화된 것으로 보이는 점, ② B의 이혼 의사가 강력한 점, ③ A와 B 모두 혼인관계 회복을 위한 별다른 노력을 기울이지 않고 있는 점 등을 종합하면, A와 B의 혼인관계는 회복하기 어려울 정도로 파탄에 이르렀다고 보아야 하고, B의 이혼 청구는 **민법 제840조 제6호의 사유(기타 혼인을 계속하기 어려운 중대한 사유가 있을 때)**에 해당한다고 보아 B의 손을 들어 주었다.

어떠한 사유로든 폭력은 허용될 수 없다. 위 사례처럼 가정폭력의 피해자가 더 이상 여성에 한정되는 것은 아니며 성별에 관계없이 부부간 폭력의 피해자는 상대방에 대하여 혼인 파탄의 책임을 물어 이혼 청구를 할 수 있고, 그에 따른 위자료 손해배상도 청구할 수 있다.

배우자의 도박채무를
부부공동채무로 보아야 하나

　화제의 드라마 '오징어 게임'을 보면 경마장과 도박에 미친 주인공이 등장한다. 도박 중독은 굉장히 위험해서 정상적인 사고를 할 수 없게 한다. 전 재산을 도박에 다 털어 넣는 것은 물론, 돈을 빌려서라도 도박을 한다. 드라마 속 주인공이 도박 때문에 이혼을 당했는지, 이혼을 당한 후에 도박을 시작했는지는 모르지만 딸에게 부끄러운 아빠임은 틀림없다. 그런데 만약 주인공이 이혼을 하기 전에도 도박을 했었다면, 그가 진 도박 채무는 부부 공동 채무로 들어가는 것일까?

　A남과 B녀는 법률상 부부관계이다. A남은 결혼 직후인 1998년 7월경부터 '○○인테리어'라는 상호로 인테리어 관련 사업을 시작한 이후 상호를 바꾸어 여러 차례 인테리어 관련 사업체를 운영하였으나 모두 실패하였고, 결국 2005년 6월 29일 폐업하였다. 이후 A남은 2005년 7월 16일경 '도서출판 ◎◎'이라는 출판사업을

새로이 시작하였으나, 위 사업마저 부진하여 2005년 11월 2일 폐업하였다. B녀는 결혼한 후 계속 전업주부로서 가사를 전담하고 자녀를 양육하였다. 2002년 3월경부터 2004년 4월경까지 B녀는 A남을 도와 인테리어 관련 사업을 함께 하기도 하였으며, A남의 출판사업마저 부진해진 이후에는 B녀의 부모로부터 매월 생활비를 보조받아 살림을 운영하였다.

A남이 운영했던 사업들이 부진하여 가정경제가 곤란하여졌고, A남은 2006년부터 부족한 재정을 메우기 위하여 도박을 시작하게 되었다. A남은 점차 자포자기 상태가 되었고, 삶에서 도피하고 싶은 마음으로 카지노와 경마장을 전전하며 도박을 했다. 도박 자금을 마련하기 위하여 A남이 자기 부모로부터 증여받은 시가 8억 원 상당의 아파트를 담보로 C은행으로부터 6억 원을 차용하기에 이르렀다. B녀는 A남의 사업 실패에 관하여는 배우자로서 이해할 수 있었지만, A남이 자포자기 상태로 도박을 하는 모습에 대해서는 참을 수 없었고, A남과 B녀 사이의 불화는 심화되어 갔다. 결국 B녀는 2007년 A남과 재판상 이혼하기로 하였고, 이에 따라 재산분할을 청구하였다.

이 경우, ① A남이 A남의 부모로부터 증여 받은 8억 원 상당의 아파트를 부부 공동재산으로 볼 수 있는지, ② A남이 사업 실패로 인한 자포자기 상태에서 탕진한 카지노 및 경마장 도박 채무를 부부 공동 채무로 보아 아파트 시가 8억 원에서 도박 채무 6억 원을 공제한 2억 원이 재산분할 대상이 되는지가 문제 되었다.

이혼한 자의 일방은 다른 일방에 대하여 재산분할을 청구할 수 있고, 법원은 **이혼 시 재산분할의 비율에 관하여 분할 대상 재산의 취득 경위 및 형성과 유지에 대한 부부의 기여 정도, 혼인생활의 과정과 기간 및 파탄 경위, 부부의 나이, 소득, 생활능력을 종합적으로 고려한다.** 그 재산이 남편의 특유재산일지라도 아내가 적극적으로 특유재산의 유지에 협력하여 감소를 방지하였거나 증식에 협력하였다고 인정되는 경우에는 분할의 대상이 될 수 있다.

법원은 본 사안과 관련하여, A남이 1999년 7월 9일 A남의 부모로부터 아파트를 증여받은 사실은 맞지만, B녀가 혼인 기간 중 가사와 양육을 전담한 사실, B녀가 B녀의 부모로부터 1997년 6월경부터 2003년 5월경까지 매월 적게는 300,000원에서 많게는 1,000,000원까지 생활비를 일부 보조받은 사실이 인정되므로, 아파트는 B녀가 적극적으로 그 유지에 협력하여 감소를 방지한 부부 공동재산으로써 재산분할의 대상이 된다고 보았다. 그러나 A남이 사업 실패로 인한 자포자기 상태에서 탕진한 카지노 및 경마장 도박비용 등으로 진 채무는 부부의 일상 가사에 관하여 또는 공동재산의 형성에 수반하여 발생한 것이 아니라 유흥과 도박 등을 하기 위해 진 개인적인 빚이므로 C은행으로 부터 차용한 6억원은 A남과 B녀가 공동으로 부담하여야 할 부부 공동 채무라고 보지 않았다.

배우자의 간통 시 대처방안은

몇 년 전 화제의 드라마였던 '부부의 세계'가 있다. 아내에게 바람피우는 것을 들킨 남편은 더욱 대범하게 상간녀와 부정한 행위를 저지른다. 그런 모습을 지켜보는 아내는 점점 정신적으로 피폐해져 간다. 결국 한 가정이 파괴되고, 둘 사이의 아들은 부모를 떠나 가출하기에 이른다. 간통죄는 위헌이 되었지만, 간통이 한 가정에 미치는 영향이 얼마나 큰지 알 수 있는 드라마였다.

甲녀와 乙남은 2011년 3월경 결혼식을 올리고 2013년 1월 13일 혼인신고를 한 법률상 부부이다. 甲녀와 乙남은 이듬해 아들 丙도 출산하며 행복한 혼인 생활이 영원하리라 생각하였다. 그러나 2014년 7월경, 乙남과 B녀와의 부정행위가 아내인 甲녀에게 발각되었고, 甲녀는 하나뿐인 아들 丙을 생각하며 乙남의 불륜을 눈감아주기로 하였다. 乙남은 '다시는 이와 같은 일이 없을 것이며 가정에 충실하겠다'라는 내용의 각서를 작성하였다. 그러나 얼마 되지 않아 甲녀는 乙남의 직장동료로부터 '乙남이 같은 회사 동료인 A녀와 불륜관계에 있다'라는 말을 듣게 되었다. 甲녀는 약속을 지키지 않은 乙남에 대한 분노와 배신감을 느꼈고, 乙남에게 A녀와의 불륜 사실을 추궁하였다. 결국 乙남은 A녀와의 불륜 사실을 인정하면서 2015년 10월 8일, 각서를 다시 작성하였다.

甲녀는 乙남의 태도를 더 이상 용서 할 수 없었기에, 乙남과의 혼인 생활을 정리하기로 마음먹었다. 2015년 11월 12일, 甲녀와 乙남은 가정법원에 협의이혼의사확인 신청을 접수하였다. 乙남은 2015년 11월 4일부터 집에 들어오지 않았고, 숙려기간 중에도 A녀의 집과 A녀의 차 안에서 부정한 행위를 하였다. 甲녀는 A녀의 집 현관문을 두드리면서 乙남과 A녀 에게 문을 열어달라고 요구하였으나 들어주지 않았다. 乙남은 A녀 집에서 나오던 중 甲녀를 발견하고는 그대로 도주하기까지 하였다. 이에 甲녀는 乙남 및 A녀에 대하여 어떠한 법적 조치를 할 수 있을까.

형법상 간통죄는 2015. 2. 26. 헌법재판소에서 위헌 결정을 내리면서 간통한 배우자에 대하여 형사상 처벌을 할 수 없게 되었다. 다만, **민사상 유책배우자에 대한 위자료를 청구하는 방법**이 존재한다. 법원은 이와 관련하여, 민법 제840조 제1호에서 정한 이혼 사유인 "배우자의 부정한 행위"라 함은 간통을 포함하는 더 넓은 개념으로서 **간통에까지는 이르지 않으나 부부의 정조 의무에 충실하지 않은 모든 부정한 행위가 이에 포함되고, 배우자 있는 사람과 간통 행위를 하여 그 사람이 배우자와 별거하거나 이혼하는 등 혼인 관계를 파탄에 이르게 한 경우 그 사람과**

간통 행위를 한 제3자(상간자)는 그 사람의 배우자에게 불법행위를 한 것으로 인정한다. 따라서 그로 인하여 그 배우자가 입은 정신상의 고통을 위자할 의무가 있다고 판시한 바 있다(대법원 2005. 5. 13. 선고 2004다1899 판결 등 참조).

위 사례의 A녀는 乙남의 직장동료로서 乙남이 배우자 있는 사람임을 알았으면서도 乙남과 교제하였고, 乙남은 A녀와의 외도 사실을 아내인 甲녀에게 발각된 이후에 더욱 대담하게 집에 들어오지 않았고 A녀와 부정한 행위를 계속하였다. 乙남과 A녀의 위와 같은 불법행위로 인하여 甲녀와 乙남의 혼인 관계가 파탄에 이르렀으므로, 乙남과 A녀는 甲녀가 입은 정신적 손해를 배상할 책임이 있고, 甲녀는 乙남과의 이혼 여부와 관계없이 위자료를 청구할 수 있다.

법원은 손해배상의 액수에 관하여, 혼인 기간, 부정행위 정도와 그 기간, 혼인 관계 파탄 경위, 배우자가 겪었을 심리적 고통 등 제반 사정을 종합적으로 고려하여 손해배상 액수를 결정하므로, 유책배우자와 상간자의 결정적 증거를 수집하는 정도에 따라 위자료 금액은 달라질 수 있다.

사실혼관계가 파탄나도
재산분할이 가능한가

A남은 전처와 사별을 하였고 B녀는 전남편과 이혼을 하였다. 친구의 소개로 A남과 B녀가 만났고 서로 호감을 느껴 가까운 지인들만 불러서 결혼식을 하였다. 그러나 따로 혼인신고는 하지 않았다. 그렇게 15년 동안 혼인생활을 지속하다가 최근 성격차이로 인해 헤어지기로 했다. 사실혼 관계인 A남과 B녀는 재산분할을 할 수 있을까?

최근 들어 가족과 결혼에 대한 인식이 많이 바뀌고 있다. 예전에는 이혼이 큰 흠처럼 느껴져서 참고 사는 경우가 많았지만, 요즘은 아니다. 또한 혼인신고를 하지 않고 함께 사는 젊은 부부들도 심심치 않게 찾아볼 수 있다. 혼인신고를 하기 전에 서로의 가치관이나 생활습관 등을 알아보고 평생의 반려자가 되기에 적합한지 판단을 한 후에 혼인신고를 하겠다는 사람들이 늘어나는 것이다.

사실혼이란 혼인의사를 가지고 있는 실질적인 부부로서 혼인식까지 하였으나 단지 혼인신고만을 하지 않았기 때문에 법률상 부부는 아니다. 그러나 사실혼의 경우라도 일정한 범위 내에서는 법률혼에 준하여 보호를 받는다. 부부로서의 동거의무, 협조의무, 정조의무, 일상가사대리권 등은 혼인신고 여부와 관계없이 인정이 되나 상속권은 인정하지 않는다.

법원은 **사실혼의 기준으로 주민등록지가 같은지, 서로의 가족이 인정을 하는지, 서로의 가족행사에 참여하여 왔는지, 결혼식을 하였는지, 서로의 호칭이 부부간에서만 부를 수 있는 호칭이었는지 등을 종합하여 사실혼 관계를 인정**하고 있다. 사실혼은 동거와는 다르다. 동거는 혼인의 의사가 없고, 부부로서의 대외적인 실체가 존재하지 않기 때문이다. 단순히 같은 공간에 거주하는 것만으로는 사실혼이라 할 수 없다.

사실혼은 법률혼처럼 이혼 절차가 필요하지는 않다. 당사자 간의 합의나 일방이 상대방에 대하여 더 이상 공동생활의 의사가 없다고 통보하면 사실혼 관계는 해소된다. 즉 별도의 법률적인 절차나 규제가 없어도 자유롭게 이혼이 가능한 것이다.

사실혼이 해소된다 하더라도 사실혼 배우자가 정당한 이유 없이 부양이나 동거, 협조의무를 하지 않은 경우에는 악의의 유기로 보아 사실혼 관계를 부당파기한 상대방에 대한 위자료를 청구할 수 있다. 또한 **사실혼이 해소된 경우 부부의 공동재산에 대하여 법률혼과 마찬가지로 재산분할을 청구할 수 있다.** 즉, 해소의 책임이 누구에게 있는지와는 상관없이 청구할 수 있기에, 유책 배우자도 재산분할을 청구할 수 있는 것이다. 당사자 간에 재산분할에 대하여 협의가 되지 않는 경우 가정법원에 재산분할 심판 청구도 가능하다.

위 사례에서 A와 B는 부부로서의 혼인의사와 혼인의 실체가 있다고 보아 사실혼 관계가 인정된다. 따라서 혼인관계가 해소된 이후에 부부의 공동재산에 대하여 재산분할이 가능하고, 상호 협의가 되지 않을 경우 법원에 위자료 및 재산분할 청구 소송도 가능하다.

양가 부모의 부당한 대우
이혼사유가 될까

    A남과 B녀는 결혼 7년 차이다. 아이도 둘이나 있다. A는 장남이며 종손이기도 하다. 그렇기 때문에 B는 해마다 명절과 제사 때마다 시댁에 가서 음식 준비를 해야 하고, 명절 때 찾아오는 손님들을 대접해야 했다. 시부모님은 B의 친정 식구들이 가난하고 대학을 졸업하지 않았다는 이유로 친정 부모님을 무시할 뿐만 아니라 B에게도 함부로 말을 한다. 지난 명절에는 B가 시댁에 늦게 왔다는 이유로 시어머니가 음식 준비를 하고 있는 B의 뺨을 때리기도 하였다. 손아래 동서는 친정에 보내면서 B는 손님들 접대를 해야 한다는 이유로 친정에도 못 가게 하였다. B가 A에게 이러한 사실을 불평하면 오히려 A는 시부모 편만을 들고 B에게 무조건 참으라고만 하였다. B는 이번 설을 앞두고 가슴이 답답하고 온몸이 아파오는 명절증후군이 생겼다. B는 명절증후군을 이유로 이혼할 수 있을까?

명절증후군은 명절을 보내면서 생기는 스트레스로 인한 정신적, 육체적인 현상을 말한다. 실제 병은 아니지만 심한 부담감과 피로감을 느낀다. 아내의 경우 명절 음식 장만과 설거지, 상 차리기 등 가사 노동으로 인한 스트레스가 가장 크고, 남편의 경우 명절 동안 장거리 운전을 하면서 발생하는 피로와 긴 연휴를 앞두고 아내와 어머니 사이의 갈등에 이러지도 저러지도 못하는 입장인 탓에 더욱 피곤하다.

물론 요즘은 여성의 사회참여 및 경제활동이 늘어나면서 '장서갈등'도 만만치 않다. 어쩌다 부부싸움이라도 하면 즉시 장모님이 개입하면서 부부갈등이 더 심해지기도 한다. 명절을 앞두고 '지난 명절에는 본가에 먼저 갔으니, 이번 명절은 처가에 먼저 와야 공평하지 않느냐'고 압력을 주기도 한다.

사실 명절증후군 자체가 문제되는 경우는 별로 없다. 그보다는 **이미 오래전부터 부부 사이에 불만과 갈등이 쌓여 있었거나, 고부 갈등 혹은 장서 갈등이 심하다가 명절을 계기로 그 분노가 폭발하는 경우가 더 많다**고 볼 수 있다. 그렇기에 배우자나 배우자의 직계존속에 의해 심히 부당한 대우를 받았다면 이혼 사유가 될 수 있다. '심히' 부당한 대우라 함은 **배우자나 배우자의 직계존속으로부터 폭언, 폭행을 당한 경우 또는 모욕이나 무시를 당한 경우 등과 같이 육체적으로나 정신적으로 참을 수 없는 고통을 받은 것**을 말한다. 그리고 이러한 고통을 배우자에게 호소하였는데 배우자가 이러한 갈등을 해결하려는 적극적인 노력을 하지 않고 오히려 상대방을 비난하거나 무조건 참으라면서 방치하는 경우도 부당한 대우에 해당할 수 있다.

　부당한 대우를 받았다는 점에 대하여는 주장하는 사람이 증거로서 입증을 하여야 한다. 증거가 없이 말로만 하는 주장은 법원에서 인정받기 어렵다. 누구나 배우자에 대한 소소한 불만이 있을 수 있지만 갈등이 있다고 모두 이혼이 가능한 것은 아니기 때문이다.

　위 사례에서 B는 시어머니로부터 폭행 등의 부당한 대우를 받았고, 심각한 고부 갈등에서 남편이 적절한 중재를 하지 못하였음을 이유로 이혼이 가능하다. B는 부당한 대우와 관련한 녹음이나 사진, 진단서 등을 혼인 파탄의 증거로 제시하여 이혼청구할 수 있다.

유책주의와 파탄주의
어떤게 더 나은가

어린 영화배우와의 '불륜'을 당당히 고백하고 자신의 아내를 상대로 냈던 한 영화감독의 이혼청구가 2년 7개월 만에 기각되면서, 유책 배우자인 경우 이혼청구를 할 수 없도록 하는 우리 법원의 '유책주의'를 두고 연일 뜨거운 논란이 이어지고 있다. 실질적으로 이미 부부관계가 파탄에 이르러 되돌릴 수 없는 상황에서 굳이 한쪽의 이혼청구를 막을 이유가 있냐는 것이다.

현재 우리 법원은 **상대방 배우자와 자녀가 받은 고통을 상쇄할 만큼의 충분한 보호와 배려가 이루어진 경우나 파탄의 책임을 묻기 힘들 만큼 오랜 시간이 경과한 경우 등 특별한 사정이 있는 때가 아니면 유책 배우자의 이혼청구를 허용하지 않고 있다.** 이러한 '유책주의'는 법으로 규정되어 있는 것은 아니지만 1965년 대법원 판례에서 인정된 이래로 지금까지 유지되고 있다. 부정을 저지른 배우자에게까지 이혼을 청구할 수 있도록 하는 것은 우리 혼인제도가 요구하는 도덕성과 신의성실원칙에 반하는 결과를 초래할 수 있기 때문이다.

하지만 최근 부부관계가 이미 파탄에 이르렀다면 책임을 따지기보다 원만한 혼인의 해소를 위해 부부 쌍방에게 이혼청구를 할 수 있게 해야 한다는 '파탄주의'가 힘을 얻고 있는 모습이다. 부부관계는 양쪽 배우자 모두의 노력이 필요한 것이며, 관계가 파탄에 이른 것은 어느 한쪽만의 책임이라고 할 수 없다는 것이다. 무엇보다 이미 '불행'해진 혼인생활을 원만하게 정리하기 위해서라도 부부 모두에게 이혼청구권을 인정할 필요가 있다고 한다. 그래야 당사자들과 자녀들에게 모두 '상처가 덜 되는 이혼'이 될 수 있다는 것이다.

하지만 모든 재판상 이혼은 상처를 수반한다. 만약 상처를 덜 받고자 한다면 유책 배우자와 상대방 배우자가 충분한 대화를 통해 관계를 정리하고 충분한 보상으로 혼인관계를 끝낼 수 있는 '협의상 이혼'을 하면 된다. 그러나 법원에 '이혼청구'를 통한 이혼을 택했다는 것은 부부 사이에 대화와 이해만으로는 풀지 못한 문제들이 남아있다는 것을 의미한다. 그러한 이혼청구가 받아들여지지 않았다는 것은 '유책주의'의 예외에도 해당하지 않는 상황으로서 여전히 잘잘못을 따져봐야 할 문제들이 남아있음을 의미하는 것이기도 하다. 일방의 '행복'을 위해 다른 일방이 모든 '불행'을 떠안게 할 수는 없는 것이다.

또 **'파탄주의'의 가장 큰 문제는 '축출이혼'을 막기 어렵다**는 점이다. 과거에 비해 많이 평등해졌다고는 하나 여전히 남편의 경제적, 사회적 지위가 아내에 비해 우월한 우리나라의 경우 '파탄주의'는 주로 유책 배우자의 입장인 남편에게는 면죄부가, 아내에게는 남편의 배신이라는 아픔과 함께 이른바 '축출이혼'까지 당했다는 큰 상처가 될 수 있다. 특히 재판상 유책 배우자가 지급하는 위자료의 수준이 3천만 원에서 많아야 5천만 원인 우리나라에서 '축출이혼'까지 막지 못하게 된다면 남편의 '새로운 사랑'과 '행복'을 위해 이혼당해야 하는 아내들은 누가 보호해 줄 수 있을까.

혼인이 개인의 자유이듯 이혼 또한 개인의 자유에 의해야 한다. 하지만 신뢰와 약속으로 형성한 부부관계를 일방이 파괴한 경우라면 문제가 다르다. '파탄주의'의 도입을 주장하는 사람들은 유책 배우자의 '책임'을 재판 과정에서 손해배상이나 재산분할의 비율 조정 등을 통해 물을 수 있다지만 이는 어디까지나 이론적인 기대일 뿐이다. 또 유책 배우자와 상대방 배우자의 자녀가 받았을 정신적인 고통을 단순히 금전적 보상들로 대신할 수도 없다. 물론 '유책주의'가 완벽한 제도는 아니다. 하지만 우리나라의 상황에서 '파탄주의'를 도입하는 것은 더 큰 사회문제와 불합리성을 불러오는 계기가 될 수 있음에 주의해야 한다.

재산분할 후
은닉한 재산을 추가하여 재분할 가능한가

　부부 사이에는 비밀이 있으면 안된다고들 한다. 또 누군가는 아무리 부부여도 비자금은 마련해 놓아야 한다고 말한다. 남편의 옷장을 정리하던 중, 30만 원 정도의 비자금을 발견했다고 하는 글도 온라인 커뮤니티에 종종 올라온다. 몰래 용돈을 모아 게임팩을 사려고 했다며 솔직하게 고백하는 남편에게 비자금을 다시 돌려줬다는 훈훈한 이야기도 있다. 부부도 숨기고 싶은 것이 있을 수 있다. 그러나 상대방이 상가 건물과 7천만 원 정도의 현금 자산을 가지고 있는 것을 숨겼다면? 배신감이 들 것이다. 최악의 상황까지 생각해 보자. 이혼을 하여 재산분할을 하는데, 끝까지 갖고 있는 비자금을 숨겼다면? 나중에라도 이것을 재분할 할 수 있을까?
　A남과 B녀는 2000년 4월 혼인신고를 마치고 법률상 부부로 지내면서 아들을 두었다. A남은 지방공무원으로, B녀는 통신회사

직원으로 각자 근무하였고, 혼인한 때부터 B녀가 A남의 급여통장을 관리하면서 자녀를 양육하거나 생활비로 사용하고 남은 돈은 재테크를 위해 사용하였다.

B녀는 2015년 3월 A남을 상대로 재판상 이혼을 청구하였고, 이에 A남도 2015년 4월 반소로써 이혼 및 재산분할 등 청구의 소를 제기하였는데, 이들은 2015년 4월 임의 조정함으로써 이혼 및 재산분할을 하게 되었다. 조정내용에는 "A남과 B녀는 향후 서로에 대하여 위에서 정한 것 이외에 이 사건 이혼과 관련하여 위자료, 재산분할 등 어떠한 명목으로도 금전적 청구를 하지 아니한다." 라는 조항을 두었다.

그러나 A남은 위 조정이 확정된 이후 B녀 명의의 일부 재산이 누락된 것을 확인하였고, 누락된 재산으로는 B녀 명의의 ① 상가와 ② 금융자산 70,000,000원이 있었다. A남은 B녀가 앞선 소송에서 이 사건 상가와 금융자산을 은닉하였다고 주장하면서 2016년 7월 다시 재산분할의 심판을 청구하였다. 이 경우 A남과 B녀는 다시금 재산분할이 가능할까?

법원은 이와 관련하여 "재산분할에 관하여 앞서 재판이 있었으나 그 재판이 임의조정이든 화해든 본격적으로 심리가 진행되지 못한 채 당사자들의 합의에 의해 조기 종결 되었을 경우, 만약 과거 재판에서 심리되지 않았던 재산이라 하여 이를 모두 추가로 발견된 재산으로 해석하면 분쟁을 조기에 원만히 종식시키고자 부제소 합의 조항을 관용적으로 부가하는 조정 제도의 취지를 무색하게 할 우려가 있는 반면, 만약 추후 재산이 발견되더라도 위와 같은 조정 조항에 의거하여 추가 재산분할 청구는 불가능하다고 해석하면 위 화해 절차가 공동재산을 은닉하고자 하는 당사자에 의하여 악용될 우려가 있으므로, 이 사건에서와 같이 당사자들이 전 재판에서 재산분할 등 금전적 청구를 하지 않겠다는 취지의 약정을 하였을 경우, 이는 문언 그대로 해석할 것이 아니라 향후 재산분할 대상이 될 것으로 약정 당시 예측할 수 있었던 재산에 한하여 추후 재산분할청구권을 포기한 것으로 제한 해석함이 상당할 것이다."라고 하였다.

본 사안의 경우, A남과 B녀는 앞선 소송에서 향후 어떠한 명목으로도 재산분할 등 금전적 청구를 하지 아니할 것을 임의조정으로써 약정하였으나, **이 사건의 상가와 금융자산은 모두 앞선 소송에서 전혀 심리된 바 없고 앞선 소송의 결과가 확정된 후 발견되었으며, 아울러 A남으로서는 앞선 소송 심리 과정에서 상대방이 이와 같은 각 재산을 보유하고 있었을 것으로 짐작하기 어려웠을 점이 인정되므로, A남은 B녀를 상대로 각 재산의 취득시기와 금액 등에 비추어 이들 모두 혼인 기간 중 취득한 공동재산이므로 앞선 소송에서 누락된 재산을 추가로 재산분할이 가능하다.**

협의이혼을 전제로 재산분할 약정을 했다가 재판상 이혼을 하는 경우

    A녀는 2002년 4월경 B남과 혼인하였고 그 후 그들 사이에서 딸 C가 출생하였다. A녀와 B남은 혼인 후 슈퍼마켓을 인수하고 이를 공동으로 경영하며 생계를 유지하였다. A녀는 2010년 12월경 유방암 진단을 받고 항암치료를 받으면서도 슈퍼마켓 경영을 계속했다. 그러던 중 2011년 7월경 △△아파트를 B남 명의로 7,800만 원에 분양받아 B남 명의의 소유권이전등기를 마친 다음, 전세금 6,500만 원에 전세를 놓았다. 또한 A녀는 2015년 10월경 노래방 점포를 5,500만 원에 인수하여 노래방 영업을 하였다.

    A녀는 2016년 3월경 노래방 영업을 하면서 알게 된 D와 정을 통하였다가 B남에게 발각되자 협의상 이혼을 하기로 하면서 딸 C는 B남이 양육하고 A녀는 B남에 대하여 위자료 및 재산분할을 청구하지 않기로 약정하였다. 이후 A녀가 집에서 가출하자 B남은 2017년 2월경 A녀에게 재판상 이혼청구를 하였고, A녀는 이에 맞

서 B남에게 재산분할을 재판상 청구하였다.

　B남은 법정에서 "A녀의 부정행위가 B남에게 발각된 직후 B남과 이혼에 관하여 합의하면서 부부생활 중에 형성된 재산의 분할에 관하여 A녀가 재산분할청구권을 모두 포기하는 것으로 협의를 하였고, 따라서 이 사건 재산분할 청구는 재산분할에 관한 협의가 성립된 이후에 제기된 것으로서 부적법하다."라고 주장하였다.

　법원은 재산분할에 관한 협의는 혼인중 당사자 쌍방의 협력으로 이룩한 재산의 분할에 관하여 이미 이혼을 마친 당사자 또는 아직 이혼하지 않은 당사자 사이에 행하여지는 협의를 가리키는 것인바, 그중 아직 이혼하지 않은 당사자가 장차 협의상 이혼할 것을 약정하면서 이를 전제로 하여 재산분할에 관한 협의를 하는 경우에 있어서는, 특별한 사정이 없는 한 장차 당사자 사이에 **협의상 이혼이 이루어질 것을 조건으로 하여 조건부 의사표시가 행하여지는 것이라 할 것이므로, 그 협의 후 당사자가 약정한 대로 협의상 이혼이 이루어진 경우에 한하여 그 협의의 효력이 발생하는 것이지** 어떠한 원인으로든지 협의상 이혼이 이루어지지 아니하고 혼인관계가 존속하게 되거나 당사자 일방이 제기한 이혼청구의 소에 의하여 **재판상 이혼이 이루어진 경우에는 그 협의는 조건의 불성취로 인하여 효력이 발생하지 않는다**고 보아야 한다고 하였다.

　따라서 A녀와 B남은 협의이혼 등에 관한 약정을 한 후에도 동거 생활을 하다가 A녀가 재차 가출하기에 이르자 B남이 이혼소송을 제기하여 재판상 이혼을 한 것이므로, 위 약정은 조건의 불성취로 인하여 효력이 없고, B의 위 주장은 받아들여지지 않았다.

따라서 A와 B의 적극재산은 △△아파트와 노래방이고, 이는 1억 3,300만 원(7,800만 원 + 5,500만 원) 상당으로 평가할 수 있으며, 소극재산으로는 위 전세금 반환채무 6,500만 원이 있다. 위 적극재산은 청구인과 상대방이 혼인생활 기간 중 함께 노력하여 얻은 수입으로 형성된 공동재산으로서 분할의 대상이 되고, 위 소극재산 역시 공동재산의 형성에 수반하여 부담한 채무로서 청산의 대상이 된다.

혼인 파탄 이후 불법행위
손해배상청구권도 재산분할의 대상이 되나

    A녀와 B남은 1983년 9월 혼인신고를 마친 법률상 부부로서 슬하에 성년인 2명의 딸을 두었다. B남이 노래강사로 활동하면서부터 귀가가 더욱 늦어지고, 외박도 수시로 하게 되어 A녀와 B남의 갈등이 심화되었다. B남은 2004년 1월경 지인의 소개로 작곡가인 C녀를 만나 작곡 및 자신의 음반 제작을 의뢰하였는데, 이 과정에서 C녀의 사무실로 찾아가 노래연습을 하는 등 서로 가까이 지내다가 2004년 5월 가출하기에 이르렀다. A녀는 B남 명의로 아파트를 분양받았고, 아파트가 2005년 2월경 완공되자 자녀들과 함께 입주하였다. 또한 B남의 동의 없이 B남의 예금 1억을 인출하였으며, B남의 위임장을 위조하여 B남의 인감증명서를 발급받아 이를 사용하였다.

    A녀는 2006년 1월경 더 이상 결혼 생활을 유지할 수 없다고 판단하여 B남에게 이혼 및 재산분할 청구 소송을 제기하였다. 이에

B남은 A녀를 상대로 B남의 허락 없이 1억의 예금을 인출하고, B남의 위임장 위조하여 인감증명서를 발급하는 등의 불법행위로 인한 손해배상청구소송을 각 제기하였고, 위 소송에서 B남의 A녀에 대한 손해배상채권이 인정되었다. 또한 B남은 이 사건 재산분할 청구와 관련하여 아파트가 B남의 특유재산이라고 주장하였고, A녀는 B남의 A녀에 대한 각 손해배상채권도 재산분할의 대상에 포함된다고 주장하였다.

그렇다면, 이 사건 이혼소송에서 ① 아파트가 B남의 특유재산인지 여부와 ② 혼인이 사실상 파탄된 이후 A녀가 B남에게 불법행위를 가하여 B남이 A녀에 대한 손해배상청구권을 가지는 경우, 위 채권도 재산분할의 대상에 포함되는가?

법원은 A녀와 B남 사이의 혼인관계는 더 회복할 수 없을 정도로 파탄되었다고 보았고, 근본적이고 주된 책임은 C녀와 어울려 다니면서 교제하다가 2004년 5월경 가출한 B남에게 있으므로 A녀의 이혼 및 위자료 청구는 이유 있다고 판단하였다. 반면 B의 주장과 관련하여, 이 사건 아파트는 원고와 피고가 혼인생활 중에 서로의 협력으로 이룩한 재산으로서 그 명의에 상관없이 실질적으로는 A녀와 B남의 공동재산이라고 판단하였다. 또한 B남의 A녀에 대한 위 손해배상채권은 앞서 본 바와 같이 2005년 3월경 혼인생활이 사실상 파탄되고 난 이후에 일상 가사 범위를 넘는 불법행위로 인하여 발생한 것인 점에 비추어 A녀와 B남이 서로의 협력에 의해 취득한 부부 공동의 재산으로 보기 어렵다고 판단하였다.

즉, 위 법원은 부부 중 **일방의 명의로 부동산을 취득하였다 할**

지라도 부부가 혼인생활 중에 서로의 협력으로 이룩한 재산이라면 그 명의에 상관없이 부부 공동재산으로 보아야 한다는 점, 혼인생활이 사실상 파탄된 시기에 부부 중 일방 당사자가 타방 당사자에게 불법행위를 하여 부부 사이에 발생한 각 손해배상채권·채무는 부부가 서로의 협력에 의해 취득한 부부 공동재산이라 보기 어려우므로 재산분할의 대상에 포함시킬 수 없다고 하였다.

따라서 B남 명의의 이 사건 아파트는 재산분할 청구의 대상이 되지만, B남이 A녀에 대하여 가지는 손해배상채권은 재산분할 청구의 대상이 되지 않는다.

혼인기간이 짧은 전업주부도 재산분할 청구할 수 있나

　남자 A와 여자 B는 서로 좋은 조건으로 소개를 받아 몇 개월 만남을 가진 후 바로 결혼식을 올렸다. 결혼 후 아기도 바로 생겨서 B는 육아와 살림을 전담하고 A는 부친이 운영하는 가업을 도와주며 살았다. 그러나 A는 사업이 바쁘다는 핑계로 잦은 출장과 외박 등을 지속하며 가정에 소홀하였다. 이러한 결혼생활이 4년을 넘어가자 더 이상 외로움을 견디지 못한 B는 A를 상대로 이혼과 재산분할 청구소송을 하였다.

　힘든 결혼생활을 하는 사람들은 이혼만 하면 더 이상 마음고생이 없이 홀가분해질 것 같다고 말하곤 한다. 하지만 결혼생활을 마무리하는 이혼소송은 생각만큼 쉽지 않다. 서로의 마음에 돌이킬 수 없는 상처를 주면서 상대방의 잘못만을 탓하며 싸우기 때문이다. 이혼의 원인이 전적으로 상대방에게 있다고, 그래서 나는 피해자이고 나만 희생하며 살았다고. 너무 억울하다고. 한때는 뜨겁게 사랑해서, 이 사람 없이는 못 살 것 같아서, 이 사람이라면 이 세상 끝까지 같이 갈 수 있을 것 같아서 결혼을 했는데, 사랑의 감정은 분노와 배신의 감정으로 변하고, 다시는 보고 싶지 않은 원수가 돼서 갈라서게 된다.

이렇게 이혼소송을 하는 걸 지켜보면서 우리는 왜 쿨하게 이혼할 수 없을까, 이혼하고 나서도 친구처럼 서로 왕래하며 사이좋게 지낼 수는 없을까 하며 안타깝게 생각한 적이 많다. 이혼이 이제는 더 이상 흠이 아닌 시대가 되었다. 이혼 사유가 있으면 깔끔하게 감정을 정리하고, 부부 사이가 정리되었더라도 친구처럼 다시 만날 수 있는 사이가 되었으면 좋겠다. 다시는 보지 않을 것처럼 상대방에게 원색적인 비난을 퍼붓는 일은 없었으면 한다. 그래야 비록 이혼은 했지만 아이들이 보고 싶을 때 언제라도 마음 편하게 만날 수 있지 않을까.

어린아이를 양육하는 전업주부였던 사람이 이혼을 하게 되면 결혼생활에서 받은 상처를 추스를 틈도 없이 막막한 현실을 마주하게 된다. 맞벌이를 하며 직장을 가지고 있던 사람이라면 이혼을 하더라도 일정한 소득이 있으니 그나마 다행이라고 볼 수 있다. 그러나 전업주부였던 사람의 경우 결혼 전 경력은 단절되었기에 다시 재취업하기는 정말 힘들다.

우리 법원은 **5년 이상의 혼인 기간이 있는 경우 전업주부로 살았더라도 자녀 양육과 가사노동으로 재산의 유지와 형성에 기여한 바가 있다고 보아 재산분할에서 기여도를 충분히 인정**하고 있다. 그러나 혼인 기간이 상대적으로 짧은 경우에는 어떠

할까?

　재산분할은 부부간의 관계를 정리하는 청산적 요소를 주된 내용으로 하되, 부양적 요소를 보충적으로 고려하고 있다. 즉, 혼인 기간이 상대적으로 짧아서 재산 형성에 기여한 바가 적더라도 이혼 후 생계의 유지가 곤란하고 아이를 양육하기 어려운 사정이 인정되면 재산분할에서 그 사정을 참작하여 분배하고 있다.

　위의 사례에서 A와 B의 적극재산은 살고 있던 아파트이며, 소극재산은 아파트 담보 대출금이다. A가 결혼 전부터 보유하고 있던 집에서 살았으므로 해당 부동산은 A의 특유재산으로 인정하였으나, 결혼 기간 4년 동안 주택 담보 대출에 대한 이자를 부담한 부분에서 B의 기여도를 인정받아 B에게 15%의 재산분할을 하였다. 법원은 아이를 양육하여야 하는 B에게 부양적 요소를 상당 부분 반영한 것으로 보인다. B는 아이의 친권과 양육권을 모두 가지고 A로부터 월 70만 원의 양육비를 지급받기로 하고 이혼소송을 종료하였다.

　재산분할은 공식처럼 일률적으로 계산되는 것이 아니라 부부의 여러 가지 여건과 재산 형성 과정 등이 고려되어 개별적으로 모두 다르게 계산된다. 그러므로 **혼인 기간이 짧은 전업주부의 경우에도 재산분할 청구가 가능하다.**

민사

멋지게 지은 건물,
철거하고 쫓겨나야 하는 걸까

요즘 교외로 나들이를 가면, 바다나 강가에 멋진 전망을 가진 대형 카페들을 심심치 않게 볼 수 있다. 카페에 앉아 커피를 마시다 보면 종종 옆에서 이런 이야기들이 들린다.

"이렇게 큰 카페를 지은 거 보면 이 땅도 카페 주인 거겠지? 정말 부럽다!"

물론 자신의 토지에 카페나 펜션을 지어 올리는 경우도 있지만, 토지를 빌려서 건물을 지은 경우도 많다. 그렇다면 이런 궁금증이 들지도 모른다. 크고 멋진 카페를 만들었는데, 갑자기 땅 주인이 나가라고 한다면? 꼭 '갑자기'가 아니더라도, 토지 임대차기간이 끝나 나가야만 한다면? 카페 주인은 애써 지은 멀쩡한 건물을 다 부수고 쫓겨나야만 하는 걸까?

평소 임차인A와 임대인B는 친분이 있는 관계였다. 그래서 임차인A는 임대인B 소유의 토지를 기간의 정함 없이 임차해 그 토지 위에 건물을 지었다. 당연히 건물의 소유주는 임차인A이다. 그러던 중 임차인A와 임대인B의 사이가 급격히 나빠지는 일이 발생했고, 얼마 지나지 않아 임차인A는 임대인B로부터 토지임대차계약을 해지하겠다는 통보를 받았다.

임대인B는 토지임대차계약의 해지를 통보한 날로부터 6개월이 지나 임차인A를 상대로 토지인도 및 건물철거 청구의 소를 제기해 전부 승소판결을 받았다. 하지만 아직 건물철거는 집행되지 않았다. 이러한 상황에서 임차인A가 본인이 지은 건물에 대해 임대인B에게 주장할 수 있는 권리는 없을까?

건물의 소유나 수목, 목축 등을 목적으로 적법하게 타인의 토지를 임대하여 사용 중인 경우, **임대차 기간이 만료되어도 토지 위에 건물 등의 지상 시설이 현재 존재하고 있다면 토지 임차인은 임대인에게 전 임대차계약과 동일한 조건으로 다시 임대 해줄 것을 청구할 수 있다. 만약 임대인이 이를 원하지 않는다면 임차인은 토지 위의 건물 등을 상당한 가액으로 매수하도록 임대인에게 청구할 수 있다.** 이를 임차인의 '**건물매수청구권**'이라 한다.

그렇다면 이런 법은 왜 생긴 걸까? '내 땅인데, 내 맘대로 할 수 있는 거 아닌가?'라는 생각이 들 수도 있다.

민법상 토지 임차인의 매수청구권은, 토지 임차인이 해당 토지를 개발하기 위해 투자한 자본을 회수할 수 있는 기회를 부여함과 동시에 충분히 다른 용도로 사용될 수 있는 건물 등이 철거됨으로써 발생할 사회적·경제적 손실을 방지하겠다는 정책적인 고려가 반영된 것이다. 임대차기간이 끝날 때마다 토지 위에 지어진 각종 건물이나 시설이 철거되고 다시 지어지는 것은 개인뿐만 아니라 국가의 전반적인 이익을 생각해도 그리 경제적인 일은 아니기 때문이다.

그러나 위 사례의 임차인A는 일반적으로 건물매수청구권을 행사할 수 있는 경우와는 조금 다르다. 임차인A와 임대인B 사이의 임대차계약은 기간의 정함이 없는 임대차계약이었으며, 임대인B가 임차인A를 상대로 제기한 토지인도 및 건물철거 청구 소송에서 임차인A가 건물매수청구권을 행사하지 않은 채 패소 확정되었기 때문이다.

하지만 건물매수청구권의 취지를 고려한다면, 단순히 기간의 정함이 없는 토지임대차라는 이유나 임대인의 토지인도 및 건물철거 청구 소송이 이미 끝난 후라고 하여 토지임차인의 건물매수청구권 행사에 시기를 제한하는 것은 적절하지 못하다.

그렇다면 실제 이와 관련된 사건들에서 법원은 어떠한 판결을 내렸을까? 기간의 정함이 없는 임대차에서 임대인의 해지 통보로 임차권이 소멸한 경우나, 임대차 종료 후 임차인이 임대인에 대하여 건물매수청구권을 행사하지 않은 상태로 토지 임대인이 제기한 토지인도 및 건물철거청구 소송에서 패소하여 그 판결이 확정된 경우라 하더라도 건물이 철거되지 않고 남아 있다면 임차인은 임대인에게 건물매수청구권을 행사해 토지 위 건물 등의 매매를 청구할 수 있다고 하였다.

따라서 위 사례의 임차인A 역시 임대인B와 기간의 정함이 없는 임대차 계약을 체결한 것은 큰 문제가 되지 않는다. 또 임대인 B의 토지인도 및 건물철거청구 소송에서 패소 확정된 후라 하더라도 아직 건물이 철거되지 않은 상태라면, 임대인B를 상대로 건물매수청구권을 행사할 수 있고, 건물의 상당한 가액을 매매대금으로 지급받을 수 있다.

고의 불법행위 자가
과실상계 주장 가능한가

자동차 사고를 한 번이라도 경험해 본 사람이라면 100% 과실이란 경우가 드물다는 것을 알 것이다. 설령 상대 차가 무리하게 끼어들기를 했다고 하더라도 전방 주시를 소홀히 하여 방어 운전을 하지 않은 나의 책임도 어느 정도 있다는 것이다. 이것을 '과실상계'라고 한다.

과실상계란 어떠한 손해나 사고가 발생했을 때, 피해자에게도 손해의 발생 및 확대에 기여한 과실이 있으면 이를 참작하여 가해자의 손해 배상 책임을 감면하는 제도이다. 법은 누구에게나 공평하다는 공평의 원칙을 따른 것이다. 그런데 만약 가해자가 고의로 불법행위를 저질렀을 경우에도 과실상계가 적용되는 것일까?

A는 서울에 위치한 자신의 건물 1채를 처분하려고 한다. 이를 알게 된 B는 자신의 조카 C 소유의 임야 5만 평(이하 '갑임야')과 건물을 교환하자고 제안했다. 갑임야가 바닷물이 갈라지는 이른

바 '한국판 모세의 기적'이 일어나는 곳과 인접해 있어 향후 관광지로 투자하면 큰돈을 벌 수 있을 것이라는 게 B의 주장이었다.

B는 교환을 망설이는 A를 실제 바닷물이 갈라지는 해수면이 접한 지역으로 데려가 인근을 보여주며, 이곳이 갑임야이며 시가가 평당 3천 원 수준에 최대 1만 원까지도 호가한다고 설명하였다. 하지만 B가 A에게 보여준 임야는 갑임야가 아니었고 실제 갑임야는 바닷가에서 멀리 떨어진 내륙 쪽에 위치해 바다가 전혀 보이지 않는 곳이었다. 무엇보다 당시 갑 임야의 실제 시가는 평당 600원 수준이었다.

B의 거짓말을 진실로 믿은 A는 B의 중개로 갑임야와 건물을 교환하기로 하고 C와 교환계약을 체결하였다. 그 결과 A는 교환차액과 B에게 지급한 중개수수료를 합쳐 2억 원 상당의 손해를 입었다. 이에 A는 B에게 불법행위를 원인으로 한 손해배상청구를 하였는데, B는 A가 제대로 살펴보지 않은 탓이라며 50%의 과실상계를 주장하고 있다. 누구의 말이 타당할까?

부동산 거래에서 매도인은 중개대상물에 대해 정확·성실하게 설명하고 매수인 역시 해당 매물의 등기부 등을 통해 실제 소유자나, 위치, 면적, 경계 등과 같은 사항들에 관해 면밀히 확인해 보아야 한다. 따라서 위 사례의 A는 B의 거짓말(기망)로 인해 손해를 입은 것은 사실이나 B의 주장처럼 부동산을 교환하는 입장에서 갑임야에 대해 충분히 알아보지 않은 과실이 있다.

다만 문제는 피해자 A의 부주의를 이용하여 고의로 불법행위를 저지른 B가 그 피해자의 부주의를 이유로 과실상계를 주장할 수 있을지에 대한 것이다. A의 입장에서는 B가 과실상계를 주장하는 것이 적반하장이고, 한 편으로는 억울하다는 생각도 들 것이다.

이와 관련해 우리 법원은 손해배상청구소송에서 피해자에게 과실이 인정되면 이를 손해배상의 책임 및 그 금액을 정할 때 참작하여야 하며, 배상의무자가 피해자의 과실에 관해 주장하지 않는 때에도 소송자료를 바탕으로 과실이 인정되는 경우라면 이를 직권으로 심리·판단해야 한다고 했다. 즉, 피해자나 가해자의 주장에 구애받지 않고 법원이 직권으로 결정하는 사항인 것이다. 그렇기에 **고의로 불법행위를 저지른 자가 피해자의 부주의를 이유로 자신의 책임이나 배상 금액을 감하여 달라고 주장하는 것은 허용될 수 없다**고 판단하고 있다. 고의적 불법행위가 영득 행위에 해당하는 경우 과실상계와 같은 책임의 제한을 인정하게 되면 가해자가 불법행위로 얻은 이익을 최종적으로 보유하게 되는 것이나 다름없기 때문이다. 이것은 공평의 이념이나 신의칙(신의성실의 원칙)에 반하는 결과인 셈이다. 신의칙은 모든 법의 원리를 지배하는 대원칙으로 법도 윤리와 정의에 기초하고 있다는 것을 의미한다.

따라서 위 사건 역시 B의 과실상계 주장을 인정하는 경우 B는 A를 기망하여 종국적으로 이득(중개수수료 등)을 얻는 것이 되어 불공평한 결과가 초래되므로, B의 과실상계 주장은 배척될 것이고 A의 B에 대한 청구는 온전하게 받아들여질 것이다.

로또 1등 당첨금을
나눠주어야 할까

'인생 역전'하면 가장 먼저 떠오르는 것이 로또이다. 2002년 시작되어, 20년이 가까운 시간 동안 매주 국민들에게 일확천금의 꿈을 심어주고 있는 로또. 토요일 오후부터 많은 사람들이 로또 명당에 줄을 서 있는 모습을 보면, 괜히 '나도 한 장 사볼까'라는 생각이 들기도 한다. "만약 내가 월요일에 출근을 안 한다면, 토요일에 로또에 당첨된 걸로 알아라"라는 농담을 던지는 직장인들도 많다. 'ㅇㅇ회사의 직원이 로또에 당첨되어서 회사를 그만두고 세계 여행을 떠났대' 등의 이야기가 전설처럼 돌기도 한다. 그만큼 많은 사람들이 로또에 관심이 있다는 것을 방증하는 것이겠다. 매주 로또 1등 당첨자를 보며 부럽다고 생각하는 사람들이 많겠지만, 사실 로또 당첨으로 인해 크고 작은 분쟁에 시달리는 사람들도 많다. 그래서일까? 행운의 로또가 가족이나 친구를 잃는 불행을 야기하는 것이 아이러니하게 느껴질 때가 있다.

A는 2021년 1월 9일, B와 술을 마시다 술집 근처 로또 판매점에서 복권 4장을 구매해 이 중 2장을 함께 술을 마시던 B에게 나누어 주었다. 복권을 받은 B는 만약 자신이 당첨된다면 당첨금 중 일부를 A에게 주겠다고 약속하였다. 이후 당첨 확인 결과, A가 B에게 나누어 주었던 로또복권 중 1장이 1등(당첨금: 12억 원)에 당첨되었다.

이 사실을 알게 된 A는 B에게 약속대로 당첨금을 나누어 달라고 주장하였으며, A와 B는 당첨금 분배 문제로 옥신각신하다 2021년 1월 30일, B가 A에게 당첨금 중 2억 원을 지급하기로 하는 구두 약정을 체결하였다. 이후, B는 2021년 2월 1일까지 총 2회에 걸쳐 A에게 합계 8천만 원을 지급하였다. 그러나 8천만 원 지급 후 B는 다음과 같은 이유를 들며 구두 약정을 번복하였다. 첫째, 복권에 당첨될 경우 A에게 당첨금을 나눠주기로 한 약속은 농담으로 한 말이었을 뿐 실제로 당첨금을 나눠줄 의사는 아니었다. 둘째, 이후 당첨금을 나눠주기로 한 약정 역시 '구두에 의한 증여'일뿐이다. B는 이 두 가지 이유를 들며 A에게 서면에 의하지 않은 증여를 해제하겠다는 내용의 우편을 보내고 나머지 약정금 1억 2천만 원을 지급하지 않고 있다. A는 B로부터 나머지 1억 2천만 원을 받을 수 있을까?

B의 첫 번째 주장에 관해, 민법은 "의사표시는 표의자가 진의 아님을 알고 한 것이라도 그 효력이 있다."라고 규정하고 있다(제107조). 여기서 '진의'란 특정한 내용의 의사표시를 하고자 하는 표의자의 생각을 말하는 것이지 의사표시를 한 자가 진정으로 마

음속에서 바라는 사항을 뜻하는 것은 아니다. 따라서 의사표시를 한 자가 그 내용을 진정으로 마음속에서 바란 게 아니었다 하더라도 당시의 상황에서는 그것이 최선이라고 판단하여 그 의사표시를 하였다면 이를 내심의 효과의사가 결여된 진의 아닌 의사표시라고 할 수 없다. 즉 사례에서 B가 A에게 당첨금 중 2억 원이라는 구체적 금액의 지급을 약속하고 이에 기초해 실제로 8천만 원을 지급했다는 등의 사정을 종합해 보면 B가 A에게 금전 지급을 약속한 것은 단순한 농담이라고 볼 수 없고, B의 진의라고 보아야 한다.

다음으로 B의 두 번째 주장에 관해, 민법은 "증여의 의사가 서면으로 표시되지 아니한 경우에는 각 당사자는 이를 해제할 수 있다."라고 규정하고 있다(민법 제555조). 그러나 사안의 경우 ① A가 로또복권을 구입하여 B에게 나누어 준 사실 ② B는 이 사건 당첨을 위하여 특별한 노력을 하지 않은 사실 ③ 이 사건 약정은 이 사건 당첨과 불가분의 관계에 있는 것으로 보이는 사실 등으로 미루어 보아 이 사건 약정은 '증여계약'이 아닌 「로또복권의 당첨금에 관하여 소유권 귀속 및 공헌도 등의 안분에 의한 당첨금 분배약정」으로 봄이 상당하다.

따라서 A와 B 사이에 체결한 약정은 구두라 하더라도 단순 '증여계약'이 아니라 '당첨금 분배약정'을 체결한 것이고, 이는 서면에 의하지 않은 증여의 해제방식으로는 해제할 수 없다. 그렇기에 기존 약정에 따라 B는 A에게 나머지 1억 2천만 원을 지급해야 할 것이다.

매수인이 착오를 이유로 매매계약을 취소할 수 있는가

2020년 1월경, 매수인 A는 매도인 B에게 서화(書畫)를 대금 1억 원에 매수하는 내용의 매매계약을 체결했다. 만약 감정 결과 위작으로 판명되는 경우 매도인 B가 수령한 대금을 즉시 반환하고 서화를 인수해 가기로 약정하였다. 매매 대금의 지급 후 B로부터 서화를 인도받은 A는 2020년 6월 한국미술감정평가원에 위 서화에 대한 감정을 의뢰하였고, 해당 기관으로부터 위 서화가 위작이라는 사실을 확인하였다.

해당 서화가 위작임을 알게 된 A는 2021년 1월, 매매계약을 착오취소하며 B를 상대로 서화를 회수하는 것은 물론 매매 대금을 반환해달라는 소송을 제기하였다. 이에 B는 매매목적물의 하자로 인하여 매수인이 매도인에 대하여 담보책임을 물을 수 있는 경우 착오를 이유로 매매계약을 취소할 수 없다고 주장하고 있다. A는 매매 대금을 반환받을 수 있을까?

사례의 '서화'와 같이 거래에 있어 당사자 사이에 합의로 특정되어 다른 물건으로 대체될 수 없는 목적물을 '특정물'이라 한다. 특정물의 경우 해당 목적물에 하자가 생긴다면 이를 같은 종류의 다른 물건으로 바꾸는 것이 불가능하므로, 매도인은 그 물건을 인도하기까지 선량한 관리자의 주의로 보존해야 한다. 만약 **특정물 거래에서 특정물에 하자가 발생하는 경우, 매수인은 매도인에게 하자담보책임에 기한 손해배상청구와 착오취소에 기한 원상회복 청구를 할 수 있다.**

다만 매수인이 위 두 가지 구제수단을 자유롭게 선택할 수 있는지, 하나의 수단만을 주장할 수 있는지에 관하여는 견해의 대립이 있다. 이에 관해 대법원은 착오로 인한 취소 제도와 매도인의 하자담보책임 제도의 취지가 서로 다른 점, 요건과 효과도 구별되는 점 등을 이유로 매매계약 내용의 중요 부분에 착오가 있는 경우 매수인은 매도인의 하자담보책임이 성립하는지와 상관없이 착오를 이유로 매매계약을 취소할 수 있다고 하였다.

따라서 대법원 입장에 따르면 매수인은 매도인에 대하여 하자담보책임에 기한 손해배상청구와 착오취소에 기한 원상 회복 청구를 자유롭게 선택할 수 있고, 하자담보책임의 제척기간(6개월)이 지났더라도 착오취소 주장이 가능하다. 주의할 것은 위 대법원의 입장은 매수인의 권한 행사에 관한 것으로 매도인이 하자담보책임을 부담하고 있다면, 착오를 이유로 계약을 취소하는 것은 허용되지 않는다고 본다.

사례의 경우 A는 하자가 있는 사실을 안 날로부터 6개월이 지난 시점이므로 B에 대하여 하자담보책임을 청구할 수는 없으나 이와 별개로 B에 대해 착오취소에 기한 원상회복을 청구할 수 있다. 따라서 A의 B에 대한 매매 대금 반환 청구는 정당하며 법원의 판결을 통해 매매 대금을 반환받을 수 있다.

무효인 가등기가 추후약정에 의하여 소급하여 유효한 등기로 전환되는가

A는 2019년 1월 1일 '갑'건물을 완공하였다. 건물을 짓는 동안 사업이 어려워져 큰 빚을 지게 되었고, 그대로 둔다면 '갑'건물은 A가 입주해 보기도 전에 A의 채권자들에게 압류되어 헐값에 매각될 위기이다. 이에 A는 '갑'건물을 채권자들의 압류로부터 보호할 목적으로 소유권이전등기 직후인 2019년 1월 10일 친한 친구인 B의 이름을 빌려 B 앞으로 '소유권이전등기청구권 보전을 위한 가등기'를 설정해 두었다.

이후 1년이 지나 A는 '갑'건물을 C에게 매도하였고, C는 2020년 2월 10일 소유권이전등기를 마쳤다. 이 과정에서 C는 자신의 소유권이전등기보다 선순위로 설정되어 있는 B의 가등기에 대해 말소를 청구했는데, B는 자신이 2020년 3월 2일 날짜로 A에게 큰돈을 빌려주면서 해당 가등기를 담보로 하기로 합의했다면서, A로부터 3억 원을 돌려받을 때까지 '갑'건물에 대한 가등기를 말소해 줄 수 없다고 항변하였다. 과연 C의 말소 청구는 받아들여질 수 있을까?

'소유권이전등기청구권 보전을 위한 가등기'란 소유권보존을 위한 가등기 중 하나이다. 일반적으로 매매계약 후 잔금을 치름과 동시에 소유권이전등기를 하는 것과 달리, 어떠한 사정으로 매수인에게 바로 소유권이전등기를 할 수 없는 경우 등기부상 순위보전을 위해 우선 설정해두는 예비적 등기이다. 이러한 가등기가 설정된 경우 가등기권자는 이후 본등기를 통해 가등기가 설정된 날짜로 소급하여 등기를 취득하게 되므로 가등기 이후 설정된 다른 후순위 물권들에 대항할 수 있다. 다만 이러한 **가등기의 효력이 발생하기 위해서는 해당 가등기가 적법해야 한다.** 예를 들어, 위 사례와 같이 **실제 '갑'건물에 대한 매매 없이 그저 A가 채권자들로부터 압류를 피하려는 목적으로 설정된 B의 가등기는 가장행위에 의한 가등기로서 그 효력을 인정받을 수 없다.**

문제는 이러한 무효인 가등기를 당사자 사이의 약정을 통해 유효한 등기로 전용키로 한 경우, 그 가등기를 소급하여 유효한 등기로 볼 수 있는가이다. 민법에 따르면 무효인 법률행위는 그 효력이 발생하지 않는 것으로 확정되어 있으므로 그 후에 당사자가 이를 추인하여도 효력이 발생하지 않는 것이 원칙이다. 그러나 해당 법률행위가 무효임을 알고도 당사자가 그 법률행위를 추인하였다면 당사자의 의사를 존중해 이를 새로운 법률행위로 보아 그 효력을 인정하고 있다.

따라서 사례의 B가 '갑'건물에 대해 최초 설정한 2019년 1월

10일의 소유권이전등기청구권 보전을 위한 가등기는 원인관계가 없는 가등기로써 무효인 가등기에 해당하고, 이후 해당 가등기에 대해 대여금 채권의 담보목적으로 가등기 유용 합의가 이루어졌다 하더라도 이는 새로운 법률행위로서 효력은 2020년 3월 2일부터 유효한 것이 된다. 즉 B는 무효인 최초의 가등기를 이후 추인했다는 이유로 C의 소유권이전등기에 대항할 수 없다. C의 B에 대한 가등기말소청구는 받아들여질 것이다.

상가 임차인이
대항력을 갖기 위해 필요한 것은

잘 나가던 동네 단골 식당이 사라지고 대형 프랜차이즈 업종으로 바뀌자, 건물주가 갑질을 해서 내쫓은 것 같다는 괴담(?)이 지역 커뮤니티 등에서 종종 발견된다. 그리고 우스갯소리로 '조물주 위에 건물주'라는 한탄 아닌 한탄이 댓글로 달리기도 한다. 지금과 같은 코로나19 팬데믹 상황에서 건물주가 더더욱 부럽기만 하다. 하지만, 건물주가 상가를 빼라고 하면 상가 임차인은 군말 없이 빼야 하는 걸까? 그건 아니다.

2020년 3월, A는 커피 전문점 개업을 위해 보증금 1억에 월 150만 원의 임대료로 상가 임차를 계약했다. 하지만 개업 준비 과정이 늘 그렇듯, 예상 했던 것보다 더 큰 비용이 들게 된다. A는 이대로 가다가는 짧은 임대 기간으로 수익은 물론 본전을 내기도 힘들다고 판단하여 당시 건물주인 B와 합의를 통해 계약 기간을 5년으로 정했다.

A는 해당 상가에 사업자등록을 마치고 큰 문제없이 가게를 운영해 왔는데, 최근 상가 건물의 주인이 바뀌면서 문제가 발생했다. 새 건물주인 C가 A의 상가가 포함되어 있는 층 전체를 한 대형 프랜차이즈업에 임대하기로 하였다며 한 달 내로 상가를 비워줄 것을 요구했기 때문이다. A는 가게를 비워주어야 할까?

최근 국회 기획재정위원회에 제출된 기획재정부의 자료에 따르면 지난해 우리나라의 자영업 비중은 25%에 달한다. 이는 아시아의 OECD 국가 중 가장 높은 순위이며, 2위인 일본에 두 배가 넘는 수준이다.

이처럼 자영업 비중이 매우 큰 우리나라에서 '상가'는 자영업자의 생업이 이루어지는 장소로서 매우 큰 의미가 있다. 특히 자영업은 상가를 임대하여 운영하는 경우가 많아 상가의 임대차와 관련된 문제는 곧 자영업자의 생계와도 직결되는 문제가 된다.

이에 우리나라는 상가의 임대차와 관련하여 경제적 약자인 상가 임차인을 보호하고 그들의 경제 생활 안정을 도모하기 위해 '상가건물임대차보호법(상가임대차보호법)'을 두고, 상가 건물의 임대차와 관련된 사항들을 일반임대차나 주택임대차와는 별도로 규정하고 있다.

이 법에 따라 **상가 임차인은 상가를 인도받고 세무서에 사업자등록을 신청하면 그 다음날부터 제3자에 대한 대항력을 인정받을 수 있다.** 임대차계약서에 확정일자를 받아 두었다면 경매 절차 등에 참여하여 일부 보증금을 다른 담보권자에 우선하여 변제받을 수도 있다.

상가임대차의 경우 최소 1년의 임차 기간이 보장되고, 임차인은 계약 기간이 만료하기 전 일정 기간 내에 최초의 임대 기간을 포함하여 10년 이내의 범위에서 임대인에게 계약의 갱신을 요구할 수 있다. 이 경우 임대인은 법에서 정하고 있는 정당한 사유가 없는 이상 이를 거절할 수 없다. 물론, 묵시에 의한 갱신도 인정된다.

하지만 모든 상가 임차인이 '상가임대차보호법'을 적용 받는 것은 아니다. 원칙적으로 '상가임대차보호법'은 보증금과 임대료를 기준으로 계산한 '환산보증금'이 계약 당시 관련 시행령에서 정하고 있는 일정 금액 기준 이하인 경우에만 적용받을 수 있다. 다만 환산보증금이 일정 금액을 초과하는 경우에도 임차인은 효력요건을 갖추어 제3자에 대해 대항력을 주장할 수 있고 계약의 갱신요구, 권리금의 회수와 관련된 일부의 권리를 주장할 수 있다.

그러나 환산보증금이 적용기준을 초과하는 임대차계약이 2015년 5월 13일 이전에 체결된 경우라면 구법의 적용을 받게 되어 '상가임대차보호법'의 적용이 모두 배제된다. 또한 2018년 10월 16일 이전에 체결되어 유지되고 있는 계약이라면 역시 현행법 이전 구법의 적용을 받아 계약의 갱신요구권이 인정되지 않는다.

A가 주장할 수 있는 상가 임차인 권리를 알아보기 위해서는 우선 A의 '환산보증금'이 '상가임대차보호법'의 적용을 받을 수 있는 범위인지부터 확인해야 한다. 월세에 100을 곱하고 보증금을 더하여 구하는 환산보증금 계산방식에 따르면 A의 환산보증금은 2억 5천만 원이다. 이는 계약 당시를 기준으로 지역과 관계없이 같은법의 적용을 받을 수 있는 임대차계약에 해당한다.

따라서 상가를 인도받고 사업자등록을 하여 '상가임대차보호법'에 따른 대항력을 갖추고 있는 A는 해당 상가의 소유권자가 변경된 경우라 하더라도 새로운 소유주 C에 대해 임차인으로서 남은 계약기간의 유효함을 주장할 수 있다. 즉 A는 특별한 경우가 아니라면 상가를 비워주지 않아도 된다.

소수지분권자는 공유물의 보존행위로서 공유물의 인도를 청구할 수 있는가

 A와 B는 갑토지에 관하여 각 2분의 1씩 지분을 소유하고 있는 이른바 '소수지분권자'이고, 현재 B는 당해 토지에 소나무를 심어 토지를 독점적으로 점유하고 있다. 이에 A는 B의 독점적인 점유가 부당하다고 주장하며 B를 상대로 소나무 등 지상물의 수거와 점유 토지의 인도 등을 청구하였다. A의 B에 대한 청구는 인용될 것인가?

 '소수지분권자'란 어떠한 목적물을 지분의 형태로 여럿이 공동으로 소유한 사람으로서 그 누구도 전체 지분의 과반수를 확보하지 못한 경우를 의미하며, 이때 과반수는 2분의 1을 초과하는 경우를 말한다. 예를 들어 위 사례의 A와 B 같이 하나의 토지에 대해 2인이 각각 정확히 2분의 1의 지분을 소유한 경우라 하더라도 각각은 과반을 초과하지 못하므로 소수지분권자에 해당한다.

 소수지분권자의 경우, 종래 대법원의 입장에 따르면, 다른 공유자와의 협의 없이 단독으로 공유물에 관한 관리행위(재산의 성질을 변경하지 않는 범위에서 경제적으로 이용하는 행위)를 할 수 없었다. 따라서 소수지분권자가 다른 공유자와 협의 없이 단독으로 관리행위를 한다면, 다른 소수지분권자는 해당 소수지분권자에 대해 공유물에 대한 방해배제와 인도 청구를 통해 독점적 점유 상태를 제거할 수 있었다.

하지만 최근 대법원은 이와 관련하여 **다른 소수지분권자는 해당 소수지분권자를 상대로 방해배제를 청구할 수는 있으나 공유물에 대한 인도 청구는 할 수 없다**며 종래의 입장을 변경하였다. 소수지분권자에게 인도 청구를 허용하는 경우 다른 소수지분권자의 점유를 전면적으로 배제함으로써 다른 소수지분권자가 적법하게 보유하는 지분 비율에 따른 사용·수익권까지 박탈하는 부당한 결과가 초래된다는 점, 공유물의 인도를 인정하는 경우라도 주체만 다를 뿐 그 결과가 인도 전의 위법한 상태와 다르지 않다는 점, 인도 청구를 하는 자 역시 소수지분권자에 지나지 않는다는 점 때문이었다.

애초에 인도 청구와 같은 보존행위를 공유자 중 1인이 단독으로 할 수 있도록 한 것은 보존행위가 다른 공유자에게도 이익이 되기 때문이라는 점, 소수지분권자의 다른 소수지분권자에 대한 공유물 인도 청구가 인용될 경우 소송을 제기한 소수지분권자에게 공유물 전부가 인도되어 다른 소수지분권자가 또다시 인도 청구를 할 수밖에 없는 상황이 발생한다는 점 역시 고려된 변경이었다.

따라서 대법원의 변경된 입장에 따른다면, 위 사례의 소수지분권자인 A는 다른 소수지분권자인 B를 상대로 하여 방해배제를 청구할 수 있으나 보존행위로서 공유물에 관한 인도 청구를 할 수는 없다. 공유물에 관한 인도 청구가 아닌 방해배제 청구만으로도 위법한 상태를 충분히 시정할 수 있기 때문이다.

아파트 매도인의 미납된 공용관리비를
아파트 매수인이 부담해야 하는가

아파트에 사는 사람이라면, 매달 관리비를 낸다. 관리비는 크게 두 가지로 나뉘는데, 첫 번째는 전용관리비이다. 전용관리비는 전기세, 수도세, 가스비 등 해당 가구에서 직접 쓴 만큼 내는 관리비다. 또 하나는 공용관리비인데, 아파트 주민 모두가 함께 사용하고 나눠 내는 관리비다. 쉽게 말해서 승강기 사용료, 경비원 급여, 공용 시설 난방비 등을 1/N로 내는 것이라고 보면 된다. 원활한 아파트 운영을 위해 꼭 필요한 관리비이기에, 잊지 않고 납부해야 한다. 그런데 전 주인이 공용관리비를 미납한 채로 아파트를 매도했다면 어떻게 되는 걸까? 기분 좋게 내 집 마련을 하고, 새로운 마음으로 이사를 왔는데 전 주인이 거주하던 시기의 미납 공용관리비 청구서가 날라온다면? 굉장히 찝찝한 마음일 것이다. 하지만 그 미납 청구서를 대수롭지 않게 여기면 안 된다.

B는 A 소유였던 아파트를 매수하고 이사한 뒤 얼마 지나지 않

아 A가 거주하던 기간 중 고지 된 공용부분 관리비 납부통지서를 발견하였으나, 해당 관리비는 당연히 A의 책임이라고 생각해 납부하지 않았다.

이후 B는 해당 아파트를 C에게 매도하였고, C 역시 이사한 지 얼마 지나지 않아 미납된 공용관리비를 지급하라는 납부통지서를 받게 되었다. 하지만 C도 B와 마찬가지로 해당 관리비는 자신의 책임이 아니라고 생각해 납부하지 않았다.

얼마 뒤 아파트를 관리하는 갑회사가 미납된 공용관리비를 지급하라며 C를 상대로 소송을 제기했다. C 입장에서는 굉장히 당황스러웠다. 내가 살기도 전에 청구된 미납 공용관리비를 내가 지급하는 것은 일반적인 상식으로 이해가 되지 않는 부분이기 때문이다. 이에 C는 자신이 B로부터 아파트를 구입하면서 해당 관리비 채무가 면책된 것으로 보아야 한다고 주장하고 있다. 갑회사와 C 중 누구의 주장이 옳은가?

아파트와 같은 '집합건물'의 경우 「집합건물의 소유 및 관리에 관한 법률(집합건물법)」 제18조에 따라 공유자가 공용부분에 관해 다른 공유자에게 가지는 채권은 그 특별 승계인에 대하여도 행사할 수 있다. 아파트와 같은 집합건물의 공용부분은 전체 공유자의 이익에 공여하는 것이어서 공동으로 유지·관리되어야 하고, 적정한 유지·관리를 도모하기 위하여 소요되는 경비에 대한 공유자 간의 채권은 이를 특히 보장할 필요가 있어 공유자의 특별승계인에게 그 승계 의사의 유무와 관계없이 청구할 수 있다.

이에 따라 아파트의 전용부분과 공용부분 중 **공용부분에 대한**

관리비 채권은 아파트 매수인에게 승계된다. 법원 역시 관련 사건에서 '집합건물법'의 규정에 따라 아파트 매수인에게 전(前)소유자의 체납관리비를 승계하도록 한 관리 규약 중 공용부분 관리비에 관한 부분은 유효하다고 보았다. 다만 공용부분에 대한 관리비가 승계된다고 하더라도 연체로 발생한 연체료(위약벌)까지 승계하지는 않는다.

위 사례에서 갑회사가 C를 상대로 한 공용부분 관리비 청구는 '집합건물법'상 관련 규정에 근거한 타당한 청구다. 물론 전 소유자들인 A, B 역시 현재 해당 아파트의 소유권 보유 여부와 관계없이 C와 함께 공용관리비 채무를 부담해야 한다. 만약 C가 갑회사에게 미납 관리비를 이미 지급한 경우 C는 A나 B를 상대로 구상금을 청구할 수 있고, C가 B만을 상대로 할 경우에는 B 역시 미납한 주체인 A를 상대로 그 금액 상당을 청구할 수 있다.

아파트 외벽의 균열로 인한 누수 시 누구를 상대로 손해를 청구해야 할까

누수는 생각만 해도 골치 아픈 일이다. 특히 누수는 여름 장마철에 많이 발견되는데, 이미 천장이나 벽에 곰팡이가 슬어 큰 고통을 호소하는 사례가 많다. 대부분의 누수 피해 원인은 윗집인 경우가 많은데, 이처럼 원인 제공자가 명확하면 그나마 나은 편이다. 만약, 우리 집 누수 피해의 원인이 윗집이 아니라면? 윗집의 입장도 억울하겠지만, 피해를 받은 아랫집 입장은 더욱 답답할 것이다. 누구에게 손해 배상을 청구해야 하는 걸까? 그저 막막하기만 하다.

A는 ○○아파트 101동 101호의 소유자이면서 실거주자이고, 마찬가지로 B 또한 그 바로 위에 위치한 101동 201호의 소유자이면서 실거주자이다. 2021년 여름부터 101호의 안방, 거실, 침실 1, 발코니, 창고의 천장에 누수가 발생하였고, 2021년 7월경부터 아랫집인 A와 윗집인 B 사이에서 이를 둘러싼 분쟁이 발생했다.

A와 B는 누수의 원인을 발견하기 위하여 감정을 맡겼다. 감정인(건축사)은 101호의 안방, 거실, 침실 1, 발코니, 창고의 누수는 201호와 직접적인 관계가 없고, 위 누수의 원인은 201호의 아파트 외벽에 생긴 균열에서 빗물이 들어와 발생한 것이라고 진단하였다. 현재 101호는 안방, 거실, 침실 1, 발코니, 창고의 각 천장과 벽체 등에 곰팡이가 끼고 벽지에 얼룩이 지며 바닥 마루판이 썩는 등 누수의 흔적이 남겨져 있다. 심지어 발코니 천장 슬래브에서는 일부 균열이 발견되어 위험한 상태이며, 장마철에는 특히 누수의 정도가 심하여 고통을 호소하고 있다. 이러한 경우, 아랫집 A는 누구를 상대로 손해배상을 청구해야 할까?

아랫집에 누수가 발생한 경우, 일반적으로 아랫집은 누수로 인하여 발생한 손해를 윗집에 청구한다. 그러나 아파트 외벽의 균열로 인하여 아랫집에 누수가 발생하였을 때에도 윗집이 그 책임을 부담해야 하는가?

먼저 아랫집인 A가 손해배상을 청구할 수 있는 근거를 살펴보자. 민법 제758조 제1항은 "공작물의 설치 또는 보존의 하자로 인하여 타인에게 손해를 가한 때에는 공작물점유자가 손해를 배상할 책임이 있다. 그러나 점유자가 손해의 방지에 필요한 주의를 게을리하지 아니한 때에는 그 소유자가 손해를 배상할 책임이 있다."고 규정하고 있다. 여기서 공작물에는 물론 아파트가 포함되고, 아파트의 누수하자 발생으로 피해를 끼쳤으면 점유자(세입자)가 먼저 책임을 지고, 세입자에게 과실이 없으면 소유자인 집주인이 책임을 부담한다.

그런데 아파트 외벽의 하자로 누수가 발생한 경우 아파트 외벽이 누구의 소유인지 살펴봐야 한다. 아파트와 같은 집합건물에 있어서 건물의 안전이나 외관을 유지하기 위하여 필요한 지주, 지붕, 외벽, 기초 공작물 등은 구조상 구분소유자의 전원 또는 일부의 공용에 제공되는 부분으로서 구분소유권의 목적이 되지 않는다. 건물의 골격을 이루는 외벽이 구분소유권자의 전원 또는 일부의 공용에 제공되는지의 여부는 그것이 **1동 건물 전체의 안전이나 외관을 유지하기 위하여 필요한 부분인지의 여부에 의하여 결정되어야 할 것이다. 외벽의 바깥쪽 면은 외벽과 일체를 이루고 외관을 유지하기 위해 반드시 필요한 공용부분이다.** 즉, 이 사건의 아파트 201호의 외벽은 B의 소유가 아니고, 101동 전체 구분소유자의 소유이다.

아파트 101호의 누수 원인이 201호의 외벽에서 발생한 것이지만, 그 아파트의 외벽은 각 개별 호실의 소유자가 소유권을 가지는 것이 아니라 101동 전원의 소유이기에 공용부분에 해당한다. 공용부분의 하자가 누수의 원인이라면 공작물 관리자는 101동 전체 구분소유자를 대표하는 입주자대표회의이다. 따라서 A는 아파트 입주자대표회의에 누수 피해 손해배상을 청구할 수 있다.

약관의 중요내용에 대한
명시·설명을 어디까지 해야 할까

　자동차나 휴대폰 등을 구입하거나, 보험이나 적금 등에 가입할 때 우리는 계약서를 쓴다. 계약서를 쓰고 나면 관련 약관을 읽어보고 사인을 하라는 말을 듣는다. 그때 관련 약관은 깨알같이 아주 작은 글씨로 쓰여 있어 제대로 읽기 어려울뿐더러 방대한 양에 비해 그것을 꼼꼼히 읽을만한 시간도 주지 않는 경우가 있다. 그런데 만약 이후에 문제가 생기면 어떻게 되는 걸까?

　A는 자동차 소유자로써, 2020년 1월 3일 해당 자동차를 구매하며 피보험자를 A로, 주운전자를 자신과 배우자 B로 하여 갑보험회사와 대인·대물·자기신체 및 자기 차량 손해를 담보하는 개인용 자동차 종합보험계약을 체결하였다.

　문제는 보험 가입 후 A의 자녀인 C가 A와 B 몰래 해당 자동차를 운전하여 친구들과 여행을 가던 중 빗길에 교통사고를 당해 탑승자 전원이 사망하면서 발생했다. A가 해당 차량의 보험계약에 따른 보험금을 청구하자 갑보험회사가 계약 당시 A가 보험료를 적게 낼 목적으로 실제 주운전자가 C임에도 B라고 속여 가입했다며, 해당 보험은 해지되었고 따라서 보험금도 지급할 수 없다고 주장하고 있다.

그러나 A는 가입 당시 갑보험회사로부터 주운전자의 개념 및 그 중요성에 대하여 구체적이고 상세한 설명을 들은 적이 없었고, 갑보험회사 역시 자신들이 A에게 해당 내용을 설명하였음을 입증할 만한 서류가 없었다.

갑보험회사의 주장처럼, 보험자(보험회사)가 보험약관의 중요 내용에 대한 명시·설명의무를 위반한 경우에도, 보험계약자의 고지의무 위반을 이유로 보험계약을 해지하고 보험금 지급을 거부할 수 있을까?

상법 제638조의 3은 **보험자에게 보험약관의 교부·설명의무를 규정하고 있다. 즉 갑보험회사는 보험계약 체결 당시 보험계약자인 A에게 약관을 교부하는 것만으로는 의무를 다했다 할 수 없고, 주운전자의 개념 등에 관한 약관 내용의 설명까지 모두 해주었어야 한다.**

판례 역시 "보험자가 이러한 보험약관의 명시·설명의무에 위반하여 보험계약을 체결한 때에는 그 약관의 내용을 보험계약의 내용으로 주장할 수 없고, 보험계약자나 그 대리인이 그 약관에 규정된 고지의무를 위반하였다 하더라도 이를 이유로 보험계약을 해지할 수 없다."고 판시하였다.

따라서 갑보험회사는 약관 고지의무를 다하지 않았으므로, 당해 약관 내용인 보험계약자의 주운전자 고지의무 불이행에 따른 보험계약 해지 규정을 주장할 수 없다. 보험회사는 A에 대하여 이 사건 보험계약을 해지할 수 없고, A에게 당해 보험금을 지급해야 할 의무가 있다.

임대인이 2년보다 적은 특정기간만을 정해 전월세 계약을 할 수 있을까

　'내 집 마련'이 어려운 시대이다. 청년 세대들은 점점 결혼과 출산을 포기하고 있다. 그에 따라 비혼과 저출생은 사회적 문제로 대두되고 있다. 청년들이 결혼과 출산을 포기하는 이유는 다름 아닌 '집'때문이다. 결혼과 출산을 위해서는 집이 필요한데, 평생 소득으로도 온전한 내 집 한 채를 갖기 어려워졌다. 그래서 대부분의 청년들은 전세나 월세를 전전하고 있다. 정부는 이런 청년들의 안정적인 주거 생활을 보장하기 위해 전월세와 관련한 보호 제도들을 도입하고 있다. 그중 하나가 전월세 기간을 최소 2년, 최대 4년간 보장할 수 있는 방안이다. 그런데 임대인과 임차인이 계약을 할 시 임대차 기간을 2년 미만으로 설정하여도 이 제도가 적용되는 것일까?

　A는 자기 소유의 아파트에 거주하고 있다. 그러던 중 A는 다른 지역으로 발령을 받게 되었다. 사업상의 이유로 최소 1년 2개월에

서 2년 정도 머물러야 하는 상황이었다. 꽤 장기간이긴 하지만 일이 마무리되면 다시 돌아와야 하는 A는 여러 상황을 고려하여 아파트를 팔지 않고 자신이 외지에 있는 동안 전세를 놓기로 하였다. A는 부동산을 통해 소개받은 B와 전세 계약을 맺으면서 B에게 자신의 사정을 설명하고, 2년의 전세기간 만료 전이라도 자신이 돌아오게 되면 언제든 바로 집을 비워줄 것을 부탁하였다. 이에 B는 동의하고 해당 내용을 특약으로 추가하여 전세 계약을 체결하였다. A는 1년 2개월 후 B에게 위 특약을 이유로 바로 집을 비워줄 것을 요구할 수 있을까?

최근 여당과 정부가 전월세 세입자의 장기적인 주거 안정을 위해 전월세기간을 최대 4년간 보장할 수 있는 방안을 도입하였다. 전월세기간이 끝나는 때에 별다른 문제없이 거주해온 세입자가 계약의 갱신을 요구하면 집주인은 이를 받아들여 2년의 계약기간을 연장해야 한다.

이는 세입자에게 '계약갱신청구권'을 부여하는 것으로 현재 '주택임대차보호법(주택임대차법)'에서 보장하고 있는 2년의 최소 임대기간 자체를 늘리는 것은 아니다. 그러나 특별히 거부할 수 있는 사유가 없는 한 집주인은 세입자의 계약연장 요구를 받아들여야 하기 때문에, 실질적으로는 임대보장기간이 4년으로 늘어나는 효과를 가져온다.

현재 **세입자는 '주택임대차법'에 따라 2년의 최소 임대기간을 보장받는다.** 따라서 기간을 정하지 않은 임대차계약을 맺은 경우는 물론 집주인과 세입자 사이에 **별도의 합의를 통해 임대기**

간을 2년 미만으로 정한 임대차계약의 경우라 하더라도 세입자는 2년의 임대기간을 주장할 수 있다. '주택임대차법'의 규정들은 모두 강행규정들로써 '주택임대차법'에 위반되는 내용이나 세입자에게 불리한 계약조건은 모두 무효가 되기 때문이다.

또 현행 '주택임대차법'에는 '묵시의 갱신'이 이루어지는 경우를 정하고 있는데, 묵시의 갱신이란 기존의 계약이 만료되기 전 일정기간 내에 집주인이 세입자에게 임대차계약의 해지나 계약변경 등을 알리지 않는 경우, 기존의 임대차계약이 동일한 내용으로 갱신된 것으로 보는 것을 말한다. 묵시의 갱신이 이루어진 경우 세입자는 다시 2년의 임대기간을 보장받을 수 있다.

하지만 묵시의 갱신의 경우 세입자가 먼저 임대차계약의 갱신을 요구할 수는 없다. 또 세입자가 기존의 임대기간 중 2기에 해당하는 차임을 연체하였거나 임차인으로서 현저한 의무위반이 있는 경우라면, 이러한 묵시의 갱신을 인정받을 수도 없다.

즉, A는 합의된 특약사항에도 불구하고 1년 2개월 후 B에게 집을 바로 비워달라고 요구할 수 없다. 현행 '주택임대차법'에 의해 전월세 등 주택임대차계약의 경우 2년의 최소 임대기간이 보장되기 때문이다. 또 A와 B사이에 합의된 특약사항은 애초에 2년의 최소 임대보장기간에 미치지 못하는 기간을 정한 것으로 '주택임대차법'에 위반됨은 물론 세입자에게 불리한 내용이 되어 그 효력을 주장할 수도 없다. 다만 A는 계약기간이 종료되기 6개월에서 1개월 전 B에게 임대차계약의 해지를 통지하여 전세 계약을 연장하지 않겠다는 의사를 밝히고, B의 전세기간이 만료된 후 해당 아파트로 다시 입주할 수 있다. 이 경우 '묵시의 갱신'은 인정되지 않으며 B가 계약을 연장해 줄 것을 요구하더라도 A가 이에 응할 의무는 없다.

임대인이 부동산 인도를
빨리 받으려면

　임대인과 임차인의 관계에서 피해를 보는 쪽은 '을'인 임차인이라고 생각하는 사람들이 많다. 실제로 임차인이 억울함을 호소하는 경우가 많긴 하지만, 사실 임대인이 골치 아픈 상황도 종종 발생한다. 계약서상 '갑'이지만 실제로 임차인이 배짱을 부릴 경우 이러지도, 저러지도 못하는 상황이 만들어지는 것이다. 아마 임대인의 가장 큰 고민은 월세를 내지 않고 상가나 주택을 점유한 채 돌려주지 않는 임차인일 것이다. 함부로 내쫓을 수도 없는 노릇, 어떻게 해야 할까?

　임대인 A는 임차인 B와 보증금 1억 원에 월 차임 500만 원, 계약기간 3년을 내용으로 하는 상가임대차계약을 체결하였다. 계약 후 처음 몇 달 동안은 제때 차임을 지급하던 B가 이런저런 사정을 이유로 차임을 연체하기 시작하더니 밀린 차임으로 보증금 1억을 다 공제할 만큼 장기간 차임을 지급하지 않고 있다.

A는 '상가임대차법'에 따라 3기분의 차임 연체가 있던 때에 B에게 임대차계약을 해지하겠다는 의사를 전했으나 B는 퇴거하지 않고 영업을 계속하였고 차임 연체 역시 이어졌다. 이후 연체된 차임의 액수가 보증금이 모두 공제되는 수준에 이르자 A는 내용증명을 통해 그 사실과 함께 상가의 반환을 요구했지만, B는 아랑곳하지 않고 여전히 해당 상가를 점유한 채 돌려주지 않고 있다. 이럴때 임대인 A가 임차인 B로부터 상가를 빨리 인도받을 수 있는 방법은 없을까?

임대인은 임차인이 3기 이상의 차임을 연체하는 경우 임대차계약을 해지하고 '상가인도소송'을 통해 권리를 구제받을 수 있다. 하지만 이러한 소송을 통한 인도는 최소 수개월에서 길게는 1년이 넘는 기간이 소요된다는 단점이 있다. 따라서 위 사건과 같이 임차인이 차임을 다량 연체해 보증금의 전액이 공제되었고 임대인에게 별도의 항변사유가 존재하지 않는 등 임대인의 인도소송에서 승소가 명확한 사안이라면, 임대인은 일반적인 상가인도소송이 아닌 **'부동산인도단행가처분'을 통해 보다 빠르게 권리구제를 받을 수 있다.**

'부동산인도단행가처분'이란 ▲부동산 소유권자에게 피보전 권리로서 소유권에 기한 방해배제청구권인 '부동산인도청구권'이 있는 상황에서 ▲소유권자가 '고도의 보전의 필요성'을 소명해 일반 인도소송보다 간이한 절차로써 우선 인도 집행을 할 수 있도록 하는 제도이다. 이때 '고도의 보전의 필요성'이란 부동산을 빨리 인도받아야 하는 현저한 손해나 급박한 위험 그 밖에 필요한 이유 등을 말하며, 부동산인도단행가처분이 신청되는 경우 법원은 당사자 사이의 이해득실관계, 장래 인도소송에서의 승패 예상 등을 종합적으로 고려해 인용 여부를 판단한다.

위 사례의 경우 A는 해당 상가의 소유권자로서 B의 차임 연체로 인해 임대차계약이 종료됨에 따라 B를 상대로 소유권에 기한 인도청구권을 갖는다. 또 현재 B가 연체한 차임이 보증금 1억 원을 모두 공제할 수준이며 B에게 별도로 항변할만한 사정도 존재하지 않아 장래의 본안소송에서 A의 승소할 것이 명확한 상황이다. 이러한 경우 A는 B에 대해 부동산인도단행가처분을 신청하여 인도소송의 절차보다 앞서 위 상가를 반환받을 수 있다.

다만 부동산인도단행가처분의 경우 **현금공탁의 비율이 높아** 절차 진행에 큰 비용이 들 수 있으므로, 신청 전 전문가와의 상담을 통해 인도청구와 인도단행가처분 사이에 드는 시간과 비용 등을 비교한 후 자신에게 더욱 유리한 권리구제수단을 선택하는 것이 좋다.

임차건물 화재 시
임차인의 손해배상책임의 범위는 어디까지인가

　3층짜리 건물을 소유하고 있는 A는 건물 중 1층을 B에게 임대하고 나머지 2층과 3층 및 옥상은 본인의 사업에 필요한 물류 창고로 사용하고 있었다. 그러던 중 해당 건물의 1층에서 원인을 알 수 없는 화재가 발생해 건물 출입구와 외벽 상당 부분이 불에 타 훼손되었고 2층의 내부시설은 전소되었다. 화재가 발생했던 1층, 즉 B가 임차하여 사용하고 있던 상가 역시 큰 피해를 입었다. 화재로 외벽 주요 부분이 소실된 것은 물론 내부 공간 또한 화재진압 용수의 누수 등으로 오염되어 더 이상 B가 해오던 영업을 계속할 수 없게 되었다. 화재 발생 이후 소방당국과 수사기관은 발화원인을 조사하였으나 밝혀내지 못했고, 임대인 A는 임차인 B에게 B가 임차 중인 1층뿐만 아니라 당해 화재로 발생한 빌딩 전체 손해에 대한 손해배상을 청구하였다.
　임대차계약에 있어 임대인은 목적물을 임차인에게 인도하고 계약존속 중 그 사용과 수익에 필요한 상태를 유지해 주어야 하며, 임차인은 인도받은 목적물을 계약의 내용과 그 목적물의 성질에 따라 사용·수익 후 계약이 종료되는 때에 그 목적물 자체를 임대인에게 반환해야 한다. 만약 임차인이 목적물을 반환할 수 없게 된 경우라면, **원칙적으로 임차인은 반환하지 못하게 된 것에 대한 자신의 책임이 없음을 증명하지 못하는 이상 이행불능으로 인한 손해를 배상해야 한다.**

그렇다면 위 사례처럼 화재 등으로 임차인이 임차한 목적물 이외의 부분까지 훼손된 경우, B는 A의 주장처럼 자신이 임차해 사용하고 있던 1층 이외의 부분에 발생한 피해까지 손해배상책임을 져야 할까?

법원은 과거 임차인이 임대인 소유 건물의 일부를 임차하여 사용·수익하던 중 임차건물 부분에서 발생한 화재가 임차 부분 외 건물 부분까지 번져 임대인에게 재산상 손해가 발생한 사건에서, 임대인이 임차인을 상대로 임차 부분 외 건물의 손해에 대해 배상을 청구하기 위해서는 ▲임차인에게 화재 발생에 대한 원인을 제공하는 등 계약상 의무 위반이 있고 ▲그 의무 위반과 임차 외 건물 부분의 손해 사이에 상당한 인과관계가 존재해야 하며 ▲임대인은 그러한 임차인의 의무 위반 사실 및 발생한 손해의 범위가 그 의무 위반에 따라 배상해야 할 손해의 범위 내에 있다는 것을 증명해야 한다고 하였다.

위 사례의 경우 임차목적물인 1층에 대해서는 임차인 B가 선량한 관리자로서 주의의무를 다하였음을 입증하고, 임차목적물 외의 부분에 대해서는 임대인 A가 임차인 B의 계약상 의무 위반이 있었던 사실과 그로 인해 화재가 발생해 손해가 난 사실 등을 입증해야 한다.

하지만 사례의 화재 원인은 밝혀지지 않아 임대인과 임차인 양측 모두 서로 입증하기 어려운 상황이다. 따라서 임대인 A는 임차인 B에게 임대차 목적물인 1층 부분에 대해서는 손해배상을 청구할 수 있으나, 목적물 이외의 부분에 대해서까지 손해배상을 청구할 수 없다.

임차건물의 수선의무는 누구에게 있는가

　임대인 A는 임차인 B와 ○○호텔에 관하여 임차보증금 30,000,000원, 차임은 월 3,000,000원, 임차 기간은 2년간으로 정하는 임대차계약을 체결하였다. 임차인 B는 위 임차보증금을 임대인 A에게 지급하고 위 호텔을 인도받았다. 임차인 B는 호텔을 경영하면서 계약 당시에는 몰랐던 배관시설의 노후를 알게 되었고, 그로 인한 누수 현상이 극심하여 호텔의 절반 정도를 사용·수익할 수 없었다. 임차인 B는 ○○호텔의 대규모 수선이 필요하여 임대인 A에게 수차례 수선 요청을 하였으나, 임대인 A는 차일피일 미루고 이런저런 핑계를 대며 거절하였다. 이후 임차인 B는 경영악화로 위 임대차 기간 중 10개월분을 차임 연체하였고, 임대차계약이 종료되었다. 임차인 B는 임차 기간 동안 ○○호텔의 절반 정도를 사용하지 못했으므로 임차보증금 중 차임연체분의 절반을 공제하여 임대인 A에게 보증금 15,000,000원을 반환 청구하려고 한다. 위 보증금 반환 청구는 타당한 것인가?

위 사례의 핵심은 "임차건물의 수선의무는 누구에게 있는가?"이다. 임대인은 임차목적물을 계약 존속 중 사용·수익에 필요한 상태를 유지하게 할 의무를 부담한다. 그러면 임차인이 목적에 따라 임차목적물을 사용·수익할 수 없는 정도로 파손 또는 장해가 생긴 경우 어떻게 해야 할까? 만약 **임차인이 별 비용을 들이지 않고도 손쉽게 고칠 수 있을 정도의 사소한 것이어서 임차인의 사용·수익을 방해할 정도가 아니라면 임대인은 수선의무를 부담하지 않는다. 하지만 그것을 수선하지 않았을 때 임차인이 정해진 목적에 따라 사용·수익할 수 없는 상태로 될 정도의 것이라면 임대인은 그 수선의무를 부담하여야 한다. 이러한 임대인의 수선의무는 특약에 의하여 이를 면제하거나 임차인의 부담으로 돌릴 수 있다.** 그러한 특약에서 수선의무의 범위를 명시하고 있는 등의 특별한 사정이 없는 한 임대인이 수선의무를 면하거나 **임차인이 수선의무를 부담하게 되는 것은 통상 생길 수 있는 소규모의 수선에 한한다.**

반면 대규모의 수선은 이에 포함되지 않고 여전히 임대인이 그 수선의무를 부담한다. 이를 요약하자면, 임대차계약에 명시된 특약에 따라 수선의무 부담자를 결정하되, 특약이 없거나 특약에 명시적인 수선의무의 범위를 정하고 있지 않다면 대규모의 수선은 임대인이 부담해야 한다.

위 사례에서 ○○호텔의 하자는 대규모 수선이 필요한 상황에 해당하고, 임대인 A와 임차인 B는 수선의무의 범위에 관하여 별도의 특약을 두고 있지 않았으므로, 당해 수선의무를 부담하는 사람은 임대인 A이다. 이러한 경우, 임대인 A가 ○○호텔에 관한 수선의무를 이행하지 않아 임차인B는 ○○호텔의 절반을 사용·수익하지 못하였으므로, 임대인A에 대하여 월 차임 3,000,000원 중 1,500,000원만 줄 의무가 있다. 따라서 이 사건의 임대차 보증금은 차임 연체로 전부 공제된 것이 아니고, 임대인 A는 임차인 B에 대하여 위 보증금 중 절반인 15,000,000원을 반환해야 할 의무가 있다. 결론적으로 임차인 B의 이 사건 보증금 반환 청구는 타당하다.

임차인이 부동산을 임대인의 동의없이 제3자에게 양도하였다면

B는 A 소유의 토지를 임차하고 지상에 2층짜리 건물을 지어 가구점을 열었다. B는 해당 가구점을 아내인 C와 함께 경영하게 되었는데, 시간이 지날수록 가게운영이 어려워지면서 C와 다투는 일이 많아져 최근 이혼하게 되었다. 이에 B는 C에게 이혼 위자료 대신 가구점 건물 전체에 관한 소유권을 이전하는 것으로 합의를 보았다. 그 과정에서 임대인 A와의 임차권 또한 C에게 양도하기로 했다. 다만 A의 동의는 받지 않았다.

뒤늦게 이러한 사정을 알게 된 A는 B가 C에게 건물의 소유권과 임차권을 양도한 것은 민법상 무단 양도에 해당한다고 주장하며, B에게 토지임대차계약을 해지한다는 내용과 함께 해지에 따라 토지를 인도하라는 통지서를 보냈다. A의 해지 통보를 두고 A와 B가 소송을 치르던 중, B와 C가 서로 화해하고 재결합해 다시 혼인신고까지 마쳐 B가 C에게 소유권과 임차권을 양도하기 전과 상황이 동일해졌다. 이러한 경우 임대인 A가 임차인 B에게 통보한 토지임대차계약해지는 효력이 있을까?

임차인이 임차목적물을 무단 양도하거나 전대하는 경우, 임대인은 민법 제629조에 따라 당해 임대차계약을 해지할 수 있다. 이러한 일방적인 계약 해지권을 임대인에게 인정하는 이유는, 계약 당사자 사이의 개인적 신뢰를 바탕으로 성립하는 임대차계약에서 임차인이 임대인의 동의 없이 임차권을 제3자에게 이전하는 것은 임대인에 대한 배신적인 행위이자, 임대인의 인적 신뢰와 경제적 이익을 해칠 수 있는 일이기 때문이다.

다만 임차인의 무단 양도로 인한 임대인의 임대차계약 해지는 임차인의 행위가 임대인에 대해 배신적 행위라고 인정할 수 있는 정도의 특별한 사정이 발생한 경우에나 행사가 가능한 것이다. 만약 임차인이 임대인으로부터 별도의 승낙을 얻은 바 없이 제3자에게 임차물을 사용·수익하도록 한 경우라 하더라도 임차인의 행위가 임대인에 대한 배신적 행위라고 인정할 수 없는 경우라면 민법 제629조에 따른 해지권은 발생하지 않는다.

위 사례의 경우와 같이, 임차인 B가 임대인인 A에게 동의를 받지 않고 건물과 임차권을 제3자에게 양도한 경우라도, 제3자가 B와 함께 세대를 구성하는 배우자이며 같은 건물에서 동거 및 함께 영업하는 인물이라면 이는 실질적으로 임대인 A의 인적 신뢰나 경제적 이익을 해치는 것이라고 볼 수 없다. 그렇기에 A는 B의 무단 양도 등을 이유로 하여 일방적으로 임대차계약을 해지할 수 없다.

즉 B의 C에 대한 임차권 양도행위는 A와의 토지임대차관계를 지속시키기 어려운 배신적 행위라고 볼 수는 없어 A는 B에게 계약해지권을 행사할 수 없고, 아내 C는 B에게 양도받은 임차권을 바탕으로 해당 건물 등에 대한 사용·수익권을 임대인인 A에게 주장할 수 있다.

임차인이 상가권리금 회수기회를 보호 받으려면

"회사 그만두고 나도 이렇게 장사나 할까"

점심시간에 장사가 잘 되는 식당에 가면, 업무에 지친 직장인들이 우스갯소리로 '여기는 하루에 얼마를 벌까'하면서 퇴사를 하고 자영업을 하고 싶다는 이야기를 하는 걸 종종 듣는다. 물론 상권이 좋으면 장사가 잘 될 수밖에 없다. 그래서 자영업을 시작하는 사람들은 상권을 분석해서 장사가 잘 되던 식당 등에 권리금을 주고 들어간다. 코로나 이전에는 전국의 상가 평균권리금이 5,000만 원을 넘기도 했다. 하지만 코로나 이후 매출이 좋지 않아 권리금을 내리는 추세이고, 무권리 점포도 늘어났다. 그런데 만약 내가 권리금을 주고 들어간 상가의 매출이 예상보다 적을 경우, 권리금을 돌려받을 수 있을까?

A는 같은 장소에서 5년째 운영했던 B의 식당을 인수해 3년째 운영 중이다. 그러나 최근 A의 건강이 나빠져 더 이상 식당을 운

영할 수 없게 되었다. A가 폐업 여부를 두고 고민하던 중, 평소 식당 운영에 관심을 보였던 지인 C가 자신에게 가게를 넘기라는 제안을 해왔다. 이에 A는 주변 상가들의 권리금 시세와 매출 등을 고려해 일정 금액의 권리금을 받고 가게를 넘기게 되었다. 하지만 막상 운영을 시작하자 식당의 매출은 C의 예상보다 적었고, 우연히 A가 가게를 양도받을 당시 지급한 권리금이 자신이 지급한 권리금보다 적은 금액이었다는 사실까지 알게 되었다. 억울해진 C는 A를 사기죄로 고소하고 권리금 등을 돌려받고자 한다.

'상가권리금'이란 일반적으로 해당 상가에서 새롭게 영업을 시작하는 신규임차인에게 기존의 영업시설이나 노하우, 위치, 고객, 거래처 등 영업상 이점이 되는 유무형의 재산적 가치를 상가와 함께 양도하는 대신 기존의 임차인이 지급받는 금전 등의 대가를 말한다. 우리나라의 경우 오래전부터 상가임대차 계약 시 관행처럼 기존의 임차인과 신규 임차인 사이에 적게는 수백 많게는 수억 원에 달하는 권리금을 주고받아 왔지만, 권리금이 법적으로 보호를 받기 시작한 건 2015년 '상가건물임대차보호법(상가임대차법)'이 개정되면서부터이다.

'상가임대차법'에 따르면 상가권리금은 기존의 상가임차인과 새로운 임차인 사이에 계약을 통해 지급한다. 따라서 계약의 당사자가 아닌 임대인은 법에서 정하고 있는 예외적인 경우가 아니라면 기존의 임차인이 새로운 임차인에게 권리금을 지급받을 수 있는 기회를 방해해서는 안 된다. **기존의 임차인이 권리금을 주장하기 위해서는 상가임대차계약 종료 전 적극적으로 권리금에**

대해 합의된 신규 임차인을 찾아 임대인에게 소개하는 등의 노력을 해야 하며, 도중에 상가임대차계약이 종료해버리거나 임대인이 기존의 임차인과는 무관하게 새로운 임차인을 찾아 계약을 체결한 경우에는 권리금 주장이 어려울 수 있다. 다만 이러한 기존 임차인의 권리금을 받을 수 있는 기회에 대한 보장 외에 '상가임대차법'상 권리금과 관련하여 다른 별도의 법적 제한은 존재하지 않는다. 물론 권리금과 관련된 관행들이 존재하긴 하지만 이를 반드시 따를 필요도 없다. 결국 권리 금액의 적정 수준과 같은 사항들은 기존의 임차인과 신규 임차인 간의 합의에 의해 결정된다. 따라서 만약 기존 임차인이 자신의 노력으로 영업가치가 크게 증가한 경우라면 이를 반영하여 자신이 이전 임차인에게 지급했던 권리금보다 더 높은 수준의 권리금을 주장할 수 있고, 그 반대의 경우라면 더 낮은 권리금을 제시하는 것도 가능하다.

또 기존의 임차인이 이전 임차인에게 지급했던 권리금과 동일한 액수를 주장해야 하는 것도 아니다. 신규 임차인의 영업결과 예상보다 매출액이 적거나 적정 시세보다 과도한 권리금이 설정되었다는 것을 이유로 이에 대해 법적인 책임을 묻기도 어렵다. 하지만 처음부터 기존 임차인이 고액의 권리금을 받기 위해 매출액을 과장하거나 조작하는 등의 행위가 있던 경우라면 이에 대한 사기죄가 성립할 수 있다.

사례의 경우 C는 A가 권리금을 제시하고 협의하는 과정에서 매출액 등을 부풀리는 불법행위를 한 경우가 아닌 이상, A에게 사기죄 등의 책임을 물을 수 없다. 권리금의 경우 고정된 비용이 아닌 기존의 임차인과 신규 임차인 사이의 계약에 따라 설정되는 것으로서, '상가임대차법'상 기존 임차인의 권리금 회수 기회를 보호하는 정도의 제한만 있을 뿐 과도한 권리 금액에 대한 보호 등을 내용으로 하는 관련 법령이 존재하지는 않는다.

전월세 보증금을 돌려받으려면 임차권등기명령 활용하라

우리는 뉴스에서 전월세 사기와 관련된 내용을 자주 접하곤 한다. 사기를 당한 피해자들의 인터뷰를 보면 너무나 막막하고 안타깝다. 그들에게는 그 보증금이 전 재산이나 다름없기 때문이다. 결혼 자금, 학자금, 10년 동안 일을 해서 모은 돈 등 제각각 다양한 사연이 존재한다. '내 집'이 없는 것도 서러운데, 세입자를 두 번 울리는 전월세 사기는 반드시 없어져야 할 것이다.

A는 다른 지역에 있는 회사로 이직을 해서 곧 이사 갈 예정이다. 현재 A가 살고 있는 아파트는 이미 2년의 월세 계약기간이 끝났으나 임대인 B는 A에게 아직 임대차보증금을 주지 못하고 있다. A의 이사 날짜가 다가오고 있으나 B는 아직 새로운 세입자를 찾지 못해 약속한 날짜에 보증금을 돌려줄 수 없다는 말만 되풀이하고 있다. 보증금을 받아 이사할 집의 잔금을 치러야 하는 A는 직장문제로 이사를 미룰 수도 없고, 이대로 이사를 하게 되는 경우

보증금을 돌려받지 못할 것 같아 걱정이다.

전월세 등 부동산임대차계약을 맺을 때 일반적으로 집주인은 세입자에게 일정 금액의 '보증금'을 요구하게 된다. 부동산임대차에서 '보증금'이란 세입자의 월세 체납과 같이 장래에 발생할지도 모르는 채무불이행을 보증하기 위해 세입자가 채권자인 집주인에게 교부하는 일시금을 말한다. 보증금은 특별한 경우가 아니라면 임대차가 종료하여 세입자가 주택을 반환하고 이사를 나가는 때에 전액 세입자에게 반환하여야 한다.

부동산임대차의 보증금은 경우에 따라 다른데, 특히 전세보증금일 경우 집값의 70-80% 수준과 맞먹기도 한다. 세입자에 따라서는 보증금이 곧 '전 재산'이 될 수도 있는 큰 금액이다. 이러한 경우 거주하고 있는 주택이 경매로 넘어가거나 집주인이 보증금을 제때 돌려주지 않는다면 세입자는 큰 경제적인 부담과 피해를 입을 수밖에 없다. 따라서 임대차계약관계에서 보증금의 보전은 경제적 약자인 세입자 보호를 위한 가장 중요한 내용 중 하나가 된다. 이에 우리나라는 '주택임대차보호법'에 관련 규정을 두고 세입자의 보증금 보호에 관한 내용을 정하고 있다.

세입자는 '주택임대차보호법'에 따라 전월세 계약 후 주택을 인도받고 전입신고를 하여 확정일자를 받아 두었다면 주택이 경매에 넘어가는 경우라도 일정 범위의 보증금을 우선적으로 변제받아 이를 보전할 수 있다. 만약 **임대차계약 종료 후 세입자가 이사를 해야 하는 상황임에도 집주인이 이런저런 이유로 보증금의 지급을 미루고 있는 경우라면, 세입자는 '임차권등기명령'을**

신청하여 기존의 주택에 대한 대항력을 보장받아 경매 등을 통해 보증금을 돌려받을 수 있다.

다만 임차권등기명령은 임대차 기간이 종료된 후에야 설정할 수 있고 세입자가 새로운 주소로 전입신고를 하기 전에 이루어져야 한다. 또 임차권등기명령을 신청하기 전 이사하여 주택을 임대인에게 반환한 경우라면 대항력을 인정받기 어려울 수 있다.

A는 이사 전 임차권등기명령을 신청하여 기존에 거주하던 아파트에 대한 대항력을 유지시켜 보증금을 돌려받지 못할 경우에 대비해야 한다. 다만 임차권등기명령은 신청만으로 무조건 기입되는 것은 아니므로 기존의 임대차계약이 해지되었다는 것을 입증할 증거들이 필요하다. 따라서 임대차 계약서와 함께 계약이 해지된 사실, 보증금반환에 관련된 내용 등이 포함된 내용증명, 집주인과의 통화나 문자 내용 등을 확보하여 두는 것이 좋다. 기존 주택에 대한 대항력이 유지되는 경우 A는 직접 보증금반환청구소송을 제기하여 승소 후 경매를 통해 일정 범위의 보증금을 돌려받을 수 있다. 또 기존주택이 타인의 강제집행으로 인해 경매 절차에 들어가는 경우 이에 참가하여 우선변제권을 주장해 다른 일반 채권자보다 먼저 보증금을 반환받을 수도 있다.

전월세 보증금의 증액은 얼마가 가능할까

서울에서 자취를 하면 월급의 반 정도가 월세와 관리비 등 주거 비용으로 나간다는 말이 있다. 안전하고 청결한 방을 구하기 위해서는 매달 60-80만원의 월세를 지불해야 하기 때문이다. 사람이 살아가는 데에 있어 가장 기본적인 요건인 '주거'가 경제적으로 큰 부담을 주는 것이다. 그런데 집주인이 월세를 더 올리겠다고 통보하면 어떻게 되는 것일까?

A는 현재 3년째 같은 아파트에 살고 있다. 집주인 B와 계약 당시 2년의 임대차기간을 설정하긴 했지만 계약기간이 만료될 당시 B로부터 별다른 요구가 없었고, A 또한 현재 아파트에 거주하는 데 불편함이 없어 그대로 계속 살게 된 것이었다. 그러던 중 A는 최근 B로부터 월세를 올려 달라는 연락을 받게 되었다. B가 요구한 월세는 기존에 내고 있던 월세보다 30% 많은 수준으로 A가 매달 감당하기에는 부담스러운 금액이었다. A는 이미 '묵시의 갱신'

이 이루어진 이상 기존의 임대차계약 내용상의 월세보다 더 낼 수 없다고 주장했지만, B는 주변의 부동산 시세가 너무 올라 어쩔 수 없다는 대답만 할 뿐이다.

한 통계자료에 따르면 지난해 기준 우리나라 10가구 중 4가구는 다른 사람의 집을 '빌려서' 사용하고 있다. 집을 빌리는 수많은 이유들 중 가장 큰 것은 아무래도 '집값' 때문일 것이다. 지역에 따라 차이는 있지만 적게는 수천만 원에서 많게는 수십억 원에 이르는 집값을 감당하는 일은 일반 서민에게 쉽지 않은 일이다. 하지만 최근에는 집을 빌리는 일도 쉽지 않다. 월세나 전세를 구하기 위해 필요한 보증금과 월세가 집값과 함께 끝없이 오르고 있기 때문이다. 전세의 경우 보증금이 집값과 거의 유사한 경우도 적지 않다. 월세는 보증금의 부담이 상대적으로 적지만 그 대신 다달이 높은 수준의 월세를 부담해야 한다. 즉 보증금과 월세는 세입자에게 가장 큰 경제적 부담인 셈이다. 따라서 보증금이나 월세의 증액은 세입자에게 가장 민감한 사항이 될 수밖에 없으며, 그들의 주거보장을 위해 어느 정도 규제가 필요한 부분이라고 할 수 있다.

이와 관련하여 '주택임대차보호법' 등에서 보증금이나 월세의 증감에 대해 기준과 한계를 정하고, 세입자가 예상할 수 없는 수준의 차임 등의 증액을 하지 못하게 하고 있다. '주택임대차보호법' 등 관련 법령에 따라 집주인은 기존에 임대차계약으로 정한 보증금액이나 차임 액의 5%를 초과하여 증액을 요구하지 못한다. 또 이미 1년 이내에 차임 등을 증액한 사실이 있다면 그마저도 다시 증액을 요구할 수는 없다. 만약 위반하여 증액된 차임을 이미 지급하였다면, 세입자는 경우에 따라 그에 대한 반환을 청구할 수도 있다. 다만 보증금 등 차임의 증액 자체가 불가능한 것은 아니며, 이른바 '묵시의 갱신'이 있었던 경우라 하더라도 정당하고 합법적인 수준의 보증금 등의 증액 요구는 '주택임대차보호법' 등에 위반된 것이라고 볼 수 없다.

더욱이 이러한 **보증금 등의 증액 제한은 임대차계약기간 중에만 해당하는 것이고 임대차계약기간이 만료되어 재계약을 하는 경우에는 적용되지 않는다.** 또 임대차계약기간 중 세입자와 집주인은 두 사람 사이에 합의를 통해 보증금 등 차임을 5% 이상 증액할 수도 있다.

A와 B의 임대차계약이 묵시의 갱신으로 연장된 경우라 하더라도 이는 B의 월세의 증액 요구와는 별개의 것이어서, 정당한 사유가 존재하는 경우라면 B는 A에게 월세의 증액을 요구할 수 있다. 다만 '주택임대차보호법' 등에 따라 월세를 증액하려는 경우, 집주인과 세입자 사이에 합의가 있는 경우가 아니라면, 기존에 임대차계약상 정해진 월세의 5%를 넘을 수 없다. 따라서 B가 요구한 30% 수준의 증액은 위법한 것이 된다. 이러한 경우 A와 B는 두 사람 사이의 대화나 '임대차분쟁조정위원회' 등의 도움을 받아 월세 증액의 수준을 조정하여 기존의 임대차계약을 이어갈 수 있다.

젠트리피케이션!
상가보증금 증액 제한할 수 없을까

　골목 상권을 개발하고, 동네의 작은 맛집들을 발굴하는 프로그램이 한동안 인기였다. 작은 골목길이 프로그램을 통해 발달되었고, 전국 각지에서 찾아오는 길이 되기도 했다. 많은 시청자들이 고군분투하는 자영업자들을 응원했다. 자영업자들도 해당 프로그램에 감사함을 표했다. 하지만 방송을 탄 골목의 상권이 활발해지면서 프로그램에 출연했던 자영업자들이 가게를 옮기기도 했다. 가게를 옮기는 이유로 '상가 보증금과 월세를 부담할 수 없어서'라고 대답했다. 동네 사람들만 다니던 골목이 전국에서 찾아오는 'ㅇㅇ길'이 되어버렸다는 이유로 보증금과 월세를 올리는 게 과연 적법한 일인 것일까?
　A는 3년을 계약 기간으로 하여 작은 상가를 임차해 디저트 카페를 시작했다. 처음엔 인지도가 없어 고생했지만, 인근의 비슷한 처지를 가진 상인들과 함께 힘을 모아 SNS 등을 통해 열심히 홍

보한 결과, 최근 젊은 사람들을 중심으로 입소문을 타기 시작하며 수입이 조금씩 늘고 있다. 그러던 중 상가 주인 B가 계약한 지 2년째가 되는 다음 달부터 임대료를 10% 올려 달라고 요구해 왔다. A의 상가가 있는 골목이 유명해지면서 인근 지역의 임대료가 크게 증가했다는 이유였다. A는 어떻게 해야 할까?

'젠트리피케이션' 혹은 '상권 내몰림 현상'은 이미 우리에게 익숙한 일이 되었다. 'ㅇㅇ길'이라는 이름으로 새로 생겨난 '골목상권'을 알게 되는 순간, 그곳의 소상공인들이 앞으로 겪어야 할지도 모를 보증금과 임대료 등의 부담에 대한 걱정이 함께 떠오를 정도다. 상황이 이렇다 보니 일부 골목들의 경우 적극적인 홍보를 꺼려하는 곳들까지 생겨나고 있다. 골목이 유명해지면 사람들이 몰리고, 사람들이 몰려 인기가 많아지면 지역의 땅값과 집값이 올라 개인이 운영하는 작은 가게의 수익만으로는 감당할 수 없을 정도의 상가보증금 등의 인상이 있을 것이 뻔하기 때문이다.

물론 상가임대차계약에 있어 계약기간 중이나 갱신에 상가보증금을 비롯한 임대료 등을 변경하는 것 자체가 불법적인 것은 아니다. **'상가임대차보호법'에 따르면 상당한 경제적 사정 등의 변동이 있는 때에 계약 당사자들은 보증금이나 차임의 증감을 청구할 수 있기 때문이다.** 하지만 감액이 아닌 증액의 경우에는 일정한 제한이 따른다. 상가임대차계약상 보증금 등의 증액금지 특약이 있는 경우에는 이에 따르고, 특약이 없는 경우에도 임대차계약이 있은 후 혹은 임대료 등의 증액이 있은 후 1년이 지나야만 증액청구가 가능하다. 증액청구가 가능한 경우에도 특별한 사정 변경 등이 없다면 청구 당시의 보증금 또는 임대료의 5%를 초과하여 요구할 수 없다. 그러나 임대료 등의 5% 이상 증액이 절대로 불가능한 것은 아니다. **해당 상가건물의 조세나 공과금 증가나 주변 시세의 변화 등 상당한 수준으로 경제사정의 변동이 있고, 상가임차인에게 불리한 경우가 아니라면, 당사자 간 협의하여 5% 이상의 증액도 가능하다.**

또 이러한 보증금 등의 증액 제한은 기존의 임대차 계약의 종료 후 새롭게 상가임대차계약을 체결하는 경우에는 적용되지 않는다. 상가 보증금과 임대료를 기준으로 계산한 '환산보증금'이 임대차계약 당시 관련 시행령에서 정하고 있는 일정 기준을 초과하는 경우에도 마찬가지다. 환산보증금은 월세에 100을 곱한 금액을 상가 보증금에 더하여 계산한다. 가장 최근에 개정된 기준 범위에 따르면 서울이 9억으로 제일 높고 지역에 따라 차등은 있지만 3억 7천만 원 이하인 경우라면 지역과 상관없이 모두 보증금 등에 대한 증액제한 적용대상에 해당한다.

위 사례의 경우 임대료의 증액 요구 자체가 문제 되진 않지만, 상가 주인 B가 주장하는 증액 비율 10% 부분에 대해서는 다툼이 있을 수 있다. '상가임대차보호법'에서 임대료 등의 증액에 5%의 상한선을 두고 있기 때문이다. 하지만 A의 상가가 있는 골목의 인근 지역 임대료가 크게 증가했다는 점에서 B의 임대료 10% 증액 요구가 단순히 5%를 초과한 증액이라고 하여 반드시 부당하다고 확정할 수는 없다. 다만 5% 이상 인상하기 위해서는 상가임차인에게 불리함이 없어야 하고 당사자들 사이에 협의가 이루어져야 한다.

따라서 A는 B와 적절히 협의하여 임대료의 인상 비율을 조정하거나, 협의가 불가능한 상황이라면 법원의 소송을 통해 적당한 수준의 인상 비율을 조정 받을 수 있다.

주민등록이 주택임대차보호법 상 대항력의 요건을 충족시키려면

　A는 2017년 1월 12일 갑 주택을 구입하고 다음날 소유권이전등기와 전입신고를 모두 마쳤다. 갑 주택에 거주하던 A는 2018년 1월 12일 B에게 해당 주택을 매도하면서 그와 동시에 B와 임대차계약을 맺고, 2018년 1월 30일 B가 매매 잔금 지급을 완료하면 갑 주택의 소유권을 B에게 넘기고 A는 임차인의 자격으로 거주하기로 약정하였다. 하지만 B의 잔금 지급이 미뤄지면서 B의 소유권이전등기는 2019년 1월 30일에서야 가능하게 되었다.

　그 사이, A는 계속 갑 주택에 소유권을 가지고 거주하며 B의 소유권이전등기가 완료되기 전인 2019년 1월 10일 K은행과 Y은행에서 갑 주택을 담보로 5억 원 여의 대출을 받았다. 문제는 A가 해당 대출을 제때 갚지 못해 2020년 2월 10일 Y은행이 갑 건물에 대해 경매를 신청하였고, 경매를 통해 갑 건물의 소유자가 C로 변경되었다는 점이다. 현재 C는 자신이 갑 주택을 경락받은 뒤에도 여전히 해당 주택에서 거주 중인 A를 상대로 건물인도를 청구하였다. 이에 A는 C를 상대로 본인의 보증금에 대한 반환을 청구하는 내용의 반소를 제기하려고 한다. A와 C의 주장은 각각 타당할까?

일반적으로 **임차인은 '주택임대차보호법'에 따라 ▲주택을 인도받아 점유하고 ▲전입신고를 통해 주민등록을 완료함으로써 그 다음날부터 본인이 임차한 주택에 대해 대항력을 취득하게 된다.** 대항력을 갖춘 임차인은 만약의 경우 주택이 경매로 소유자가 변경되더라도 기존에 계약된 임대차 기간을 보장받는 것은 물론, 임차보증금 역시 일정 부분 보호받을 수 있다. 이를 바탕으로 판단해 보았을 때, 언뜻 갑 주택에 거주 중이면서 주민등록을 마친 상태인 A가 C의 건물인도 청구에 대해 제기하려는 보증금 반환 청구가 타당해 보인다. 하지만 위 사례의 경우 일반적인 임대차대항력 요건을 문언 그대로 적용하기에는 무리가 있다.

'주택임대차보호법'상 주택의 인도와 더불어 임차인의 대항력 요건으로 규정하고 있는 '주민등록'은 거래의 안전을 위해 임차권의 존재를 제3자가 명백히 인식할 수 있도록 마련된 것이다. 따라서 임차인이 주택임대차보호법상 대항력을 갖추기 위한 요건으로서의 주민등록은 단순히 형식적으로 주민등록이 되어 있다는 것만으로는 부족하고, 주민등록에 의해 주택에 대한 임차인의 점유가 임차권을 매개로 하는 점유임을 제3자가 인식할 수 있는 정도는 되어야 한다.

즉, 위 사례와 같이 아직 A가 갑 주택의 소유권을 가지고 있을 당시 행한 주민등록만으로는 제3자가 그 주민등록이 임차권을 매개로 하는 점유라는 것을 인식하기 어려워 대항력을 갖췄다고 할 수 없다. A의 주민등록이 임차인으로서 대항력을 갖추기 위한 요건으로 효력을 발생한 것은 B가 주택에 관한 소유권이전등기를 마친 다음 날인 2019년 1월 31일로 보아야 한다. 따라서 A는 자신이 '주택임대차보호법'상 대항력을 갖추기 전에 설정된 Y은행의 저당권에 기해 이루어진 경매로 갑 주택의 소유자가 된 C에게 대항할 수 없고, 경락인 C의 주택명도청구를 받아들여야 하는 것은 물론 C에 대하여 보증금 반환도 청구할 수 없다.

차임을 연체하는 임차인은 어떻게 내보낼수 있나

A는 월세를 제때 내지 않는 세입자 B 때문에 머리가 아프다. 한두 번은 그냥 넘어갔지만 그 뒤로 월세를 밀리는 일이 잦아지더니 3개월 전부터는 월세가 아예 들어오지 않았다. 결국 A는 지난달 B에게 임대차계약을 해지하겠다는 의사를 알리고 새로운 세입자를 찾는 중이다. 문제는 집을 보고 싶다는 연락이 오지만 B가 집을 비우는 일이 많고 연락도 잘 되지 않아 제때 집을 보여줄 수 없어 신규 세입자를 구하기가 어렵다는 것이다. 여러 번 B와의 연락을 시도하였으나 번번이 실패한 A는 결국 자신이 가진 스페어 키를 사용하여 B가 없더라도 집을 보여주려고 한다.

우리나라는 '주택임대차보호법(주택임대차법)'을 두고 주거용 건물의 임대차에 관한 사항들을 일반적인 임대차와는 별도로 규정하여 더 강하게 보호하고 있다. 이 법에 따라 주택임대차계약의 경우 임차인은 2년의 임대 기간을 보장받음은 물론 보증금이나 차임 등에 있어서도 일반적인 임대차계약보다 더 강한 보호를 받는다. 그러나 '주택임대차법'에 따른 임차인의 권리보호는 임차인이 자신의 의무를 제대로 이행한 경우에 한하여 인정되는 것이다. **임차인의 대표적인 의무에는 임대차 기간 중 '차임 지급의무'와 임대차 기간 종료 시 '원상복구 의무', '임차물 반환 의무' 등이 있다.**

특히 월세 계약과 같이 일정 기간마다 차임을 지급해야 하는 임대차계약일 경우 **'차임 지급의무'를 위반한 임차인은 '주택임대차법'상 계약의 갱신 요구를 할 수 없고 묵시에 의한 갱신도 인정받지 못한다.** 만약 2기의 차임 액에 달하는 연체가 있는 경우 임대인은 '민법'에 따라 이를 이유로 임대차계약을 해지할 수도 있다. '2기의 차임 액'이란 단순한 횟수가 아닌 연체된 차임의 액수가 임대차계약상 합의된 차임의 2개월분에 달하는 경우를 말한다. 하지만 차임 지급의무 위반 등을 이유로 계약 해지를 통지한 경우라 하더라도 아직 임차인이 퇴거하지 않은 상황이라면, 임대인은 임차인의 집에 함부로 들어갈 수 없다. 상황에 따라 '주거침입죄'로 처벌을 받을 수도 있기 때문이다.

'주거침입죄'는 타인이 거주하고 있거나 관리하는 주택 등에 무단으로 침입하여 해당 장소에서 생활하고 있는 주거권자의 주거 평온을 침해한 경우 성립한다. 이때 주거권자는 반드시 실소유자일 필요는 없고 해당 주택 등을 실질적으로 점유하여 생활 중인 사람이라면 충분하므로, 임대차계약이 해지된 경우라도 임차인이 퇴거하지 않고 여전히 살고 있다면 주거권자가 될 수 있다. 따라서 **임대인은 임대차계약의 해지 후라도 임차인이 퇴거를 하지 않고 있다는 이유로 임차인의 허락 없이 임차인의 집에 들어가서는 안 되고, 불가피한 경우 '명도소송'을 제기하여 법원의 판결을 받아 강제집행을 통해 집을 인도받아야 한다.** 단 명도소송의 경우 임대차계약이 적법하게 그리고 실제로 해지가 된 상태여야 가능하므로 명도소송을 준비하려는 임대인은 내용증명 등을 통해 그러한 사실을 분명히 해 두는 것이 좋다.

A의 경우 B가 3개월간 월세를 내지 않은 것을 이유로 임대차계약을 종료할 수 있다. 다만 임대차계약의 해지를 통지한 경우라도 B가 퇴거 전이라면 B의 허락이나 동의 없이 B의 집을 마음대로 출입해서는 안 된다. 주거권자인 B의 동의 없이 집을 출입하는 경우 주거침입죄가 성립하여 처벌을 받을 수도 있기 때문이다. 따라서 A는 B와의 대화를 통해 원만하게 합의하여 B가 없는 경우에도 희망 세입자들에게 집을 보여줄 수 있도록 집을 출입하는 것에 대한 동의를 받거나, 명도소송 등을 제기하여 법원의 결정을 받아 강제집행을 통해 B를 퇴거 시킨 후 새로운 세입자를 찾아야 한다.

형사고소가 민사채권의 소멸시효를 중단시킬 수 있나

　공사업체인 A는 2014년 B와 도급계약을 체결하며 2017년 1월 14일까지 B의 소유 토지에 6층짜리 건물을 신축해 주고 그 대가로 7억 원을 받기로 약정하였다. 문제는 이후 A가 계약의 내용에 따라 2017년 1월 14일까지 해당 건물을 완공하였으나 B로부터 공사대금을 지급받지 못했다는 것이다. 결국 A는 2020년 1월 2일 B를 '특정경제범죄법'상 사기죄로 고소하였고, 같은 해 6월 1일 7억의 공사대금을 지급해 줄 것을 재판상 청구하였다. 하지만 이에 대해 B는 이미 A가 자신에 대해 가진 공사대금 채권은 소멸시효가 완성되었다고 항변하며 공사대금의 지급을 거절하고 있다.

　소멸시효란 채권과 소유권 이외의 재산권에 대해 해당 권리를 가지고 있는 권리자가 자신의 권리를 행사할 수 있음에도 이를 일정 기간 행사하지 않는 경우 그 권리를 소멸시키는 것을 말한다. 각각의 권리는 그 권리가 가지는 내용 특성 등에 따라 짧게는 수

개월에서 10년에 이르기까지 매우 다양한 시효기간을 갖는다. 예를 들어, 일반적인 채권의 경우 10년의 소멸시효를 갖지만 위 사례와 같이 도급계약에 있어 수급인의 공사대금 등에 관한 채권의 경우 3년의 단기소멸시효를 갖는다. 따라서 수급인인 공사업체 A가 B에 대해 갖는 공사대금채권의 경우 A가 건물을 완공한 2017년 1월 14일부터 3년인 2020년 1월 13일까지 행사해야 하고, 만약 이 기간을 도과하는 경우 A는 B에게 더 이상 공사대금의 지급을 청구할 할 수 없다.

소멸시효의 경우 채권의 행사(최고), 재판상 청구, 압류, 가압류, 가처분, 승인 등을 통해 시효를 중단시키거나 일정 기간 연장시킬 수 있다. 다만 시효를 중단시키는 사유로서의 재판상 청구에 형사고소나 형사재판은 포함되지 않는다는 것이 우리 판례의 입장이며, 형사절차상 피의자 심문 등을 통해 피의자가 채권을 인정한 경우라 하더라도 이를 곧바로 또 다른 소멸시효 중단 사유 중 하나인 승인의 의사표시로 볼 수 있는 것도 아니다.

그러나 **형사고소의 경우 소멸시효 중단 사유는 아니나 소멸시효 연장 사유인 민법 제174조 소정의 '최고'로 볼 수는 있다.** 따라서 A의 B에 대한 2020년 1월 2일 자 고소는 소멸시효를 연장시키는 사유 중 하나인 최고로서, A가 **고소 이후 연장된 6개월 이내에 B를 상대로 공사대금 청구의 소를 제기했다면 이는 유효한 청구이자 해당 공사대금 청구의 소멸시효를 중단시키는 재판상 청구에 해당한다고 볼 수 있다.** 따라서 A의 청구는 타당하며 B는 소멸시효의 완성을 주장하며 대금 지급을 거절할 수 없다. 단, 만약 A가 형사고소 이후 6개월 이내에 추가적인 민사상 소(공사대금청구소송 등)를 제기하지 않았다면 A의 공사대금채권의 소멸시효는 고소한 날로부터 6개월 연장되었을 뿐 중단된 것은 아니어서 해당 채권은 일정 기간 도과 후 소멸시효 완성으로 소멸하여 더 이상 주장할 수 없게 되므로 주의해야 한다.

형사

'비매품'으로 받은 물건들, 되팔아도 괜찮을까

연말이 다가오면 커피 프랜차이즈 전문점에서 너 나 할 것 없이 다이어리를 제작한다. 이 다이어리는 돈을 주고 살 수 있는 것이 아니라, 이벤트 음료를 포함해서 몇 잔 이상의 커피를 구입할 시에 받을 수 있는 비매품이다. 다이어리를 받는 조건을 충족하기 위해 회사 동료들에게 커피를 쐈다는 웃지 못할 이야기들도 들려온다. 심지어 특정 비매품의 경우, 오픈 시간에 맞춰 가서 선착순에 들어야 받을 수 있기에 '오픈런(open run : 매장이 열리면 달려간다)'이라는 신조어도 등장했다. 이렇게 받은 비매품은 SNS에 업로드하여, 다른 이들의 부러움을 사기도 한다. '돈 주고도 살 수 없는, 어렵게 구한 상품'이라는 것을 마케팅으로 이용한 것이다. 그렇다면, 이렇게 받은 비매품을 돈 주고 판매하는 것은 가능할까?

A는 최근 지인들에게 연말 선물을 하기 위해 B 백화점에서 화장품 등을 구입했다. 워낙 많은 사람들을 챙기다 보니 자연스럽게

구매금액도 늘어나게 되었다. 그 덕분에 A는 새로 출시된 화장품의 샘플들과 함께 B 백화점의 다이어리를 받게 되었다. 해당 다이어리는 연말까지 B 백화점에서 일정 금액 이상 결제해야만 받을 수 있는 이벤트 상품으로 별도 제작된 한정품이었다. 그러나 A에겐 이미 사용 중인 다이어리가 있고, 시험 삼아 사용해 본 화장품은 피부에 맞지 않았다. '비매품'으로 받은 제품들이 모두 쓸모없게 된 것이다. 그러던 중 A는 SNS 검색을 통해 B 백화점의 한정판 다이어리를 구매하고 싶다는 글들을 보게 되었다. A가 받은 화장품 샘플들을 구한다는 글도 있었다. 이에 A는 남은 화장품 샘플과 다이어리를 인터넷을 통해 판매해 볼까 한다.

'비매품'이란 제조사나 판매사가 자신들의 제품을 홍보하거나 소비자가 시험 사용을 해볼 수 있도록 무료로 제공하는 제품을 말한다. 비매품은 판매를 목적으로 만들어진 제품이 아니기 때문에 판매 가격이 정해져 있지 않으며, 용기나 포장에 비매품이라는 글씨가 눈에 잘 보이도록 표시되어 있는 것이 보통이다. 흔히 비매품이라고 하면 화장품 샘플이나 본 상품 구매 시 덤으로 딸려오는, 본 상품과 내용물은 동일하나 소포장된 상품들을 떠올리게 된다. 하지만 최근에는 제품과 관련된 캐릭터 상품이나 머그잔, 텀블러, 다이어리 등 매우 다양한 형태로 제작되어 소비를 유도하는 '미끼'로써 비매품이 제공되는 경우도 많다. 이러한 비매품들의 경우 단순히 '덤'을 넘어 '수집'의 대상이 되기도 한다. 사람들은 특정 비매품을 얻기 위해 필요하지도 않은 물건을 구매하는가 하면, 온라인 등을 통해 웃돈을 주고라도 비매품을 구매하려는 경우도 적지 않다.

판매를 목적으로 하지 않는 비매품을 거래한다는 것이 이상하게 느껴질 수 있지만, 비매품은 제조사 등이 임의로 판매하지 않겠다고 정한 상품일 뿐 법적으로 판매나 나눔이 금지된 제품을 의미하는 것은 아니다. 따라서 **불법적인 방법으로 소유하게 되었거나 유통이 금지된 물건이 아니라면 소비자는 원하는 대로 자신이 받은 비매품을 처분할 수 있다.** 다만 일부 비매품의 경우 법적으로 판매에 제한이 따르는 경우가 있으므로 주의가 필요하다. 예를 들어 **화장품 샘플의 경우 이를 소유하고 있는 소비자는 물론 제조사와 판매사까지 '화장품법' 제16조에 따라 판매 또는 판매를 목적으로 하는 보관이나 진열이 모두 금지된다. 만약 이를 어기는 경우 적발 시 1년 이하의 징역 또는 1천만 원 이하의 벌금에 처해질 수 있다.**

법적으로 판매가 불가능한 것은 아니지만 판매를 위해서는 판매자가 일정한 자격조건을 갖추거나 영업신고를 해야 하는 경우도 있다. 예를 들어 의약품 판매의 경우에는 약사자격증이 필요하고, 식품이나 컵, 쟁반, 그릇 등을 판매하고자 하는 경우에는 사전에 식품영업신고를 해야 하는 것이 원칙이다. 그 외에도 제품에 따라서는 판매 전 품질안전검사를 통해 안전인증(KC인증)이나 안전 확인 등을 받아야 하는 경우도 있다. 따라서 시판 전 안전인증이나 안전 확인 등의 절차가 필요한 제품이지만 아직 그러한 검사를 받지 않은 상태에서 시험용으로 제작되어 제공된 비매품인 경우라면 이를 함부로 판매해서는 안 된다.

A가 받은 비매품들 중 B 백화점의 다이어리는 재판매 불가 등의 특별한 약정이 있는 경우가 아니라면 중고거래 사이트를 통해 A가 원하는 가격을 붙여 판매할 수 있다. 하지만 화장품 샘플을 판매하는 것은 불가능하다. 우리나라는 '화장품법'에 따라 화장품 샘플의 판매가 엄격히 금지되어 있기 때문이다.

'애인'의 사진을
몰래 찍으면 처벌되나

지하철에서 여성의 신체를 불법 촬영한 남성이 현행범으로 체포되었는데, 그의 휴대폰에서 무려 만 장에 이르는 몰카 사진이 발견되어 많은 이들을 경악에 빠트린 사건이 있었다. 그뿐만이 아니다. 화장실이나 모텔, 탈의실 등에서의 몰카 범죄도 종종 찾아볼 수 있다. 많은 사람들은 자신 또한 몰카 피해자일지도 모른다는 불안감에 사로잡혔다. 그런데, 생판 모르는 남이 아닌 가까운 연인이 나를 상대로 몰카를 찍었다면 어떻게 해야 할까?

A는 얼마 전 자신의 연인 B와 크게 싸웠다. B가 자신과 교제를 시작한 이후부터 지금까지 자신의 잠든 모습이나 맨다리 등 특정 신체 부위를 몰래 촬영해왔던 사실을 알게 되었기 때문이다. B의 휴대폰에 저장되어 있던 문제의 사진들을 확인한 A는 B에게 자신이 보는 앞에서 해당 사진들을 삭제하도록 시키고 다시는 같은 일을 하지 않겠다는 약속을 받았다. 하지만 얼마 뒤 A는 우연히 B의

핸드폰에서 분명히 삭제했었던 자신의 '사진'들을 다시 발견하게 되었다. B가 A에게 촬영 사실을 들켜 삭제한 후 이를 다시 복구한 것이었다. 심지어 B를 추궁하는 과정에서 A는 B가 해당 사진들을 자신의 동성친구들이 모여 있는 단체 채팅방에 공유하였던 사실도 알게 되었다. A는 큰 충격에 빠질 수밖에 없었다.

흔히 우리가 '몰카 범죄'라고 부르는 '성폭력처벌법'상 '카메라 등을 이용한 촬영죄'는 최근 뉴스를 통해 가장 자주 접할 수 있는 범죄들 중 하나이다. '몰카 범죄'는 엄연히 성범죄 중 하나이지만 강간이나 성폭행 등에 비해 상대적으로 가볍게 여겨지고 있어 더욱 문제가 되고 있다. **'성폭력처벌법'에 따르면 '몰카 범죄'는 카메라 등의 기계장치를 이용해 '성적 욕망'이나 '성적 수치심'을 유발할 수 있는 타인의 신체를 촬영 대상자의 동의 없이 촬영한 경우 성립한다.** 그래서 '몰카 범죄'의 성립 여부는 해당 사진 등 촬영물의 내용이 '성적 욕망'이나 '성적 수치심'을 유발할 만한 것인지에 따라 결정된다.

법원은 **'성적욕망'이나 '성적 수치심'을 판단하는 데 있어 피해자의 옷차림이나 촬영 장소, 촬영 방식, 촬영물에 담긴 내용 등을 종합하여 판단**하고 있다. 따라서 '몰카 범죄'는 반드시 피해자의 얼굴이나 전신, 맨 살, 주요 부위가 찍힌 경우만 성립하는 것은 아니며, 경우에 따라서는 뒷모습, 손이나 발 등을 찍은 사진만으로도 혐의가 인정될 수 있다. 또 문제가 될 수 있는 **촬영물을 촬영 대상자와 합의하에 촬영한 경우라 하더라도, 이후 해당 촬영물을 촬영대상자의 동의 없이 판매하거나 유포 등을 하는 경우**

역시 처벌받는다. 영리를 목적으로 인터넷이나 SNS 등 정보통신망을 이용해 앞선 행위를 한 경우라면 '정보통신망법'에 따라 더 무거운 처벌을 받을 수 있다.

'몰카 범죄'는 반의사불벌죄나 친고죄에 해당하지 않는다. 피해자 본인이 아닌 제3자가 신고하는 것이 가능하고, 가해자가 피해자와 합의를 한 경우에도 재판상 양형과정에서 참작 사유가 될 뿐 범죄행위로 인한 책임 그 자체를 면제받을 수는 없다는 뜻이다. 최근 '몰카 범죄'에 대한 처벌이 강화되면서 초범인 경우라도 실형이 선고되는 경우가 많아지고 있다. 또 '몰카 범죄'의 경우 엄연히 성범죄라는 점에서 직군에 따라 취업이 제한되거나 인터넷에 성범죄자로 신상이 등록되는 등 추가적인 제재가 가해질 수도 있다.

A는 동의나 합의 없이 자신의 신체를 몰래 촬영하여 유포까지 한 B를 '성폭력처벌법'상 '카메라 등을 이용한 촬영죄'의 혐의로 경찰에 신고할 수 있다. 다만 문제가 되는 사진 등 촬영물이 '성적 욕망'이나 '성적 수치심'을 유발할 수 있는 사진인지에 대한 법원의 판단에 따라 죄의 성립 여부가 달라질 가능성이 있다. 만약 '카메라 등을 이용한 촬영죄'의 혐의가 인정되는 경우 B는 5년 이하의 징역 또는 3천만 원 이하의 벌금형에 처해질 수 있다. A와 B 사이에 원만하게 합의가 이루어진 경우에도 이는 재판 과정상 양형을 판단함에 있어 참작 사유가 될 뿐이며, 이미 수사가 진행된 경우 B는 실형을 면하기 어렵다.

계부모의 방임!
아동학대로 처벌되나

"신데렐라는 어려서 부모님을 잃고요. 계모와 언니들에게 구박을 받았더래요~"

 누구나 어린 시절에 한 번쯤 흥얼거려본 이 노래. 경쾌한 리듬이지만, 가사는 전혀 경쾌하지 않다. 오히려 섬뜩하기까지 하다. 계부모의 학대로 숨진 아이들을 뉴스에서 많이 접해서일까. 계모의 폭언과 방임 속에서 신데렐라가 얼마나 힘들었을지, 안타깝기만 하다. 그래도 신데렐라에게는 요정 할머니가 있었고, 결국 왕자님을 만나 행복해진다. 하지만 현실의 신데렐라들에게는 희망 주문인 '비비디바비디부'를 불러주는 요정 할머니도, 지옥 속에서 구원해 줄 멋진 왕자님도 없다. 실제로 많은 아이들이 계부모로부터 물리적 학대뿐 아니라, 정서적 학대까지 받으며 하루하루를 버티고 있다. 물론 계부모가 아닌 친부모들도 아이를 학대하거나 방임하는 경우가 많다. 그렇다면 계모의 아동 학대를 친부가 방임할 경우는 어떨까? 이 경우 친부도 아동학대 처벌을 받게 될까?

2009년 11월부터 A남과 B녀는 사실혼 관계로 동거 생활을 시작하였으며, 2009년 9월에 이혼한 전처 사이에서 낳은 딸 D(6세)도 함께 살았다. 동거가 시작된 이후, B녀는 'D의 도벽과 거짓말, 고집 센 성격' 등의 이유를 내세우며 D의 엉덩이와 종아리 등을 회초리가 부러지도록 때렸다. 회초리가 부러지면 또다시 회초리를 구입하여 어린 딸D를 폭행했다. 그 과정에서 약 30개의 회초리가 부러졌다. 그리고 A남은 자신의 딸 D가 B녀에게 지속적으로 폭행당하는 사실을 잘 알고도 그것을 방임했다. 아이는 물리적 상처뿐 아니라 정서적 상처도 입었을 것이다.

'아동'이란 18세 미만의 사람을 말하고, '아동학대'란 보호자를 포함한 성인이 아동의 건강 또는 복지를 해치거나 정상적인 발달을 저해할 수 있는 신체적, 정신적, 성적 폭력이나 가혹행위를 하는 것을 뜻한다. 보호자가 아동을 유기하거나 방임하는 것뿐만 아니라 아동의 잠을 제대로 재우지 않거나, 좁은 공간에 장시간 혼자 두거나, 형제나 친구 등과 수시로 비교하면서 차별하거나, 식구들 사이에서 따돌리거나, 아동을 고아원이나 다리 밑에다 갖다 버리겠다고 말을 하거나, 아동이 가서는 안되는 부적절한 장소에 자주 데려가는 것 등도 아동학대에 포함된다.

'아동복지법'은 누구든지 자신의 보호·감독을 받는 아동을 유기하거나 의식주를 포함한 기본적 보호·양육·치료 및 교육을 소홀히 하는 방임행위를 금지하면서 이를 위반한 자를 형사처벌하고 있다. 즉, 계부모라 하더라도 가족공동생활을 유지하고 있는 경우에는 부양의무가 인정되므로 계부모가 아동을 방임한 경우 아동복지법위반에 따라 형사처벌 대상이 된다. 한창 관심과 보호가 필요한 시기이기에 부모의 방임은 곧 정서적 학대인 것이다. 이런 정서적 학대는 물리적 학대 못지않게 아이들에게 트라우마를 준다.

2015년을 기준으로 아동방임 건수는 2010건이나 되어 전체 아동학대 및 방임 사례 1만 1715건 중 17.2%에 해당한다. 연도별 아동방임 건수를 살펴보면, 2001년(806건)부터 2008년(2294건)까지 지속적으로 증가하였으며 그 이후 2012년(1713건)까지 잠시 감소하였다가 최근 다시 증가하는 추세이다(출처: 중앙아동보호전문기관(2016), 2015 전국아동학대현황보고서).

이러한 증가 추세에 따라 아동학대범죄의 처벌 등에 관한 특례법을 개정하여 아동방임으로 인하여 보호아동이 사망할 경우 가중처벌하는 규정을 두자는 입법의안(박주민의원등 10명)이 국회에 올라와 있다. 이처럼 아동을 보호하여야 할 보호의무자가 아동을 방임한 경우에는 아동복지법 위반에 따라 형사처벌 대상이 되며, 그 방임의 정도가 심하여 유기 또는 학대에 이를 경우 아동학대법에 따라 가중처벌될 수 있다.

위 사례에서 A남은 의붓어머니 B녀의 D에 대한 학대 행위를 알고 있었음에도, D를 보호하기 위한 조치를 취하지 않았고 D의 친부로서 D에 대한 기본적인 보호를 소홀히 하여 이를 방임하였다고 보아, B녀뿐만 아니라 A남에게도 아동복지법 위반죄로 실형이 선고될 수 있다.

내기골프가
도박에 해당할까

　2020년 11월 5일부터 2021년 1월 21일까지 제주도에 위치한 어느 골프장에서 A와 B, C, D는 돈을 건 내기 골프를 하였다. 그들은 각자 핸디를 정하고, 전·후반 18홀 동안 1타당 일정 금액을 상금으로 거는 속칭 스트로크 방식과 전·후반 최소타로 홀 인하는 사람에게 상금을 주는 속칭 계 방식으로 내기를 진행했다. 위 기간 동안 A와 B는 총 32회에 걸쳐 합계 약 8억여 원, C와 D는 총 26회에 걸쳐 합계 6억여 원 상당을 내기골프에 사용했다. 이에 검찰은 A와 B, C, D를 상습도박의 혐의로 기소하였다. 위 4인의 내기 골프는 정말 상습도박에 해당하는 걸까?

　'내기 골프'는 과연 운동경기일까, 아니면 도박일까? '도박'이란 재물을 걸고 당사자가 확실히 예견 또는 자유로이 지배할 수 없는 '우연'에 의하여 그 재물의 득실을 결정하는 것을 말한다. 우리 형법은 정당한 근로에 의한 재물의 취득이 아닌 이러한 우연에 의존하는 재물의 취득을 정당하지 않은 재물의 취득 방식으로 보고 범죄로 규정해 처벌함으로써 경제에 관한 건전한 도덕법칙을 보호하고 있다.

그렇다면 여기서 의문점이 생길 것이다. 골프는 운동 경기 중 하나이기에, 랜덤으로 패를 부여받는 카드게임 등과 달리 개인의 능력과 기술이 결과를 좌우하기 때문이다. 그렇기에 '우연'에 의한 재물 득실이 아니라고 주장할 수도 있다. 하지만 도박죄가 규제하는 **도박은 반드시 객관적으로 불확실한 우연에만 의지하는 것을 의미하는 게 아니다. 당사자의 능력이 승패의 결과에 영향을 미치는 경우라 하더라도 다소의 우연성이 그 결과에 영향을 미치는 경우라면 성립할 수 있다.** 예를 들어, 골프의 경우 각 당사자의 기량에 의존도가 높은 스포츠 경기인 것은 맞지만 경기자의 기량이 일정한 경지에 올라 있다고 하여도 매 홀 내지 매 경기의 결과를 확실히 예견하는 것은 불가능에 가깝다. 또한 골프가 진행되는 경기장의 경우 자연 상태에 가까워서 선수가 친 공이 날아가는 방향이나 거리가 다소간 달라짐에 따라 공이 멈춘 자리의 상황이 상당히 달라지기 쉽고 이는 경기 결과에 지대한 영향을 미치게 된다. 대단히 우수한 선수라고 하더라도 자신이 치는 공의 방향이나 거리를 자신이 원하는 최적의 조건으로 통제할 수는 없다.

즉 우리가 흔히 스포츠로 즐기는 **골프 역시 선수들의 기량 등을 모두 고려하더라도 경기의 결과를 확실히 예견할 수 없고 어느 일방이 그 결과를 자유로이 지배할 수 없다는 점에서 이를 도박죄에서 말하는 우연의 성질이 있는 것으로 볼 수 있다.** 실제

법원 역시 유사한 사안에서 골프를 함에 있어 단순히 일시 오락이라고 볼 수 없을 수준의 상금을 걸고 '내기'를 하는 경우 그 상금은 정당한 근로에 의한 재물의 취득이라고 볼 수 없다고 하였다. 이와 같은 내기 골프를 방임할 경우 경제에 관한 도덕적 기초가 허물어질 위험이 충분하므로, 이를 화투 등에 의한 도박과 달리 취급하여야 할 이유가 없다고 하였다.

위 사례의 A, B, C, D가 약 3개월 동안 총 14억여 원 상당의 내기 골프를 한 것은 단순 오락으로 보기 어렵고, 그 내기 횟수와 금액 등을 고려하였을 때 상습성이 인정된다고 할 것이다. 따라서 A와 B, C, D는 상습도박 유죄 판결을 받을 가능성이 높다.

도로가 아닌 곳에서 무면허운전 할 경우 처벌되나

 우리는 운동선수나 배우 등 유명인의 음주운전 적발 사례를 기사로 접하곤 한다. 그런데 가끔 본인의 아파트 지하주차장에서 음주 운전으로 적발되었다는 웃지 못할 사례들도 볼 수 있다. 대리기사를 통해 본인 아파트 주차장까지 왔고, 주차장에서 주차를 다시 하다가 주민의 신고로 경찰에 적발된 경우이다. 참 운이 없다고 생각할 수도 있겠지만, 이것은 엄연한 불법이다. 하지만 아파트 주차장은 도로가 아니기에 음주운전 처벌 대상이 아니지 않냐고 묻는 사람들도 있다. 정말일까? 그렇다면 무면허 운전자가 아파트 지하 주차장에서 운전을 하는 것도 불법이 아닌 걸까?
 2021년 2월 1일 오전 7시경, A는 자동차 운전면허 없이 서울 ○○아파트 지하주차장 내에서 약 50m 구간을 아버지 소유의 승용차로 운전하였다. 당해 아파트 지하주차장은 차단기가 설치되어 있고, 경비원이 출입통제를 함에 따라 차량등록이 되지 않은 주민은 출입이나 주차를 할 수 없는 구조이다. 이러한 경우, A를 도로교통법위반죄(무면허 운전)로 처벌할 수 있을까? 추가적으로, 만약 A가 술을 마시고 위 지하주차장 내부에서 운전했을 경우에는 도로교통법위반죄(음주운전)로 처벌될 수 있을까? 이하에서는 이해를 돕기 위해 무면허 운전죄, 음주운전죄로 표현한다.

먼저 무면허 운전 부분에서의 쟁점은 ① 도로에서 운전한 경우에만 무면허 운전에 해당하는지, ② 아파트단지 내 지하주차장이 도로에 해당하는지 여부이다. 무면허 운전이 성립하기 위해서는 운전면허를 받지 않고 자동차 등을 운전한 곳이 「도로교통법」 제2조 제1호에서 정한 도로 중 하나에 해당해야 한다. 즉, **도로가 아닌 곳에서 운전면허 없이 운전한 경우에는 무면허 운전에 해당하지 않는다.**

도로에서 운전하지 않았는데도 무면허 운전으로 처벌하는 것은 유추해석이나 확장해석에 해당하여 죄형법정주의에 비추어 허용되지 않는다. 따라서 운전면허 없이 자동차 등을 운전한 곳이 위와 같이 일반교통경찰권이 미치는 공공성이 있는 장소가 아니라 특정인이나 그와 관련된 용건이 있는 사람만 사용할 수 있고 자체적으로 관리되는 곳이라면 도로교통법에서 정한 '도로'에서 운전한 것이 아니므로 무면허 운전으로 처벌할 수 없다.

아파트 단지 내 지하주차장의 경우, 아파트 단지와 주차장의 규모 및 형태, 아파트 단지나 주차장에 차단 시설이 설치되어 있는지 여부, 경비원 등에 의한 출입 통제 여부, 아파트 단지 주민이 아닌 외부인이 주차장을 이용할 수 있는지 여부 등에 따라서 도로

교통법 제2조 제1호에서 정한 도로에 해당하는지가 달라질 수 있다. 이 사건 아파트 지하주차장은 아파트 주민이나 그와 관련된 용건이 있는 사람만 이용할 수 있고 경비원 등이 자체적으로 관리하는 곳이었기 때문에 도로교통법상 도로에 해당한다고 볼 수 없다. 따라서 A는 무면허 운전죄로 처벌되지 않는다.

그러나 A가 음주운전을 했을 경우에는 말이 달라진다. 「도로교통법」 제2조 제26호는 '운전'이란 도로에서 차마(車馬)를 그 본래의 사용방법에 따라 사용하는 것(조종을 포함한다)을 말한다고 정하되, **음주운전, 약물운전, 뺑소니의 세 경우에는 도로 외의 곳에서 운전한 경우도 포함한다**고 정하고 있다. 즉, 도로 이외의 곳에서 음주운전을 했을 경우에는, 음주운전죄로 처벌받을 수 있다. 결론적으로 운전자가 도로가 아닌 곳에서 음주운전 및 무면허 운전을 하였을 경우에 무면허 운전은 무죄, 음주운전은 유죄에 해당한다.

법률상 부부 사이에도
강간죄가 성립하나

　남편 A와 아내 B는 2001년 8월 26일 혼인신고를 마친 법률상 부부로서 슬하에 자녀 2명을 두고 가정생활을 꾸려왔다. A는 지방에서 대기업 협력업체를 다니며 비교적 안정적으로 생활하다가 B의 간청에 의하여 2008년 1월 1일 직장을 그만두고 처가가 있는 도시로 이사하였다. 이사 이후 A는 처가 식구들이 운영하는 옷가게에서 일을 하였으나 얼마 후 처가 식구들이 자신을 믿지 못할 뿐 아니라 자신을 무시한다고 생각하는 등 처가 식구들과의 불화로 옷가게 일을 그만두었다.

　그 후 A는 B가 처가 식구들을 두둔하고 가정에 소홀하다는 등의 이유로 자주 부부싸움을 하곤 하였는데, 특히 A가 옷가게 일을 그만두고 별다른 직업 없이 지내기 시작한 이후부터는 B의 남자관계를 의심하기 시작하였다. 그러다 B가 2011년 10월 28일 단골손님과 밤늦게까지 밥을 먹고 자정 무렵에 귀가하자 화가 난 A가

문을 열어 주지 않았고 B는 어쩔 수 없이 외박을 할 수밖에 없었다. A는 그 다음날 아침에 귀가를 하였는데, B는 A가 외도를 한 것이라 주장하며 흉기로 폭행한 후 강간하였다. A는 B를 특수강간한 혐의로 고소했고 곧 재판에 넘겨졌다.

검찰 측은 형법상 강간죄의 대상에서 '아내'를 제외할 이유가 없고, 강간죄가 보호하려는 법익은 성적 자기결정권이기 때문에 아내는 혼인관계의 상대방이기 이전에 성적 자기결정권을 가지는 한 사람임을 강조하였다. 반면 피고인 A 측은 사회통념상 동물에 사람이 포함되지 않는 것처럼 부녀에 아내를 포함시키는 것은 합당하지 못하다고 하였다. 부부간 문제를 반드시 형벌로 규제하는 것이 옳은지, 교육이나 치료 등 다른 방법을 찾아야 할지 먼저 검토해야 한다고 주장하였다.

이에 대하여 법원은 형법 제297조는 강간죄의 객체를 '부녀'(2012.12.28.개정 전의 형법, 현행 형법은 '사람'으로 규정)로 규정하고 있을 뿐 다른 제한을 두고 있지는 않으므로 법률상 처가 모든 경우에 당연히 강간죄의 객체에서 제외된다고 할 수는 없고, 또한 **부부 사이에서 상대방에게 성관계를 요구할 권리가 있다고 하더라도 폭행·협박 등으로 상대방의 반항을 억압하여 강제로 성관계를 할 권리까지 있다고 할 수는 없으므로 그와 같은 경우에는 처의 승낙이 추인된다고 할 수 없고 강간죄가 성립한다고 했다.** 다만 부부 사이의 성생활에 대한 국가의 개입은 가정의 유지라는 관점에서 최대한 자제하여야 한다는 전제에서, 그 폭행 또는 협박의 내용과 정도가 아내의 성적 자기결정권을 본질적으로 침해하는 정도에 이른 것인지 여부, 혼인생활의 형태와 부부의 평소 성행 등 모든 사정을 종합하여 신중하게 판단하여야 한다고 강조하였다. 이와 같은 사정을 종합하여 법원은 A에 대하여 징역 3년 6개월의 실형을 선고하였다.

즉, 위 법원의 판단은 법률상 배우자도 강간죄의 객체에 포함되는 성적자기결정권을 가진 하나의 인간으로 본 것이다. 다만 법률상 부부라는 관계의 특수성을 고려하여 성적자기결정권의 침해 여부에 대하여 면밀히 따져보아야 한다.

사실만을 쓴 온라인상 후기도 '명예훼손죄'가 될까

인터넷이 발달하면서 '댓글'이나 '후기(리뷰)'의 중요성이 더욱 대두되고 있다. 사람들은 무언가를 사거나, 서비스를 이용하고자 할 때 인터넷에 검색하여 후기부터 확인한다. 요즘은 플랫폼 자체에서 리뷰란을 운영하는 경우도 많다. 배달 음식을 주문할 때 '별 다섯 개 리뷰를 써주시면 서비스를 드립니다'라는 문구를 한 번쯤 봤을 것이다. 그만큼 온라인 리뷰 하나하나가 미치는 영향이 크다는 것이다. 하지만 부정적인 리뷰를 썼을 경우, 명예훼손죄로 고소하겠다는 업체들도 종종 등장한다. 리뷰는 소비자가 가진 표현의 자유 중 하나이다. 소비자라는 지위를 이용해서 고의를 담은 악의적인 내용을 유포하는 것은 당연히 큰 잘못이지만, 사실을 기반으로 한 리뷰도 명예훼손죄가 되는 걸까?

얼마 전 A는 몸이 불편한 지인과 B 식당을 방문하였다가 황당한 일을 당했다. 종업원들이 자신들을 탐탁지 않게 바라보는 것은 물론 음식을 가져다주는 태도마저 불친절했다. 결국 두 사람은 식사가 끝나자마자 쫓겨나듯 식당을 나와야 했다. 오랜만에 만난 지인과의 식사 자리에서 이러한 차별적인 대우를 받게 된 A는 자신이 자주 방문하는 온라인의 지역 커뮤니티에 해당 사실이 포함된 후기 글을 올렸다. 자신과 비슷한 일을 또 당하는 사람이 없었으면 하는 마음에서였다. 그로부터 얼마 뒤 A는 B 식당의 주인으로부터 해당 게시물을 삭제하고 사과 글을 올리지 않으면 자신을 '명예훼손'으로 고소하겠다는 연락을 받게 되었다. A가 온라인 커뮤니티에 올린 글로 인해 B 식당에 항의 전화가 이어져 영업에 피해를 받았으며 B 식당과 직원들의 명예가 훼손당했다는 것이었다.

우리나라 '형법'상 규정되어 있는 **'명예훼손죄'란 누군가 타인의 신분이나 혈통, 지식, 직업, 품행, 성격, 경제력 등에 대한 사회적 평가인 '명예'를 훼손하는 경우 성립하는 범죄**이다. 일반적으로 명예에는 개인의 가진 인격에 대한 객관적 사실로서의 내부적 명예와 스스로의 가치판단에 의해 형성된 주관적 명예, 사회나 타인에 의해 형성된 외부적 명예 등이 모두 포함되지만 '명예훼손죄'에서 문제가 되는 명예는 이중 외부적 명예가 훼손당한 경우이다.

단순히 개인적으로 느끼는 '명예감정'이 훼손된 것만으로는 '형법'상 '모욕죄'의 성립 여부는 차치하더라도 '명예훼손죄'가 성립되기는 어렵다. '명예훼손죄'의 책임을 묻기 위해서는 문제가 되는 내용으로 인해 누군가의 구체적인 외부적 명예가 현실적으로 침해되어야 한다. 따라서 **반드시 구체적이진 않더라도 적시**

된 내용을 통해 대상이 누구인지 정황상으로라도 특정될 수 있어야 하며, 그 내용을 불특정 다수인이 인지하여 지목된 피해자의 외부적 명예가 훼손되었다고 인정될 만큼 공연하게 유포된 상황이어야 한다. 문제가 되는 명예훼손적인 행동이나 발언 등의 내용이 사실인지 허위사실인지는 '명예훼손죄' 자체의 성립을 결정하는 요인은 아니다. 다만 적시된 내용이 사실인 경우라면 허위사실을 적시하여 문제가 된 경우보다 법규상 정해져 있는 처벌의 수준이 가벼운 편이며, **공익성이 인정되는 경우라면 죄를 면제받을 수도 있다.**

이와 같은 타인에 대한 명예훼손 행위를 인터넷 등 정보통신망을 이용하여 한 경우라면 '형법'이 아닌 일명 '정보통신망법'의 적용을 받아 더 가중된 처벌을 받게 된다. 인터넷 등이 가진 익명성의 문제와 빠른 전파성 등을 고려한 것이다. 정보통신망을 이용한 '명예훼손죄'의 경우 일반적인 '명예훼손죄'의 성립요건 외에 가해 행위자에게 타인을 비방할 의도가 추가적으로 인정되어야 한다. '정보통신망법'에 의한 '명예훼손죄'가 인정되는 경우 가해자는 최대 7년 이하의 징역이나 10년 이하의 자격정지 또는 5천만 원 이하의 벌금에 처해질 수 있다.

A의 경우 사실만을 적은 후기로 인해 명예훼손이 문제 된다는 점이 억울할 수 있겠지만, 현행법상 명예훼손의 경우 문제가 된 내용이 사실이라 하더라도 해당 내용으로 인해 지목된 피해자의 명예가 훼손된 경우라면 '명예훼손죄'를 적용하는 것에 아무런 문제가 없다.

따라서 A가 온라인 지역 커뮤니티에 올린 후기로 인해 B 식당과 식당 종업원들의 명예가 현실적으로 침해당한 경우라면, 해당 게시물을 작성한 이유가 비방을 목적으로 한 것이 아니라 공익을 위한 것이었음을 입증할 수 있는 등 특별한 사정이 없는 한 처벌을 면하기 어렵다.

상사폭언 상해죄되나

학교나 직장 등 자의로 벗어나기 힘든 조직 생활에서 누군가를 지속적으로 괴롭히는 것은 한 사람을 고통의 나락으로 밀어 넣는 것이나 다름없다. 특히 직장은 상하 관계가 존재하기에, 직장에서의 지위를 이용해 신체적, 정신적 고통을 줄 경우 피해자가 그것을 제지하기란 쉽지 않다. 실제로 매년 사기업, 공공기관, 병원 등 업종을 불문하고 괴롭힘으로 인해 극단적인 선택을 하는 사람들이 늘고 있다. 직장 내 괴롭힘 피해자 중 한 명은 "그냥 출근길에 차에 치이고 싶다는 생각도 했어요"라는 말을 해서 안타까움을 자아냈다.

입사 때부터 A의 직속 상사였던 B는 일을 가르친다는 이유로 과도하게 업무를 맡기는가 하면, 이유도 없이 수시로 A의 외모 비하는 물론 도에 지나친 인신공격성 발언까지 서슴지 않았다. A는 '직장 내 괴롭힘 금지법'의 시행 후 이러한 B의 만행에 대해 회사에 신고했지만, B는 아무런 징계도 받지 않은 채 업무로 복귀했다. B의 복귀 후 A는 한층 더 심해진 폭언과 괴롭힘을 견뎌야 했다. 결국 A는 최근 극심한 스트레스를 원인으로 한 우울증 진단을 받고 정신과 치료까지 받는 중이다. A는 자신을 아무 이유도 없이 그저 맘에 안 드는 부하직원이라는 이유만으로 괴롭히는 B의 만행을 더는 참을 수가 없다.

상사의 괴롭힘 때문에 피해 근로자가 극단적 선택을 하여 사회적으로 큰 논란이 되었던 사건 이후 연이어 유사한 사건들이 문제가 되자 이를 해결하기 위해 관련법의 개정까지 이뤄졌지만, 직장 내 괴롭힘은 여전히 우리 주변에 익숙하게 존재하고 있다. 특히 관련법규정이 가해 근로자에 대한 법적인 제재보다는 사업장 내 자체적인 해결을 우선시하고 있어 개정 시행 후 반년이 지난 지금까지도 제대로 된 처벌 사례가 없는 상황이다. 신고를 받은 회사의 형식적인 조사와 가벼운 경고 수준에 그치는 제 식구 감싸기식 징계만으로는 피해 근로자를 제대로 보호하기 힘들다. 결국 사내 괴롭힘을 당한 피해 근로자가 가해 근로자에 대해 제대로 된 '응징'을 위해서는 회사가 아닌 다른 구제방법을 찾아야 한다.

과거 법원은 근로관계에서 직접적인 신체적 폭력이 발생하지 않는 이상 폭언이나 업무상 괴롭힘만으로는 가해 근로자를 형사처벌 하거나 민사상 손해배상을 인정하는 것에 소극적인 태도를 보여 왔다. 하지만 최근에는 **사내 괴롭힘 피해 근로자에 대한 가해 근로자의 민·형사상 책임을 넓게 인정**하고 있다. 실제로 최근 법원은 상사의 괴롭힘으로 정신과 치료까지 받아야 했던 피해

근로자가 제기한 직장 내 괴롭힘 사건에서 상사의 폭언 행위에 '상해죄'를 인정하는 판결을 내리기도 했다. 과거 성범죄 등에 한해 소극적으로 인정했던 스트레스로 인한 정신적 기능의 훼손을 근로관계상 발생하는 언어적 폭력에도 확대하여 적용한 것이다. 이러한 변화는 법원 역시 사회적으로 문제가 되는 직장 내 괴롭힘에 대한 심각성을 공감한 것에서 비롯한 것으로 앞으로 법원을 통한 직장 내 괴롭힘 문제 해결에 있어 피해근로자가 더 강하게 보호될 수 있을 것으로 기대된다.

A는 법원에 모욕죄나 상해죄 등으로 B를 고소할 수 있다. 다만 B의 불법행위에 대한 입증이 필요하므로 B의 폭언을 녹음하거나 주변인들로부터 증언을 받는 등 전문가의 도움을 통해 자신의 정신적 고통에 대한 B의 책임을 입증할 만한 증거를 모아두는 것이 좋다.

아동학대 처벌 어디까지

 아동학대와 관련된 사건은 이야기를 접하는 것만으로도 가슴이 아파온다. 아직 의사표현도 제대로 못하는 어린 아이를 성인인 부모가 무자비로 폭행한다거나, 잘못했다는 이유로 밥을 굶긴다거나 등등의 이유로 고통을 줄때 아이의 입장에서 얼마나 고통스러웠을지 차마 상상을 할 수조차 없어 그저 안타까운 마음이다. '인간의 탈을 쓰고, 부모란 사람이 어떻게 저럴 수 있나'라는 생각도 든다. 아동학대를 당한 아이들은 신체에 큰 멍과 상처가 들기도 하지만, 쉽게 치료할 수 없는 마음의 멍도 가득할 것이다. 평생 우울증이나 외상 후 스트레스 장애를 안고 살 수도 있고 범죄나 자살로 이어질 수도 있다. 이런 아동들을 보호하기 위한 법으로는 무엇이 있을까?
 A녀는 인터넷에 아이를 돌보아 준다는 광고를 내고, 주말에만 아이들을 돌보아 주는 위탁모이다. B(2세), C(3세), D(3세) 등 5

명의 영아를 양육하고 있었다. A녀는 B 등의 부모로부터 양육비를 제때 받지 못하자 화가 나서 B에게 화풀이를 하였다. 목욕물에 뜨거운 물이 나오게 둔 채 아이를 목욕시켜 화상을 입게 하거나, 아이가 설사하는 등 장염 의심 증상이 있는데도 병원에 제때 데려가지 않거나, 아이를 수시로 폭행하였다. 결국, 아이가 제대로 영양을 공급받지 못해 탈수와 영양결핍으로 극도로 쇠약해졌다가 사망하였다.

현행 '아동복지법'에 의하면 **'아동학대'란 18세 미만의 사람에게 부모를 포함한 보호자 등 성인이 아동의 건강 또는 복지를 해치거나 정상적인 발달에 저해가 될 수 있는 신체적, 정서적, 성적, 심리적 학대나 유기 또는 방임한 것을 말한다. 물리적이고 직접적인 폭력에서부터 방임과 같은 소극적인 폭력까지 모두를 규정하고 처벌 대상으로 삼아 아동에 대한 매우 폭넓은 보호**를 하고자 하는 취지이다. 또한, 2013년 발생했던 '울산 아동학대 사망 사건' 이후 2014년 '아동학대 범죄의 처벌에 관한 특례법'이 제정되면서 학대 아동에 대한 보호와 학대 행위자에 대한 처벌에 관한 법적 울타리는 더욱 강화되었다.

그러나 아동보호전문기관에 신고 접수된 사례를 바탕으로 분석한 통계청 결과에 따르면 우리나라 아동학대 건수는 2006년 이후 매해 약 6천 건 수준에 머물던 것이 2014년 1만 건을 넘어섰으며, 2017년에는 2만 2천 건에 달했다. 2014년 '특례법'의 제정으로 아동학대의 유형이 세분화되고 신고 의무자가 늘어나는 등 신고 건수가 증가할 만한 원인이 있었다고는 하지만 3년 만에 두 배가 넘게 증가했다는 점은 놀라울 뿐이다. 아동학대의 유형 또한 신체적 학대와 정서적 학대가 함께 행해진 '중복학대'가 1만 건 이상으로 가장 많았고, 학대가 발생하는 장소도 가정 내인 경우가 1만 7천 건 이상으로 전체 건수의 80% 이상을 했다. 또한 부모나 대리양육자가 전체 학대 행위자의 90% 이상으로 나타나 더욱 충격을 주고 있다.

위 사례는 가정에서 함께 생활하던 위탁모인 A씨가 아직 신체적, 언어적 발달이 완전하지 못한 2~3세의 유아들을 대상으로 신체적 폭력과 방임 등 수차례에 걸친 중복학대를 가하여 아이들에게 병원 신세를 져야 할 만큼 큰 신체적 피해를 주고 한 아이의 경우 사망에까지 이르게까지 한 사건이었다. 더욱이 최근 또다시 가정과 각종 보육 시설에서의 아동학대 사건들이 연이어 언론에 보도되면서 이를 계기로 다시 한번 아동학대와 관련하여 더욱 강력한 처벌과 감시를 할 수 있는 제도적 개선이 필요하다는 목소리들이 커지고 있다.

사회와 시대의 변화로 한 부모 가정이나 맞벌이 부부가 늘어가는 상황이지만 아이를 믿고 맡길 수 있는 장소는 점점 줄어들고 있다. 자칫 피해 아동에게 영구적인 장해를 남기거나 사망에까지 이르게 할 수 있는 유아기의 아동 학대부터 학교폭력과 같은 청소년범죄나 자살 등 이차적인 사회문제를 일으키는 원인이 되기도 하는 청소년기의 아동학대까지, 우리 사회의 미래를 이끌어 갈 소중한 존재인 아동을 보호하고 양육하는 것은 이제 가정 내의 문제로만 여기기보다는 사회 구성원 모두의 관심이 절실히 필요하다.

온라인 등을 통한
개인거래 사기도 처벌할 수 있나

우리나라에서 가장 큰 중고거래 카페인 '중고나라'의 회원 수는 무려 1천900만 명에 이른다. 우리나라 총인구가 5,178만 명이므로 대한민국 국민 3명 중 한 명은 중고나라 회원이라는 셈이다. 이건 엄청난 숫자임에 틀림없다. 또한 연간 890만 건 정도의 물품이 올라오는데 이를 통계적으로 계산하자면 1초에 3건의 상품이 업로드되는 것과 마찬가지이다. 중고나라뿐 아니라 당근마켓, 번개장터 등 다양한 중고거래 플랫폼이 등장하고 있다. 이에 따라 개인 거래 사기가 빈번하게 발생되고 있다.

최근 A는 온라인의 한 중고거래사이트를 통해 오래전 한정판으로 발매되어 지금은 구하기 힘든 모영화의 정품 DVD를 B에게 구매하였다. 티켓이 모두 매진되어 구할 수 없었던 유명 아이돌의 콘서트 티켓도 SNS를 검색하던 중 우연히 정가 양도를 원한다는 C를 통해 구할 수 있었다.

하지만 A가 며칠 뒤 받은 영화 DVD는 전혀 다른 내용의 DVD였고, 당장 내일이 공연 날인 유명 아이돌의 콘서트 티켓은 받아 보지도 못했다. A는 B와 C에게 환불을 요청하기 위해 연락을 시도했지만 B와 C 모두 SNS계정을 삭제한 채 A의 전화나 문자를 모두 무시하고 있다.

최근 인터넷 카페나 블로그, SNS, 메신저 등을 통한 비대면 거래가 활성화되면서 그로 인한 피해도 함께 증가하고 있다. 물론 온라인 등을 통한 개인 간의 비대면 거래 자체가 문제가 되는 것은 아니다. 누구나 원한다면 단발성으로 나에게 불필요해진 물건들을 적당한 가격에 중고로 팔거나, 아예 통신판매사업자등록을 통해 본격적인 온라인 판매사업에 뛰어들 수도 있다. 하지만 그러한 판매행위에 **처음부터 본인의 물건 등을 넘길 의도가 없었거나, 가지고 있지도 않은 물건 등을 마치 있는 것처럼 꾸며 판매한다고 속이고 상대방으로부터 부당이득을 얻은 경우라면 판매자는 '사기죄'의 책임**을 피하기 어렵다. 재산범죄 중 하나인 '사기죄'는 범죄 행위자가 고의로 상대방을 속여 재물 등 재산상 이득을 얻고 피해자가 이로 인해 재산상 손해를 입은 경우 성립하는 범죄이다.

'사기죄'가 성립하는 경우 범죄행위자는 10년 이하의 징역이나 2,000만 원 이하의 벌금에 처해지며, 범죄 피해 금액에 따라 '특정경제범죄 가중처벌 등에 관한 법률'에 따라 최대 무기징역에 처해질 수도 있다. 피해 금액이 고액일 경우에만 '사기죄'가 성립한다고 오해할 수 있지만, 법규상 일정 금액 이상의 피해만을 대상으로 하는 것이 아니어서 소액의 피해라도 피해자가 이를 문제 삼는 경우 범죄행위자는 처벌받을 수 있다. 특히 사기죄의 경우 금액의 다수 외에도 죄질에 따라 처벌의 수위가 결정되는 경우도 많아, 예를 들어 소액이라도 상습경력이 있다면 상대적으로 피해 금액이 많은 초범인 경우보다 더 중한 처벌을 받게 될 수도 있다.

다만 이러한 온라인 등을 통한 개인 거래 사기의 경우 거래 완료 후 상대방이 이미 잠적해 버린 상황이라면 범인을 잡는 일이 쉽지 않은데, 타인의 명의를 이용한 '대포통장'이나 '대포폰' 혹은 허위신상정보로 가입한 SNS나 메신저 아이디를 사용하는 경우가 많기 때문이다. 따라서 온라인 등을 통한 개인 거래의 경우 가능한 판매자의 실명이나 연락처 등을 확보하고, **경찰청 홈페이지나 '사이버캅' 앱 등을 통해 해당 연락처나 거래에 사용될 계좌번호, 전자결제 URL 등을 검색해 사기 피해로 신고 된 이력이 있는지 미리 확인해보는 것이 좋다.** 온라인 등을 통한 개인 거래사기 피해자는 판매자 즉 범죄행위자의 이름이나 연락처, 계좌번호 등의 신상정보와 거래 과정에서 주고받은 문자메시지, 송금내역 등을 준비해 경찰에 사기죄로 신고할 수 있다. 또 범죄행위자의 불법행위로 인해 본인이 입은 피해에 손해배상을 청구할 수 있고 경우에 따라 정신적 피해에 대한 위자료를 청구할 수도 있다.

A는 B 그리고 C와 거래하면서 주고받은 문자와 송금내역, 두 사람의 SNS 아이디, 이름, 연락처, 계좌번호 등을 모아 경찰에 이들을 사기죄로 신고할 수 있다. 경찰조사로 B와 C가 붙잡힌다면,

A는 이들을 상대로 별도의 민사소송을 진행하여 자신이 입은 거래피해 금액은 물론 경우에 따라서는 위자료를 청구할 수도 있다.

온라인거래 사기꾼의 개인정보도 보호될까

A는 얼마 전 인터넷의 한 중고거래사이트를 통해 B와 거래를 하다 사기를 당하게 되었다. 수차례 B와 연락을 시도해보았지만 며칠째 무시당하며 스트레스만 받아야 했던 A는 결국 거래금만 날리고 물건을 포기해야 했다. 그나마 피해 금액이 그리 크지 않다는 것을 다행이라고 여기던 A는 우연히 해당 사이트에서 B에게 자신과 유사한 피해를 당한 사람이 여럿이라는 사실을 알게 되었다. 이에 A는 동일한 피해가 또 발생하지 않길 바라는 마음에서 B의 거래사기내용과 함께 실명과 계좌번호, 연락처 등이 담긴 내용의 글을 해당 사이트의 자유게시판에 게시하였다. 글을 게시하고 몇 시간 뒤 A는 B로부터 해당 게시물의 삭제요청과 함께 자신의 정보를 무단으로 많은 회원이 볼 수 있는 사이트의 자유게시판에 게시한 것에 대하여 '개인정보 보호법' 위반은 물론 명예훼손 등으로 고소하겠다는 연락을 받게 되었다.

'개인정보'란 이름이나 주민등록번호, 전화번호, 주소 등 단독적으로 혹은 다른 정보와 결합하여 특정 개인을 식별할 수 있는 정보를 말한다. 일부 정보만으로도 개인에게 막대한 경제적인 피해나 신분상의 변동을 초래할 수 있는 개인정보는 현대사회에서 매우 중요한 자산 중 하나이다. 이에 우리나라는 '개인정보 보호법'을 제정하여 개인정보에 관한 처리와 그 보호에 관련된 사항들을 규정하고 위반 시 무겁게 처벌하고 있다. 이 법에 따르면 기본적으로 각 개인은 자신의 개인정보에 대한 '주체'로서 이러한 정보들에 대하여 수집이나 기록, 저장, 편집, 이용, 공개, 파기 등의 '처리'에 대한 권리를 갖는다.

제3자가 타인의 개인정보를 처리하기 위해서는 해당 개인정보의 주체에게 개인정보 수집과 이용목적, 수집하려는 항목, 수집된 정보의 보유 및 이용 기간 등에 대하여 명확하고 충분하게 설명하고 이에 대한 동의를 받아야 한다. 별도의 추가적인 동의나 관련 법규에 따라 동의 없이도 사용이 허락되는 등 예외적인 경우가 아니라면 동의를 받은 범위를 초과하여 이용해서도 안 된다. 문제는 '개인정보 보호법'상 개인정보유출과 관련된 규제 대상이 개인정보 등을 업무 목적으로 운용하는 개인이나 법인 공공기관 등의 '개인정보처리자' 또는 '개인정보취급자'로 한정되어 있다는 것이다.

따라서 일반 개인이 타인의 개인정보 등을 유출하거나 악용하는 경우 현행 '개인정보 보호법'에 의한 처벌은 어렵다. 실제로 최근 업무 중 알게 된 타인의 핸드폰 번호를 스토킹에 사용하여 '개인정보 보호법' 위반으로 재판에 넘겨졌던 순경과 수능감독관 등에게 무죄가 선고되어 논란이 된 바 있다. 하지만 일반 개인이 타인의 개인정보를 유출한 것에 대한 처벌이 아예 불가능한 것은 아니다. **개인정보유출로 사생활에 대한 침해나 명예훼손 등이 함께 발생한 경우라면 피해자는 그와 관련된 민·형사상의 소를 제기하여 침해 행위자에 대한 형사처벌을 구하거나 금전적 손해배상 등을 청구할 수 있다.**

위 사례의 A는 일반 개인으로서 해당 중고거래 사이트 회원들의 개인정보처리자 또는 개인정보취급자로서의 지위가 인정되는 등 특별한 경우가 아닌 이상 B의 주장과 같이 '개인정보 보호법'으로 처벌할 수는 없다. '형법'상 명예훼손 혐의가 성립할 수는 있겠으나, 사례의 경우 B가 해당 중고 사이트의 회원들을 상대로 '형법'상 '사기죄'가 성립할 수 있는 행위를 저지른 상황에서 A가 더 이상의 피해자가 발생하는 것을 막기 위해 B의 개인정보를 공개한 경우이기 때문에 그 공익성이 인정되는 경우 위법성이 조각되어 명예훼손죄 또한 인정되지 않을 확률이 높다.

상속
후견

돌아가신 아버지의
빚이 너무 많으면

　B는 C와 결혼하여 자녀 A 등을 두었으나 곧 아내인 C와 자녀들을 버리고 젊은 여자와 새살림을 차렸다. 그 후 C는 자녀 A 등을 책임지고 양육하며, 자녀들의 교육에도 힘썼다. C의 헌신적인 노력으로 자녀 A 등은 훌륭하게 자라 사회의 유능한 인재가 되었다. 그러던 어느 날 B가 사망하였다는 연락이 왔고 장례를 치르게 되었다. 그런데 장례 후 B의 채권자들이 몰려와 자녀인 A 등에게 B의 빚을 대신 갚으라고 독촉을 하기 시작했다. B는 자녀 A 등의 생부이긴 하나 자녀들의 입장에서는 생전 가족들에게 아무것도 해준 것이 없는 무책임한 아버지였다. 자녀 A 등은 어떻게 해야 할까?

　사람이 사망하는 경우 그가 생전에 가지고 있던 재산상의 법률관계는 '상속'을 통해 사망자와 관계된 일정 범위의 유족들에게 모두 승계된다. 이때 상속의 목적이 되는 재산에는 피상속인의 권리 뿐만 아니라 의무, 즉 채무 등이 모두 포함된다. 즉 경우에 따라서는 상속인들에게 재산상의 손해가 발생할 수도 있는 것이다. 아무리 가족이라도 원치 않는 재산상의 부담을 떠안을 수는 없는 일, 우리나라 '민법'에서는 이러한 상황에 대비하여 **'한정승인'과 '상속포기'제도**를 두고 있다. 만약 상속권이 있으면서 상속순위에 해당하는 자(者)가 피상속인의 재산상태를 파악하고 있는 상태여서 **상속받을 재산보다 채무가 많은 사실을 알고 있는 상황이거나 기타의 이유로 상속을 원하지 않는 상황이라면, 상속인은 상속개시가 있음을 안 날로부터 3개월 내에 가정법원에 상속포기 신고를 하여 자신의 상속권을 포기할 수 있다.** 만약 상속인이 여럿인 경우라면 상속포기 신고를 한 상속인의 상속분은 다른 상속인들에게 각각의 상속 비율로 귀속된다. 상속포기의 효과는 상속이 개시된 때부터 효력이 있으며, 상속을 포기한 사람은 자신의 포기로 인해 새롭게 상속인이 된 사람이 상속재산을 관리할 수 있을 때까지 관리를 지속해야 한다.

그러나 아무리 가족이라도 서로의 재산상태를 완벽히 파악하고 있는 경우는 드물다. 따라서 상속재산에 채무가 어느 정도 존재하는지 모르는 경우가 대부분인데, 이러한 경우라면 한정승인 제도를 이용하는 것이 좋다. **한정승인이란 상속인이 자신의 상속재산을 한도로 피상속인의 채무와 유증을 변제할 것을 조건으로 하여 상속을 받는 것을 말한다.** 즉 자신이 받은 상속재산 이상의 채무와 유증은 변제할 의무가 없는 것이다. 한정승인은 상속인이 상속개시가 있음을 안 날로부터 3개월 이내에 상속재산의 목록을 첨부하여 법원에 한정승인을 신고하면 된다. 한정승인을 하려는 사람은 한정승인을 한 날로부터 일정 기간 동안 일반 상속채권자와 유증을 받을 자에 대해 공고하고, 기간이 만료된 후 그 기간 내에 신고한 채권자들에 대해 일반 채권자를 우선하여 상속재산으로 변제해야 한다.

상속포기의 경우 신고 없이 3개월이 경과하면 단순승인이 이루어지는 것으로 보지만, **한정승인은 신고 기간이 지난 경우라도 특별 한정승인을 받을 수 있다. 채무가 재산을 초과한다는 사실을 모르고 신고하지 못한 경우, 상속인 자신의 과실이 없다는 점을 입증하면 된다.** 상속세와 관련해서도 한정승인은 일단 상속을 받는 것이 되므로 상속세에 대한 부담이 발생할 수 있지만, 상속포기의 경우라면 상속세와 관련된 문제는 발생하지 않는다. 다만 상속인에게 자녀가 있는 경우 포기한 상속권이 자녀에게 넘어가 여전히 채무를 변제해야 하는 상황이 발생할 수 있다. 그러니 **상속포기를 할 때는 후 순위 상속권자가 있는지를 확인하고 모두 함께 상속포기 신고를 해야 한다.**

위 사안의 경우 자녀 A 등은 한정승인이나 상속포기를 신고하면 된다. 다만 한정승인과 상속포기의 신고는 신고만으로 효력이 바로 나타나는 것이 아니라 가정법원의 심판이 있어야 하므로, 신고 후 심판 전에 상속재산을 쓰거나 감추는 등의 행위가 있는 경우라면 상속재산에 대해 단순 승인한 것이 되어 B의 채무를 모두 상속받아 변제해야 하는 상황이 발생할 수도 있으므로 주의해야 한다.

법정상속에서 아내의 기여분을
추가로 인정받을 수 있는가

제사상을 앞에 두고 벌이는 싸움만큼 추한 싸움이 또 있을까. 그 모습을 보고 있을 망자도 마음 편히 세상을 떠날 수 없을 것이다. 한순간 가족이 남보다 못한 사이가 되어 돈을 두고 다투는 모양새를 보고 있자면 마음이 씁쓸해진다. 특히 우리나라는 대부분 '법정상속'에 의해 상속이 개시되므로 상속 기여분에 대한 논쟁은 피할 수 없는 부분이다.

A는 혼인한지 3개월 만에 갑자기 사망하였다. A의 상속인으로는 그의 아내 B와 부모 C 등이 있고 상속 재산으로는 부동산과 A가 사망 후 매도한 자동차 매매대금이 있는 상황이다. 단, 부동산과 자동차의 경우 A가 혼인할 무렵에 취득한 것이긴 하나 아내인 B가 매매대금 대부분을 부담하였고, 현재까지 해당 부동산에 설정된 피담보채무를 부담하는 등 관리 또한 도맡아 하고 있다. B는 피상속인인 A와 혼인할 당시 해당 부동산과 자동차의 구입대

금 대부분을 자신이 부담한 점을 이유로 B 자신의 상속 기여분이 100%가 되어야 한다고 주장하고 있다.

　사람이 사망하는 경우 사망한 사람의 권리와 의무가 포함된 모든 '재산상의 법률관계'는 그와 관련된 일정 범위의 상속인들에게 승계된다. 이러한 재산상의 권리변동을 '상속'이라고 한다. 상속에는 사망한 피상속인이 살아있을 때 유효하게 남긴 유언이 있는 경우 그에 따라 개시되는 '유언상속'과 유언이 없거나 유언이 있었으나 무효인 경우 개시되는 '법정상속'이 있다.

　'법정상속'은 피상속자가 사망하는 경우 유언이 아닌 '민법'의 규정대로 상속이 이루어지는 것을 말한다. 민법에 따르면 상속은 피상속인의 사망으로 개시되며 상속인의 순위는 피상속인의 직계비속, 직계존속, 형제자매, 4촌 이내의 방계혈족 순이다. 만일 동순위의 상속인이 다수인 경우에는 모두 함께 상속권자가 되고, 피상속인이 사망하기 전 그의 직계비속이나 형제자매가 먼저 사망하였거나 결격자가 된 경우에는 그들의 직계비속이 대신하여 상속인 순위를 승계한다. 상속은 민법에 정해진 순위에 따라 이루어지며 동순위의 상속권자가 여럿인 경우 상속재산은 균분하여 분할된다. 그러나 배우자가 있는 경우라면 이야기가 달라진다. 만일 사망한 피상속인이 혼인을 한 상태이며 배우자가 아직 살아 있는 경우라면 배우자는 당해 상속을 받는 법정상속인과 공동으로 상속인이 되고 상속분에 있어서는 5할의 가산을 받는다. 이혼한 배우자의 경우에도 이혼 당시 재산분할이 없었던 경우에는 사망한 자의 상속인들을 상대로 재산분할 청구가 가능하다. 하지만 사실혼 배우자의 경우에는 상속인이 되지 못한다.

'법정상속'에서 상속분의 결정은 가장 중요한 사항이다. 상속순위가 동등한 경우 균분하여 상속을 받는 것이 원칙이지만, **피상속인이 살아있었을 때 증여 등을 통해 미리 재산을 받았거나 피상속인 재산의 유지 또는 증가에 특별한 기여가 있는 경우, 상당한 기간 피상속인을 특별히 부양한 경우 등 상속분에 있어 일정한 기여분이 인정되는 경우 그 비율이 달라질 수 있다.** 또한 공동상속인들은 협의에 의해 그 상속재산의 비율을 따로 정해 분할할 수도 있다. 실제로 상속과 관련된 분쟁의 경우 상속에 있어 '상속 비율'을 문제 삼는 경우가 대부분이다.

위 사안의 경우 문제가 된 것은 공동상속인인 B와 C 등의 '상속 비율'이었다. 특히 피상속재산의 대부분을 차지하는 부동산과 자동차의 취득에 있어 대부분의 대금을 지급했던 배우자 B의 '기여분'을 인정할 수 있는지가 문제였다. 법원은 이 사건에서 피상속재산인 부동산과 자동차의 취득에 있어 배우자 B의 상당한 기여가 있다고 판단하여 70%의 기여분을 인정하였다. 이에 따라 상속액의 계산에 있어 해당 부동산의 지분과 자동차 매도대금을 모두 B에게 귀속시키고, B의 기여분에 해당하는 금액을 피상속재산에서 제하였다. 그 후 남은 한도에서 C 등에게 돌아갔어야 할 최종 상속분에 해당하는 금액을 돈으로 정산하여 지급하였다.

사전증여와 효도계약서
어떻게 써야 할까

 '효도계약서'라는 말을 들어본 적이 있는가? 효도는 부모와 자식 간의 천륜으로 당연히 행해야 할 일인데, 어떻게 계약서를 쓸 수 있냐고 하는 사람들도 있겠다. 하지만 자식들이 부모의 재산을 모두 가져간 후 요양원에 보내는 등의 현대판 고려장 이야기가 종종 들려오는 걸 보면, 아예 이해가 안 되는 건 아니다. 그만큼 세상이 각박해지고 있다는 것이다.
 중년의 A에게는 장성한 아들 B가 있었는데, B는 최근 사업 실패 후 변변한 집 한 채 없이 월세방을 전전하고 있었다. A는 이처럼 남의 집살이를 하는 아들이 안쓰러운 마음에 자신이 소유하고 있던 아파트 한 채를 B에게 증여하였다. A와 B는 아파트 증여 당시 'B는 A의 집에 한 달에 두 번 이상 방문하고 A에게 매달 50만 원을 용돈으로 주어야 한다. 이를 이행하지 않는 경우 B는 A에게 아파트를 반환하여야 한다.'라는 내용의 이른 바 효도계약서를 작성하였다. 정식 법률 용어로는 조건부 증여 계약서라고 할 수 있겠다. 재산을 증여하는 대신 조건을 붙인다는 의미이다.

그런데 A에게 평생 효도할 것만 같았던 B는 아파트를 증여받고 난 후 180도 돌변하였다. B는 같은 동네에 사는 A를 1년에 한 차례도 방문하지 않을 때가 많았고 A에게 처음 몇 달만 용돈을 주었을 뿐 그 이후에는 연락조차 잘 받지 않았다. 이 경우 효도계약서는 효력이 있을까? A는 B로부터 아파트를 반환받을 수 있을까?

우리가 흔히 말하는 효도계약서는 민법 제561조의 부담부증여를 의미한다. 즉, **효도계약이란 부모가 자녀에게 재산을 증여하되 효도할 것을 조건으로 하여 자녀가 효도를 하지 않는 경우에는 부모가 증여계약을 해제하여 재산을 반환받을 수 있도록 하는 것이다.** 위와 같은 효도계약서에는 원칙적으로 법률적 효력이 인정되며, 계약 당사자는 상대방에게 효도계약서상의 계약 내용을 주장할 수 있다.

2015년 12월, 법원은 부모가 아들에게 20억 원 상당의 주택을 증여하면서, "같은 집에 살며 부모를 잘 봉양하고 만일 제대로 봉양하지 않으면 집을 돌려받겠다"라는 '효도각서'를 받았는데, 아들이 이후 돌변하여 함께 살면서 식사도 같이 하지 않았고 허리디스크를 앓는 어머니의 간병도 따로 사는 누나와 가사도우미에게 맡겼으며 어머니에게 요양원에 가기를 권하기까지 한 사안에서 부모가 아들을 상대로 제기한 주택의 반환 청구를 받아들였다.

그런데 효도계약서를 작성함에 있어서 주의해야 할 사항이 있다. 우선, **효도계약서에는 ① 증여하는 재산의 표시, ② 자녀의**

효도 의무에 관한 내용, ③ 효도 의무 불이행 시 재산을 반환한다는 내용이 포함되어야 한다. 특히 ②와 ③의 내용을 기재하지 않는 경우 효도계약서로서의 효력이 인정되지 않을 수 있으니 유의하여야 한다.

또한 자녀의 효도 의무에 관한 내용은 추상적이어서는 안되고 구체적이어야 한다. 효도 의무에 관한 내용이 추상적일 경우 부담부증여의 조건으로서의 효력이 인정되지 않을 수 있으며, 이후 반환 소송에서 자녀의 효도 의무 불이행을 입증함에 있어 어려움을 겪을 수도 있다. 따라서 '부모님을 자주 찾아뵙는다'라는 기재보다는 '한 달에 한 번 이상 부모님을 찾아뵙는다'라는 표현을, '용돈을 넉넉히 드린다'라는 기재보다는 '한 달에 30만 원을 용돈으로 드린다'라는 표현을 사용하는 것이 좋다.

위의 사례의 경우 A와 B가 작성한 효도계약서상 B의 효도 의무에 대한 내용으로 'B는 A를 한 달에 두 번 이상 방문하고 A에게 매달 50만 원을 용돈으로 주어야 한다.'라는 표현이 기재되어 있는데 이러한 표현은 효도계약서의 효력을 인정하기에 충분히 구체적인 것으로 보인다. 따라서 A는 B의 효도 의무 불이행을 이유로 자신이 증여한 아파트의 반환을 청구할 수 있을 것으로 판단된다.

산재법상 유족급여는
상속재산 아닌 유족의 고유재산

얼마 전 근무 중 갑작스러운 심장 통증으로 쓰러져 병원으로 이송되었던 A는 병원에서 치료받았으나 결국 사망했다. A에겐 함께 살며 생계를 같이하는 배우자 B와 자녀 C가 있다. A의 장례를 치르며 가족들은 A의 사망요인이 과거 근무 중 발생한 사고로 얻은 질병이 악화된 탓이라는 사실을 알게 되었다. A의 가족들은 이를 근거로 근로복지공단에 유족급여를 신청하였다.

다만 유족급여 신청을 앞두고 A의 가족들은 유족급여가 상속재산에 포함되는지 궁금했다. A에게 재산보다 빚이 더 많아 상속을 포기하기로 결정했기 때문이다. 그런데 괜히 유족급여를 받아 여유돈이 생기면, 채권자들에게 시달릴 것이라는 걱정이 앞섰다.

근로자가 업무상 재해나 업무상 질병으로 사망하는 경우 사망한 근로자와 생계를 같이하고 있던 배우자나 자녀, 부모 등 '산재보험법'상 정하고 있는 일정 범위의 유족들은 근로복지공단(이하

'공단')에 산재보험급여를 신청하여 연금 또는 일시금 형식의 유족급여와 장의비를 지급받을 수 있다.

그러나 많은 사람들이 사망한 근로자의 유가족에게 지급되는 유족급여를 마치 상속재산처럼 생각하고 있다. 유족급여 역시 '산재보험법'상 지급되는 보험급여의 일종이라는 점에서 일반적으로 피해 근로자만이 해당 급여의 수급권자이고 유가족은 그 급여의 수급권을 대신 행사하는 것으로 생각하기 때문이다.

하지만 유족급여는 사망한 근로자가 부양 중이던 유가족들의 생계보장과 복리를 위해 지급되는 것으로서, 그 취지상 유족급여의 수급권자는 피해 근로자가 아닌 피해 근로자의 유가족이라고 보는 것이 판례의 입장이다.

따라서 **유족급여 신청은 유가족들의 고유한 권리로서 상속문제와 별개로 공단에 신청해 받을 수 있고, 이렇게 받은 급여는 유가족 각 개인의 고유재산이 된다.** 즉, 사망한 근로자의 재산을 상속받은 것이 아니다. 그렇기에 유가족들이 상속을 포기한 경우나 한정상속한 경우라도 공단에 유족급여 등을 신청해 지급받는 것은 문제가 되지 않으며, 사망한 피해 근로자의 채권자 역시 유가족이 받은 유족급여를 대상으로 채무변제를 강요하거나 이를 압류할 수 없다.

위 사례에서 A의 유가족들은 A의 상속재산에 대한 포기 여부와 관계없이 공단에 유족급여를 신청해 받을 수 있다. 이때 A의 채권자들은 B나 C가 받을 유족급여를 상대로 강제집행하거나 압류할 수 없다.

다만 유족급여의 경우 신청이 가능한 유족의 범위에 생계를 같이하고 있을 것, 배우자의 경우 법률혼 관계일 것, 자녀의 경우 25세 미만일 것 등 일정한 제한을 두고 있으므로 사전에 신청하려는 유가족이 급여 지급 조건에 해당하는지 확인해보는 것이 좋다.

상속에서 제외된 자녀,
유류분 청구로 상속재산 받을 수 있다

열 손가락 깨물어 안 아픈 손가락 없다는 속담이 있다. 그런데 이제는 더 아픈 손가락도 있다는 말이 맞는 말이 되어버렸다. 더 애정이 가는 손가락은 있기 마련인 것이다. 부모도 사람인지라, 자신에게 더 잘하는 자식, 조금 부족해 보이고 보살핌이 많이 필요한 자식을 더 챙기기 마련이다. 물론 그것을 이해하지 못하는 건 아니다. 하지만 그로 인해 특정 자녀에게만 많은 몫의 재산을 물려준 경우라면 문제가 생길 수 있다는 점을 염두해 두었으면 좋겠다. 제사상을 앞에 두고 싸우는 상속인들을 보고 싶지 않으면 말이다. 그것만큼 안타까운 일도 없다.

A는 부인과 사별 후 홀로 자녀 다섯을 키웠다. 자녀들이 모두 자라 독립한 뒤 A는 혼자 사는 것이 적적하여 결혼한 자녀 중 한 명인 B와 함께 살기로 하였다. 이에 A는 B 내외와 함께 살 집을 마련하기 위해 자신이 원래 거주하던 집과 땅을 팔아 B 명의로 새

아파트를 구매하였고 남은 금액은 모두 B에게 증여하였다. 이후에도 A는 B 내외와 함께 살면서 자신의 재산 중 일부를 B 내외에게 증여하거나 B의 사업으로 발생한 은행채무를 갚기 위해 사용하였다. 몇 년 후 A는 사망하면서 유언으로 남은 재산마저 모두 B에게 상속하였고 나머지 4명의 자녀는 A로부터 아무런 재산도 상속받지 못했다. B를 제외한 나머지 자녀들이 상속을 받을 방법은 없을까?

우리나라는 사유재산제도를 채택하고 있는 나라로서 누구나 자신의 재산을 자유롭게 처분할 수 있다. 따라서 개인은 증여나 유언 등을 통해 자신의 재산 일부나 전부를 자녀 중 1인이나 제3자 혹은 법인이나 국가 등에게 줄 수 있다. 그러나 이러한 재산 처분의 자유를 무한정 인정하는 경우, 상속에서 유족들이 불의의 피해를 받게 되는 경우가 발생할 수 있다. 이에 우리 민법은 개인의 증여나 유언에 의한 재산 처분의 자유를 인정하면서도 동시에 '유류분 제도'를 마련하여 피상속인의 재산권 행사에 대한 한계를 설정하고 과도한 증여나 유증으로 인해 발생할 수 있는 불합리한 상속에서 유족들을 보호하고 있다.

'유류분'이란 피상속인의 사전증여나 유언으로 유족들에게 발생할 수 있는 억울한 상속을 방지하고 상속인들 사이의 공평을 도모하며, 유족들의 최소한의 생계보호를 위해 상속재산에서 유보된 법정상속분의 일부분을 말한다. 따라서 피상속인의 증여나 유언으로 상속재산이 모두 제3자나 다수의 상속인들 중 1인에게 상속된 경우라도 상속이 개시되면 나머지 상속인들은 '유류분'만큼은 법적으로 보장받을 수 있다. 하지만 상속인 모두가 '유류분'을 주장할 수 있는 것은 아니다.

민법상 상속은 배우자와 직계존비속, 형제자매 그리고 4촌 이내의 방계혈족까지를 모두 상속순위자로 인정하고 있지만, 유류분은 이들 중 배우자와 직계존비속 그리고 형제자매까지만 주장할 수 있도록 하고 있다. 또 같은 유류분 권리자라 하더라도 유류분의 비율에 있어 차등을 두고 있는데, 배우자와 직계비속인 경우에는 자신들이 받을 수 있었던 법정상속분의 2분의 1, 직계존속과 형제자매의 경우 3분의 1만큼이 유류분으로서 인정된다.

유류분을 주장하려는 상속인은 상속개시일로부터 10년, 상속개시와 유류분에 침해를 가하는 유증이나 증여가 있었음을 안 날로부터 1년 이내에, 피상속인의 증여나 유증을 통해 법정상속분을 초과하여 상속을 받은 상속인에 대하여 '유류분반환청구'를 하면 된다. 유류분을 계산하기 위해서는 우선 피상속인의 상속재산을 확정해야 하는데, 상속개시 당시 피상속인의 재산가액에 공동상속인에게 증여한 재산의 가액 전부와 상속개시 전 1년 내에 제3자에게 증여한 재산의 가액을 더하고 채무를 공제하여 산정한다. 여기에 유류분 권리자의 유류분 비율을 곱하여 유류분 가액을 산출하고, 그 유류분에 부족이 있는 한도에서 재산의 반환을 청구할 수 있다.

위 사안의 경우 B 이외의 자녀들은 B에게 유류분반환을 청구하여 그들의 유류분 만큼의 상속재산을 보전 받을 수 있다. A의 다른 자녀들이 B에 대하여 유류분반환 청구소송을 제기하는 경우, B가 A로부터 받은 아파트와 증여받은 재산, A가 대신 갚아준 채무변제액, 유언으로 받은 재산은 모두 A의 상속재산에 포함될 수 있으며, 이를 기초로 B 이외의 나머지 자녀들은 자신들의 법정상속분 중 유류분의 비율만큼 반환받을 수 있다.

상속재산분할협의로 지분을 모두 넘기면 사해행위가 되나

갑은 사망하며 자신의 유일한 상속인인 자녀 A와 B에게 토지와 지상 건물 1채를 남겼다. 이후 A와 B는 상속재산분할협의를 통해 B가 해당 부동산을 모두 물려받기로 하였고, A는 이에 따라 자신이 물려받은 부동산의 지분을 B에게 모두 이전해주었다. 현재 해당 부동산은 B의 단독소유로 되어있는 상태다. 그러나 협의 당시 A가 신용카드의 무분별한 사용 등으로 인해 소극재산이 적극재산을 초과한 상태로 이를 갚을 자력이 없는 상태였다. 이에 A의 채권자 중 하나였던 '을'신용카드회사는 A의 B에 대한 부동산 지분 이전 행위를 사해행위라고 주장하며 B를 상대로 위 상속재산분할협의를 취소하고 해당 부동산 중 A의 상속지분이었던 2분의 1만큼 소유권이전등기말소를 해줄 것을 법원에 청구하였다.

사해행위란 채권자의 권리를 해치려는 의도로 채무자가 자신의 일반재산을 감소시켜 채무초과 상태가 되었거나 이미 채무

초과 상태였던 것이 심화되는 것을 말한다. 채무자의 어떠한 행위가 사해행위로 인정되는 경우, 채권자는 채무자나 관련된 제3자를 상대로 사해행위 취소소송을 제기해 이전된 채무자의 재산을 다시 회복시켜 자신의 채권을 보전할 수 있다. 이러한 사해행위 문제는 단순 매매뿐만 아니라 상속과 관련해 발생하기도 한다. 위 사례와 같이 상속인인 채무자가 자신의 상속분을 다른 상속인에게 이전하거나, 상속포기를 하는 경우 채권자 입장에서는 그러한 행위가 채무자의 일반재산을 감소시키는 행위로 보일 수 있기 때문이다.

이와 관련해 법원은 **상속재산분할협의의 경우 재산권을 목적으로 하는 법률행위이므로 사해행위취소권 행사의 대상이 될 수 있다고 하면서, 만일 채무자가 상속재산분할협의를 통해 자신의 상속분에 관한 권리를 포기함으로써 일반 채권자에 대한 공동담보가 감소된 경우 원칙적으로 채권자에 대한 사해행위에 해당한다고 보고 있다.** 즉 A의 상속지분을 모두 B에게 이전한 사례 속 A와 B 사이의 상속재산분할협의 역시 사해행위로 볼 수 있으며, 을은 B를 상대로 사해행위 취소소송을 제기할 수 있고 예외적 사유가 존재하지 않는 이상 을의 B에 대한 청구는 인용될 것이다.

다만 상속에 있어 상속재산분할협의를 통한 상속지분의 이전이나 축소와 달리 **상속포기의 경우 채무자인 상속인의 재산을 감소시키거나 악화시키는 행위가 아니라**고 보는 것이 법원의 입장이다. 예를 들어 위 사례의 A가 상속재산분할협의로 자신의 상속지분을 이전하는 방식이 아닌 상속포기를 통해 해당 부동산을 완전히 B에게 넘겨주었더라면, 을회사가 이를 사해행위라고 주장하며 취소하지 못했을 것이다. 따라서 채무자가 상속인이 된 경우라면 무조건 상속지분을 다른 상속인에게 넘기기보다는, 향후 채권자와의 사이에서 발생할지도 모르는 분쟁에 대응하기 위해 전문가의 도움을 받아 자신의 상황에 맞는 결정을 내리는 것이 더 좋다.

유언의 방법과 요건은
어떻게 되나

　A는 큰 병으로 입원치료를 받던 중 유언의 의사를 밝혔고, 이에 A의 부인 B는 오랜 치료로 기력이 쇠한 A의 상태를 고려하여 '구수증서에 의한 유언'을 준비하였다. 얼마 후 A의 병실에서 증인들이 입회한 가운데 변호사는 B로부터 전해 들은 A의 유언 취지를 필기해 A에게 낭독해 주고 A는 '음', '어' 등 간단한 대답을 하였다. 이렇게 작성된 유언서에 증인들은 그 내용이 정확함을 확인하고 A와 함께 각각 유언장에 서명하였고 법원의 검인까지 마쳤다. A가 남긴 유언은 유효한가?

　사망한 사람의 재산상 모든 권리와 의무는 일정 범위의 유족들에게 승계되는데, 이것을 '상속'이라고 한다. 우리나라의 상속에는 크게 '법정상속'과 '유언상속'이 있으나 현실에서는 주로 '법정상속'에 따른 상속이 이루어지고 있다. 그러나 '법정상속'의 경우 피상속인의 사망 후 민법에 정해진 방식대로 상속이 진행된다는 점에서 피상속인의 의사가 존중되기 어렵다. 하지만 '유언상속'의 경우 피상속인이 유언을 통해 자신의 재산을 마지막까지 원하는 방식으로 처리할 수 있다는 장점이 있다. 다만 **유언은 '요식행위'로서 법에서 정하고 있는 요건과 방식을 모두 갖추어 작성된 경우에만 유효하게 인정된다.** 유언의 종류와 작성방법은 '**민법**'에 규정되어 있는데, 유언의 작성 방식에 따라 크게 '**자필증서에 의한 유언**', '**녹음에 의한 유언**', '**공정증서에 의한 유언**', '**비밀증서에 관한 유언**'과 '**구수증서에 의한 유언**' 등 총 5가지가 있다.

자필증서에 의한 유언의 경우 유언자가 유언의 내용과 연월일, 주소, 성명 등을 모두 직접 작성하고 날인하면 된다. 녹음이나 공정증서, 비밀증서에 의한 유언의 경우 유언자의 의사표시만으로는 부족하고 자격을 갖춘 증인이나 공증인 등 해당 유언을 보증할 수 있는 참여인이 필요하다. 마지막으로 구수증서에 의한 유언은 유언자가 질병을 비롯해 기타 급박한 사유로 앞의 4가지 방식의 유언이 불가능 한 경우에만 가능한데, 특별한 사정이 없는 한 유언자는 유언서를 작성하는 자에게 스스로 자신의 유언을 말하여 전달하는 '구수'를 해야 하고 그 내용을 확인하는 과정을 거쳐야 한다는 것이 법원의 입장이다.

유언의 방식이 이처럼 까다롭게 규정된 이유는 유언자의 사후 발생할 수 있는 법적 분쟁과 혼란을 최소화하기 위해 미리 엄격한 규정을 두고 신중하게 작성하게 하여 유언자의 진의를 명확하게 하기 위함이다. 따라서 유언은 유언자의 진정한 의사에 합치되는 내용이 포함되었다고 하더라도 그 절차나 요건에 하자가 있는 경우 효력을 인정받을 수 없다. 유언자는 생전에 자신이 작성한 유언을 철회하거나 변경할 수 있고, 유언이 사기나 강박, 착오 등으로 작성된 경우라면 취소할 수 있다.

유언에 문제가 있는 경우 유언자의 사망 후 상속인이나 수증자 등 이해관계인들은 해당 유언의 무효를 구하는 소를 제기할 수 있으며, 일정 범위의 상속순위자들의 경우 유언으로 인해 정당한 상속을 받지 못하게 된 상황이라면 일정 기간 내에 '유류분 반환청구'를 통해 민법에서 보장된 유류분 만큼의 반환을 요구할 수도 있다.

위 사례에서 나온 A의 유언은 '구수증서에 의한 유언'을 작성하는 과정에서 A가 직접 구수하는 과정이 생략되었다. B가 작성한 유언서를 변호사가 읽어주고 A는 '음', '어' 등으로 간단하게 대답한 것이 전부다. 특별한 사정이 없는 한 이런 대답만으로는 해당 유언이 A의 진의라고 볼 수 없다. 그래서 법원은 A의 '구수증서에 의한 유언'은 '민법'에서 정하고 있는 방식을 제대로 지키지 못한 유언으로 그 효력을 인정할 수 없다고 판단하였다.

태아도 상속받을 수 있나

　태아를 생명으로 보아야 하는가에 대한 문제는 오래전부터 우리 사회의 뜨거운 감자였다. 낙태 학법에 대한 문제로 시끄러웠던 것도 '태아를 생명으로 볼 수 있는가'에서 비롯된 논란이었다. 태아를 인격체로 보는가, 아닌가는 개인의 가치관에 따라 다를 것이다. 그렇다면 궁금증이 생긴다. 태아도 상속을 받을 수 있을까?

　A는 지인의 소개로 남편 B를 만났고 결혼하여 첫째 자녀인 C를 낳았다. C가 무럭무럭 자라는 모습을 보며 행복한 날을 보내던 A와 B는 시어머니의 환갑을 기념해 가족여행을 떠나기로 계획했는데, 여행을 앞두고 갑자기 C가 많이 아파 A는 C와 함께 집에 남기로 하고 남편인 B와 시부모님들만 여행길에 올랐다. 그러나 불행히도 가족여행을 떠났던 길에서 사고가 발생해 남편 B와 시부모님 모두 사망하였다. A는 어린 C를 데리고 남편과 시부모님의 장례를 함께 치렀는데, 장례식이 끝나고 상속 절차를 준비하던 중

자신이 임신 중이라는 사실을 알게 되었다. 이 경우 아직 A의 뱃속에 있는 태아 D도 상속을 받을 수 있을까?

'상속'은 피상속인이 가지고 있던 재산상의 권리와 의무를 승계하는 절차로서 그 모든 권리 의무를 받기 위해서는 상속인 또한 권리능력을 가질 수 있어야 한다. 따라서 자연인과 법인 모두에게 가능한 유증과는 달리 상속은 자연인인 사람(人)만 받을 수 있고 권리능력에 제한이 있는 법인은 상속을 받을 수 없다. 또한 상속인은 상속이 개시되는 시점에 이미 태어나 살아있어야 하는데, 위 사안과 같이 상속의 개시에 있어 태어났다면 상속인이 될 수 있으나 아직 태어나지 않아 그 지위가 불분명한 '태아'가 있는 경우 문제가 될 수 있다.

우리 민법상 '사람은 생존하는 동안 권리와 의무의 주체가 된다'라고 정하고 있고, 판례 또한 태아가 모체로부터 전부 노출된 때를 출생의 기준으로 삼고 있다. 즉 태아의 헌법상 생명권이나 국가의 보호 의무는 별도로 논하더라도 원칙적으로 민법상 권리능력은 인정될 수 없다. 그러나 일괄적으로 태아의 권리능력을 부정하는 경우 장래에 태어날 태아에게 불합리한 상황이 발생할 수 있는데, 우리 민법은 태아와 관련하여 상속 등 일부에 대해 예외 조항을 두고 태아를 보호하고 있다.

태아는 민법상 상속에 있어 이미 출생한 것으로 본다. 따라서 태아는 상속에 있어 상속인으로서의 지위를 갖는다. 상속이 개시되기 전에 사망한 추정상속인에게 그 직계비속 등이 있는 경우 사망한 상속인을 대신하여 상속을 받게 하는 '대습상속권'이나,

유증 및 유류분에 관한 권리도 태아에게 모두 인정된다. 그 밖에도 '공무원연금법' 등 각종 연금법에 따른 '유족급여'에 있어 수급 순위를 결정할 때에도 태아는 이미 출생한 것으로 보아 그 지위를 인정하며, '선원법'에 따른 '유족보상'이나 '범죄 피해자 보호법'에 따른 '유족구조금'등을 판단함에 있어서도 태아는 이미 태어난 것으로 보아 유족의 범위에 포함시키고 있다.

다만 **태아에게 인정되는 이러한 권리들은 태아가 살아서 출생한 경우에야 비로소 취득 가능하다. 살아서 태어난 태아에 한해서 갖고 있던 권리를 그 권리가 발생했던 시기로 소급하여 그때부터 취득한 것으로 인정받게 된다.** 또 태아는 상속에 있어 상속인으로 인정받고 있다는 점에서 모(母)가 아이를 낙태하는 경우 민법상 '상속결격'사유 중 하나인 '상속 동순위자를 살해'한 것이 되어 모(母)가 상속인으로서의 지위를 잃게 되는 원인이 될 수 있다.

위 사안의 경우 태아 D는 A의 시부모님 상속재산에 대하여 B를 대신해 A와 C 등과 함께 상속인으로서의 지위를 갖는다. 따라서 상속이 개시되는 경우 D는 상속재산에 대해 자신의 법정상속분 만큼의 권리를 인정받을 수 있다. 다만 D는 실제로 살아서 태어나는 경우에 한해 해당 상속분의 상속재산을 취득할 수 있으며, 태어나지 못하고 도중에 사망하는 경우 D가 상속받은 재산은 A와 C 등에게 귀속된다. 만약 상속채무가 재산보다 많아 상속포기를 하기로 한 경우라면 태아에 대해서도 함께 상속포기가 이루어져야 하는데, D의 출생 후 3개월 이내에 상속포기 신고를 하면 된다.

한정승인과 관련한 의사표시의
효력발생시기는 언제인가

사업 실패로 막대한 빚에 허덕이다 극단적 선택을 한 A의 채권자인 B는 A의 유일한 상속인인 C(A의 아버지, 80세)에게 A의 채무와 변제에 대한 사항을 내용증명의 형태로 작성하여 우편으로 통보하였다. 그러나 해당 우편은 송달 당일 C의 부재로 C가 아닌 C가 거주하고 있는 아파트의 관리인 D가 수령하였고, D는 그 우편을 C가 사는 아파트 호실의 우편함에 넣어두었다.

그러나 D가 C에게 이러한 사실을 알리지 않아 A의 사망 후 3개월이 지날 동안 C는 B의 해당 통보 사실을 알 수 없었고, 이후 B가 자신을 상대로 구상금 청구소송을 제기하고 나서야 A의 채무 존재 등에 대해 알 수 있었다. 이에 C는 B의 우편을 제때 받지 못해 상속 당시 A의 채무사실을 알지 못했다며 뒤늦게 한정승인을 신청했고, B는 자신들이 A의 사망 직후 내용증명을 보냈었다는 사실을 이유로 C의 한정승인은 기간을 도과해 효력이 없다고 주장하며 C에게 A의 채무를 대신 갚을 것을 요구하고 있다.

일반적으로 '한정승인'은 피상속인 사망 후 3개월 이내에 신청해야 한다. 따라서 원칙대로라면 상속인이 3개월 이내에 아무런 신청도 하지 않은 경우, 상속인은 피상속인의 재산을 단순승인한 것이 되어 피상속인의 재산은 물론 채무까지 모두 부담해야 한다. 하지만 위 사례의 경우처럼, B가 보냈던 내용증명을 C가 아닌 다른 사람이 받아 A의 막대한 채무를 알지 못했던 상황이라면 어떨까?

민법에 따르면 상속채무가 상속재산을 초과하는 사실을 상속인이 3개월 내에 알지 못하고 단순승인을 한 경우라면, **사실을 안 날로부터 다시 3개월 내에 한정승인을 신청하여 상속채무로부터 벗어날 수 있다.** 우리는 이를 **'특별한정승인'**이라고 한다. 따라서 위 사례의 C가 B로부터 송달된 A의 채무사실 등이 적힌 내용증명을 받지 못한 것에 중대한 과실이 없다고 한다면, C는 A의 사망 후 3개월이 지난 후라도 다시 한정승인을 신청하여 상속으로 인한 채무 부담에서 벗어날 수 있다.

한편 A의 채권자인 B는 자신이 A 사망 직후 내용증명을 보냈다는 사실을 바탕으로 C가 최초 한정승인을 할 수 있었던 기간에 A의 채무사실을 알고 있었다고 주장하고 있다. C가 특별한정승인을 받는 경우 A에 대한 B의 채권을 회수하기 어렵게 되기 때문이다.

민법상 상대방이 있는 의사표시의 효력은 그 통지가 상대방에 도달한 때 발생한다고 정하고 있어 언뜻 B의 주장이 타당해 보이기도 한다. 하지만, 관련 판례에 따르면 특별한 사정이 없는 한 단순히 우편물이 수취인의 집 우편함에 투입된 것만으로는 수취인에게 도달했다 단정할 수 없다. 특히 사례와 같이 C가 80세가량의 노인 단독세대라는 점, D가 C에게 내용증명우편을 우편함에 넣어둔 사실을 따로 말해 주지 않은 점 등으로 미루어 보아 C가 A의 상속채무 초과 사실을 몰랐다는 것에 타당성이 있다. 결국 C에게 별도의 중과실이 없는 이상 C의 한정승인은 적법한 기간 내에 이루어졌다고 봐야 하고, C의 한정승인은 유효하며, 보증보험회사 B의 C에 대한 청구는 받아들여지기 어려울 것이다.

고령화 사회! 후견제도는 무엇인가
[성년후견제도]

"여러분은 몇 살부터 노인이라고 생각하십니까?"

국제적으로 공용되는 노인의 연령 기준은 65세 이후이다. 1950년 국제연합은 고령 지표를 내면서 노인의 기준을 65세로 정하였고, 그 기준을 참고한 것이 독일 비스마르크의 사회보험제도였다. 국제연합의 회원국인 우리나라도 국제연합이 채택한 65세 이상을 노인의 기준으로 삼고 있다. 지하철이나 버스의 경로석도 65세부터이다. 공식적으로 65세가 넘으면 어르신으로 공경을 받으며, 최우선으로 대우를 해 주라는 취지이다. 하지만 현실적으로 65세라면 아직 젊다. 너무 젊다고 한다. 그러자 100세 시대에 맞춰 '저출산고령사회위원회'를 출범시키며, 노인 연령 기준을 70세 이상으로 상향 조정하려고 한다.

인구의 비율에서 노령인구가 차지하는 비율이 점점 증가하고 있다. 즉 오래 사는 사람이 많아진다는 얘기다. 예전에는 60세만

되어도 오래 살았다고 동네잔치를 했다. 저자의 부모님도 모두 환갑잔치를 해 드렸다. 그만큼 60세를 넘기기가 힘들었기 때문이다. 그러나 이제는 어디서 환갑잔치를 한다고 하면 혼난다. '떼끼! 한참 젊은 것이 어디서 잔치를~' 하며 우스갯소리로 흉을 본다. 지금은 70세도 팔팔하다. 90세를 넘어 100세까지 사는 세상이기 때문이다. 통계청에 따르면 2000년에 65세 인구가 7.2%였으나, 2018년도에는 14%에 이르러 고령사회로 진입을 하였고, 2021년도에는 16.7%까지 이르렀다. OECD에 따르면 2030년이면 총인구 대비 65세 이상의 인구 비율이 24.3%로 세계 4대 노인국이 될 것으로 예측하고 있다.

반면 전통적인 가족의 구성이 급격하게 변하고 있다. 미혼 자녀들의 독립, 이혼의 증가 등으로 기존의 부모 자녀로 구성되었던 4인 기준의 핵가족 형태가 달라지고 있다. 1인 가구, 독거노인, 한부모 가정, 조손가정 등이 증가하고 있기 때문이다. 옛날처럼 한 집에서 조부모, 부모, 자녀가 함께 거주하며, 자녀들이 늙은 부모를 봉양하던 가족 구성 형태는 사라진 지 오래이다. 자녀들이 결혼하면 부모와 같이 살기보다는 분가하기를 원한다. 그러다 나이든 부모님의 기력이 쇠잔해지고 거동이 어려워진다고 해도 자녀들은 직접 모시려고 하지 않는다.

그렇기에 **어르신에 대한 돌봄이 가족이나 자녀들의 문제가 아닌 사회 문제로 대두** 되고 있다. 이미 고령화 사회를 겪고 있는 선진국에서는 이러한 사회 문제를 해결하려고 노력하고 있다. 우리나라도 고령화 사회를 위한 대비책을 다양하게 논의해야 할 것이다. 바로 옆 나라 일본은 우리보다 먼저 고령사회에 진입하여 실버복지를 비롯한 다양한 제도들이 안정화되어 있다. 우리도 고령사회를 코앞에 직면하고 있기에 그에 맞는 제도들이 구축되어야 할 때이다. 그 중 하나가 **성년후견제도**이다.

남편이 중증 환자일때
[성년후견]

　A는 83세의 남성으로 평상시 고혈압 증세를 가지고 있었다. A는 어느 날 아침 화장실에 갔다가 넘어졌고, 그로 인하여 뇌출혈이 일어났다. 그 후로 A는 병원에 입원하여 수술을 하였으나, 정상적인 생활을 할 수 있을 정도로 회복되지 않았고, 말도 제대로 하지 못하며 침대에 누워 눈만 깜빡이는 생활만 가능하게 되었다.

　A에 대한 간병을 부인 B가 도맡아 하고 있지만, 수입이 없이 지출만 하다 보니, 그동안 모아 놓았던 통장 잔고도 모두 바닥이 났다. 부인 B 또한 고령이라, 간병이 체력적으로 힘에 부치는 상황이었다. 그래서 조만간 A를 요양병원으로 옮기고자 했다. 부부의 재산으로는 아파트 하나와 시골 땅이 있는데 모두 A 명의로 되어 있어 팔지도 못한다. 부부라고 하더라도 부인이 남편 명의의 부동산 매도용 인감을 발급받을 수 없고, 매도하고자 하는 본인의 의사를 확인할 수 없는 경우 법적으로 부동산 소유권이전등기를 할

수 없기 때문이다. 두 자녀가 있지만, 자녀들도 각자 살기에 바쁘고 그리 넉넉한 형편은 아니다. 자녀들이 가끔 주는 약간의 용돈만으로는 두 부부의 생활비를 감당하기에 턱도 없이 모자라다.

B는 남편 A 명의로 되어 있는 시골 땅을 처분하여 A의 치료비와 간병비로 사용하고 싶다. 어떻게 하면 될까? 이러한 경우, B는 남편 A를 위하여 거주지 관할 가정법원에 성년후견 개시 신청을 함으로써 위 고민을 해결할 수 있다.

성년후견이란 장애나 질병 또는 노령으로 인해 스스로 의사표현이나 사무 처리 등을 할 수 없을 정도로 도움이 필요한 성인을 위하여 대신 일을 처리해 줄 수 있는 후견인을 지정하는 제도를 말한다. 성년후견은 가정법원에서 신청할 수 있다.

후견인은 아무나 할 수 있으나, 미성년자이거나 파산자 등 몇 가지 결격 사유가 있는 사람은 후견인이 될 수 없다. 후견인으로 지정해 달라고 신청하는 사람들은 가족, 친족, 지인 또는 변호사와 같은 전문가 들이다. 간혹 법인이 후견인이 되는 경우도 있다.

후견인은 도움을 받아야 하는 본인을 위하여 재산관리도 해 주고, 일상생활에 필요한 모든 보호와 지원을 해 주는 일을 한다. 때에 따라서는 후견인이 여러 명 지정될 수도 있다. 예를 들어 재산관리는 아들인 C에게, 신상관리는 부인인 B에게 하는 식으로 따로따로 지정도 가능하다.

위 사례에서 B가 A의 후견인이 되면, 후견등기부등본에 A의 후견인으로 B가 기재가 된다. B가 후견등기부등본을 가지고 주민센터에 가서 A를 대신하여 부동산 매도용 인감증명을 발급받아, 시골 땅을 매도할 수 있다. 매도한 부동산 대금은 A 명의의 은행 계좌에 입금하고, A를 위하여 간병비로 사용할 수 있다.

동생이 다단계 사기를 당한다면
[한정후견]

　지적장애인에게 개통 사기를 친 휴대폰 판매점이 있었다. 서류상 두 대의 휴대폰이 개통되었지만, 지적장애인이 받은 휴대폰은 한 대에 불가했다. 다른 판매점에 가서 도움을 청했지만 그곳에서도 여러 대의 기기를 개통시키고 인터넷과 TV 가입까지 하게 했다. 가입자가 지적장애가 있다는 것을 알아채고 사기를 친 것이다. 한국장애인소비자연합 관계자는 "돌고 돌아 저희한테 왔을 때는 이미 손쓸 수 없을 정도로 기간이 많이 지난 경우도 많다"고 밝혔다. 사람의 탈을 쓰고 어떻게 그럴 수 있나 싶어 마음이 씁쓸해진다. 그리고 한편으로는 제대로 된 판단을 하기 어려운 장애인들을 보호하는 견고한 제도들이 더 많이 필요하다는 생각도 든다. 그러한 보호제도 중 하나가 바로 후견인 제도이다.

　A는 아버지를 여의고, 연로하신 어머니를 모시고 살며, 남동생이 있다. 남동생 B는 25세의 성인 남자로 그냥 보기에는 허우대도

멀쩡하고 인상도 아주 착하게 보인다. 그러나 지능은 12세 정도에 불과한 지적장애인이다.

매일 인근 복지관에 다니는 B가 어느 날 양손에 이런저런 물건을 잔뜩 들고 왔다. A가 B에게 무슨 물건들이냐고 물었더니 이걸 팔면 돈을 많이 준다고 해서 가져왔다고 한다. 왜 돈이 필요하냐고 물었더니 돈을 벌어서 엄마 용돈을 드리고 싶다고 한다. 깜짝 놀란 A가 B에게 자초지종을 물어보니, 복지관에 가끔 오는 어떤 아저씨가 B에게 다가와서 돈을 많이 버는 법을 알려주겠다고 했단다. 그 사람이 B에게 사무실로 같이 가자고 해서 따라갔더니 이런저런 물건을 많이 주기에 기분이 좋아서 가지고 왔다고 한다. 알고 보니 다단계 판매책의 꼬임에 넘어간 것이다.

이에 A가 B를 데리고 다단계 사무실에 가서 확인해 보니, 다단계 판매책은 B 스스로 돈을 벌고 싶다고 해서 일할 거리를 제공했는데 무슨 문제가 있느냐고 적반하장으로 나왔다. 오히려 외상으로 가져간 물건값이나 내놓으라며 큰소리를 친다. 또 어떤 날은 B가 주식을 샀다고 A에게 말을 하였다. A가 무슨 소리냐고 물어봤더니, 아는 형이 이 주식을 사면 한 달 만에 두 배로 불릴 수 있다고 했단다. 어디서 돈이 생겼느냐고 물었더니 신용카드를 만들었고, 카드로 대출을 받았다고 한다. A는 사리분별을 잘 하지 못하는 B가 안타깝고, 남의 말을 곧이곧대로 믿어 이런저런 사기를 당한 B의 금전 사고를 수습하기에 바쁘다.

A는 B에 대해 어떤 조치를 해야 이런 일들을 막을 수 있을까?

A는 B를 대상으로 한정후견 신청을 하면 된다. **한정후견이란**

정신적 제약으로 사무 처리를 잘하기 어려운 성인을 대상으로 하는 제도이다. 한정후견은 성년후견과 달리 본인 스스로 일용품 구입 등 일상적인 활동은 자유롭게 할 수 있다. 법원은 본인(피후견인)이 반드시 후견인의 동의를 받아야 하는 것으로 정한 행위들, 즉 대출을 받거나, 부동산을 처분하는 등의 재산관리, 의료행위, 소송행위와 같은 중요한 일들을 지정하여 준다. 만약 본인이 후견인의 동의 없이 위와 같은 일을 할 경우 후견인은 즉시 본인이 한 행위를 취소할 수 있다.

성년후견과 한정후견은 모두 성인을 대상으로 하지만, 성년후견과 달리 한정후견은 일상적인 활동에는 제한을 두지 않는다는 점이 큰 차이이다. 특별히 제한을 하여야 하는 부분만 법원이 정하고, 제한하는 부분은 후견인의 동의가 있어야만 효력이 있다.

위 사례에서 A는 B를 피후견인으로 하고 A가 후견인이 되어 거주지 관할 가정법원에 한정후견 개시 신청을 할 수 있다. 신청 시에 B가 후견인의 동의를 받아야만 효력이 발생하는 활동들을 구체적으로 정하여 신청한다. 한정후견 개시 결정을 받고 나서 후견등기부에 기재가 되면 B는 A의 동의 없이 금전을 빌리거나 재산을 처분하는 등 특정한 법률행위를 하면 A가 그 행위를 취소하여 B와 그의 가족들이 피해를 입지 않을 수 있도록 막을 수 있다.

홀로 남겨질 우리 아이, 누가 돌봐주나
[미성년후견]

A는 B와 혼인한지 10년 만에 이혼하였다. 두 사람 사이의 미성년 자녀 C의 친권과 양육권은 모두 A가 맡았다. 이혼 후 홀로 C를 키우며 열심히 살던 A는 어느 날 정기검진을 받던 중 자신이 큰 병에 걸렸음을 알게 되었다. 치료가 어려운 병이라는 의사의 말에 A는 자신의 사망 후 혼자 남게 될 어린 C가 제일 걱정이다. 전남편인 B가 있지만 이혼 후 연락이 끊어진 지 오래고, 결혼생활 당시에도 경제적 능력이 없었던 사람이라 C가 성인이 될 때까지 A로부터 받게 될 유산과 사망보험금 등을 제대로 지켜줄지 의문이다. A가 C를 위해 할 수 있는 일은 없을까?

'민법'에 따라 우리나라의 경우 19세 미만의 미성년자는 성인과 달리 혼인 등의 신분행위나 재산 처분 등에 있어 법정대리인의 허락이나 동의를 받아야 한다. 이때 미성년자의 법정대리인은 주로 해당 미성년자의 친권자인 부모가 된다. 그러나 때에 따라서는 부모 중 일부 또는 전부가 사고나 질병으로 일찍 사망하거나, 이혼이나 가정폭력 등을 이유로 법원의 결정에 의해 친권이 정지 또는 상실되는 경우가 발생할 수 있다. 이러한 경우 미성년자는 스스로 완전한 법률행위를 할 수 있는 성인이 되기도 전에 법정대리인이 없는 상황에 놓여 필요한 법률행위를 할 수 없게 되는 상황이 발생할 수 있다. 이에 대비해 우리나라는 '미성년후견제도'를 두고 미성년자 보호에 공백이 생기지 않도록 하고 있다.

'미성년후견제도'란 미성년자에게 친권자가 없거나 친권자의 친권이 어떠한 이유로 상실 또는 정지되어 그 행사가 불가능해진 경우, 후견인을 두어 기존의 친권자가 행사하던 법률 대리권 등을 대신 행사할 수 있도록 하는 제도를 말한다. 후견인은 친권자를 대신해 미성년자와 정서적 교감을 나누며 올바른 인격의 발달과 성장에 지대한 영향을 미친다는 점에서 매우 신중하게 선임되어야 한다. 미성년자의 후견인은 친권자가 유언 등으로 미리 후견인을 지정해둔 경우라면 그에 따르고, 지정된 후견인이 없다면 법원이 선임한다. 후견인은 미성년자와 친족관계일 필요는 없으나, 스스로 완전한 법률행위를 할 수 있는 등 후견인으로서 필요한 자격을 갖춘 성인이어야 한다. 또 반드시 1인의 후견인만 선임할 수 있으며, 법인 등 단체는 미성년자의 후견인이 될 수 없다.

미성년자 후견은 무엇보다 해당 미성년자의 복리를 우선시해야 한다. 따라서 **이혼이나 가정폭력 등으로 법원에 의해 부모 중 일방에게만 존재하던 친권이 그 친권자의 사망이나 친권상실로 사라지게 되는 경우라도 다른 일방의 부 또는 모에게 친권이 돌**

아가는 것이 아니라, 기존의 친권자가 남긴 유언이나 자녀의 복리를 고려한 법원의 선임으로 후견인이 결정된다. 미성년자의 후견인은 주로 미성년자의 법적인 신분행위와 관련된 동의권과 재산에 관한 법률행위를 대리하게 된다. 또 미성년자가 성장하는 데 필요한 모든 보호나 교육 등에 있어 친권자와 동일한 권리 의무를 갖는다. 그러나 만약 친권자의 친권 중 일부분을 행사할 수 없어 선임이 된 후견인일 경우에는 친권자가 행사하지 못하는 친권의 범위에 한하여 후견 사무를 담당하게 된다.

A는 유언을 통해 미성년 자녀인 C가 성인이 될 때까지 진정한 사랑으로 키워줄 사람을 후견인으로 미리 지정해둘 수 있다. A는 자신의 형제자매나 살아 계신 부모님을 후견인으로 지정할 수도 있고, 믿을 수 있는 친구나 지인 등 제3자를 후견인으로 지정할 수도 있다. 다만 '미성년후견인'은 1인만 선임 가능하므로 유언으로 지정하기 전에 지정하려는 후견인의 자질과 C와의 관계들을 고려하여 신중하게 결정하여야 한다.

후견인이 내 재산을 마을대로 쓴다면
[후견감독]

    2013년 성년후견제가 도입된 이래 법원은 대체로 가족 구성원 중에서 후견인을 선임하고 있다. 후견인 제도는 전적으로 피후견인을 보호하기 위해 만들어진 제도이다. 즉, 후견인이 되었다고 해서 피후견인의 재산을 함부로 사용하는 일은 절대로 있을 수 없다. 하지만 가족임에도 불구하고, 피후견인의 재산을 임의로 소비하는 등의 일이 빈번하게 벌어지고 있다. 가족은 잠재적 상속인으로 분류되기 때문일까. 피후견인의 재산이 자신의 재산이라고 착각하는 경우가 종종 있는 것 같다.

    A와 B의 부모님은 돌아가시고 A는 결혼하여 처자식이 있으나 B는 아직 미혼이다. 어느 날 B가 회사에서 저녁 늦게 퇴근하고 집으로 오다가 교통사고를 크게 당하였다. A가 B를 극진히 간호하였지만 B의 상태는 호전되지 않았고 뇌병변 1급 장애와 함께 사지가 마비되어 거동을 하지 못하게 되었다.

이에 A는 B를 돌보기 위해 법원에 성년후견 개시 신청을 하여 후견인이 되었다. A는 B의 교통사고 보험금을 받아 일부는 B의 병원비로 사용하고, 나머지로는 B를 계속 보호하기 위한 집을 구입하기로 하였다. 당연히 B의 명의로 집을 구입해야 하는 것이 맞지만, A는 나중에 세를 주거나 집을 팔게 될 경우 거동이 불편한 B의 명의로 되어 있으면 재산권 행사에 여러 가지로 불편할 것 같다는 생각을 했다. 결국 새로 구입하는 부동산의 명의를 A로 하였다.

그런데 A가 미처 생각하지 못한 것이 있었다. 바로 후견감독인이다. 성년후견 개시를 하면 법원이 후견인을 선임하고, 그와 동시에 후견인에 대한 후견감독인을 지정한다. 즉 후견인이 피후견인을 제대로 보호 관리하는지 법원이 지속적으로 감독을 한다는 것이다. 후견인이 피후견인의 재산을 임의로 소비하거나, 피후견인의 신상 보호를 제대로 하지 않으면 법원은 후견인의 지위를 박탈할 수도 있고, 후견인에게 엄히 책임을 물을 수도 있다.

후견감독인은 A가 B의 보험금으로 집을 구입하면서 명의를 A로 했다는 사실을 알게 되었다. 이에 A에게 새로 구입한 부동산의 명의를 B 명의로 변경할 것을 요구하였다. 이에 A는 어차피 평생 B를 돌보아 주어야 하고, A 명의로 등기하는 것에 B도 동의를 하였으며, 다시 명의 변경을 하려면 취득세 등 추가적인 세금 부담이 생긴다는 이유로 법원의 요구에 따르지 않았다. 그러자 후견감독인은 A를 B의 교통사고 보험금을 횡령하였다는 내용으로 검찰에 고소하였고, 검찰은 A의 횡령 사실을 이유로 법원에 기소하였다. 법원은 후견인 A가 피후견인 B에 대하여 재산관리상 불법행위를 하였다고 보았으며, 친족상도례도 적용되지 않고, 횡령이 성립한다고 보아 징역 8월을 선고하였다.

성년후견 개시 신청을 하여 법원으로부터 후견인으로 결정을 받고 나면, 후견인은 피후견인의 재산을 피후견인을 위하여만 사용해야 한다. 후견인 마음대로 처분하거나 후견인 자신을 위해 사용하면 안 된다. 후견인이 되었다고 하여 피후견인의 재산이 후견인의 재산이 되는 것은 아니다.

위 사례에서 A가 성년후견 개시를 받고 나면 B의 재산을 B 본인이 직접 관리하기 어려우므로 A 명의로 한들 무슨 상관이 있을까 싶기도 하다. 하지만 A가 B보다 먼저 사망할 수도 있고, 그럴 경우 A 명의로 되어 있는 부동산이 A의 자녀들에게로 상속이 된다. 그리고 그 자녀들은 B의 간병이나 간호에는 신경을 쓰지 않을 수도 있다. 따라서 B의 재산은 B의 명의로 되어 있어야 한다. 법원은 후견 개시 이후 후견인이 피후견인에 대한 신상관리나 재산관리를 제대로 하고 있는지 후견감독을 엄격하게 하고 있다. 만약 후견인이 제대로 일을 하지 않으면 법원은 후견인을 변경하거나, 불법행위를 한 후견인을 형사 처벌할 수도 있다.

근로기준법
기업법무
노무

'아르바이트생'도 연차휴가 및 연차수당 대상인가

 3년 동안 대형 프랜차이즈 레스토랑에서 주말 아르바이트를 해 온 A는 최근에 일을 그만두었다. 그 과정에서 A는 우연히 자신과 같은 아르바이트 직원에게도 연차가 발생한다는 사실을 알게 되었다. 아무도 알려주지 않았기에 이 사실에 대해 몰랐던 A는 3년 동안 일을 하며 단 한 번도 연차를 사용하지 못했다.

 A는 매주 주말 레스토랑이 문을 여는 오전 10시부터 장사가 끝나는 저녁 9시까지 근무했다. 워낙 규모가 크고 주말이면 손님이 많은 곳이라 A와 같은 처지의 아르바이트 직원만 해도 8명이 넘는다. A는 한 번도 지각이나 결석을 한 적이 없으며 누구보다 성실히 일했다.

 '근로기준법'에 따르면 1년간 80% 이상 출근한 근로자에게는 15일(근속연수에 따라 최대 25일), 아직 근로 기간이 1년이 되지 않은 근로자나 1년간 80% 미만으로 출근한 근로자에게는

1개월 개근에 따른 1일의 유급휴가를 보장해야 한다. 이렇게 발생하는 유급휴가를 우리는 흔히 '연차(월차)'라고 부른다.

이러한 연차휴가에 관한 '근로기준법'상 규정은 상시근로자 수 5인 이상 사업장이라면 모두 적용되며, 그 대상에는 비정규직이나 임시직, 아르바이트 직원 등 1주의 소정근로시간이 15시간 미만인 초단시간 근로자를 제외한 모든 형태의 근로자가 포함된다.

발생한 연차휴가의 사용을 청구하는 '연차휴가사용청구권'의 경우 연차 발생 후 1년, 사용하지 못한 연차휴가에 대한 보상인 '연차휴가미사용수당'의 경우 발생한 연차가 소멸한 후 3년의 소멸시효를 갖는다. 따라서 근로자는 퇴직 시 또는 퇴직 후에도 최근 3년간 발생하였으나 사용하지 않은 연차에 대한 수당을 청구해 받을 수 있다.

다만 최근 시행된 연차휴가 관련 개정법에 따라 3월 31일 이후 발생한 연차에 대해서는 사용자가 근로자에게 '연차휴가사용촉진'을 한 경우라면 근로자는 미사용 연차휴가에 대한 수당을 청구할 수 없다. '연차휴가사용촉진'이란 근로자에게 발생한 연차휴가의 청구권이 소멸되기 6개월 전 10일 이내에 해당 근로자가 사용하지 않은 연차휴가 일수를 알려주고 그 사용 시기를 정하여 통보하도록 서면으로 촉구하는 것을 말한다.

위 사례의 경우 A가 일하는 레스토랑은 아르바이트 직원만 8인이 넘는 사업장으로 연차휴가와 관련된 '근로기준법'이 적용되는 사업장이며, A가 주말에만 출근하는 아르바이트 직원이긴 하나 1주 소정근로시간이 15시간이 넘는 상황이므로 연차 적용이 배제

되는 근로자에 해당하지도 않는다.

 따라서 퇴직하는 A는 원래라면 사용할 수 있었던 자신의 미사용 연차휴가에 대한 수당을 청구할 수 있다. 개정된 연차휴가 규정을 적용하더라도 사용자의 연차휴가사용촉진이 없었던 상황이므로 A는 자신에게 발생한 연차휴가 중 유효한 일수에 대해 수당 청구가 가능하다.

'저성과자'라는
이유로 해고할 수 있을까

    외국 드라마나 영화를 보다 보면 심심치 않게 들려오는 문장이 있다. 바로 "You're fired!"이다. 이 말을 들은 직원은 바로 짐을 싼다. 당장 내일부터 출근하지 말라는 해고의 의미이기 때문이다. 물론 영화 속 주인공은 그 고난과 역경 또한 극복해 내지만, 괜히 서러운 마음이 드는 건 사실이다. 그런데 "자네는 해고야!"라는 말을 한국 드라마나 영화에서 들어본 적이 있는가? 아마 없을 것이다. 우리나라에서는 쉽게 들을 수 없는 말이기 때문이다. 그렇다면 회사는 어떠한 경우에도 직원에게 해고를 통보할 수 없는 것일까?

    A 회사는 현재 인력 감축을 계획 중이다. 계속된 불황과 코로나19로 매출이 계속 감소하면서 더 이상 기존의 회사 규모를 유지하기 어려웠기 때문이다. A 회사는 고민 끝에 실적이 좋지 않았던 근로자들을 우선 해고하여 회사 규모를 줄이기로 했다. 회사는 경

영회복을 위해 처리해야 할 문제가 많은 만큼 이번 해고를 아무 탈 없이 마무리하고 싶다.

계속된 경기 침체와 코로나19의 영향으로 기업들의 경영 사정이 급격히 나빠지면서 다시 한번 '해고'와 '실직'이 심각한 사회문제로 떠오르고 있다. 전문가들은 현재의 추세라면 앞으로 30만 명이 넘는 실업자가 더 발생할지도 모른다는 전망까지 내놓고 있다.

일명 '코로나 해고 사태'라고 불리는 이번 대규모 실직은 기업들이 상대적으로 조건과 절차가 까다로운 '경영상 해고' 대신 경영실적 개선이라는 목적 아래 '저성과자' 근로자들을 해고하는 '쉬운 해고'를 선택하면서 더욱 문제가 되고 있다.

물론 '근로관계' 역시 근로자가 성실히 노무를 제공하고 사용자가 그 대가로서 약속된 임금을 지급하기로 하는 내용의 '계약'이라는 점에서, 근로자의 낮은 근무 성적이나 잦은 지각, 무단결근 등의 '불성실한 노무제공'은 계약상 채무불이행 책임을 지게 되는 원인이 될 수 있다. 하지만 이때의 '책임'이 곧 근로계약의 해지, 즉 '해고'를 의미하는 것은 아니다.

'근로기준법'에 따르면, 사용자는 '정당한 해고 사유'가 존재하는 경우에만 근로자를 해고할 수 있다. **'정당한 해고 사유'란 '사회통념상 사용자가 근로자와 더 이상 고용관계를 계속할 수 없을 정도의 책임이 근로자에게 있는 경우' 또는 '부득이한 경영상의 필요가 있는 경우'를 말한다.**

이때 낮은 근무 성적이나 근무태도 불량 등은 그 어느 쪽에도 해당할 수 없다. 사규 등에 일정 수준 이하의 근무 성적이나 일정 횟수 이상의 지각, 무단결근 등을 자동 퇴직 사유로 정해 둔 경우라 하더라도 사안의 심각성에 따라 별도의 개선 프로그램에 참여시키거나 임금 감액 등의 징계사유가 될 수 있을 뿐이다.

법원 역시 **낮은 근무 성적이나 근무태도 불량의 경우 그 정도에 따라 징계를 할 수 있을 뿐이며, 이를 개선하기 위한 충분한 기회를 제공하였음에도 개선의 여지가 없다고 판단되고 근로자에게도 근로의 의지가 보이지 않는 등 예외적인 경우에 한해 해고를 인정할 수 있다.**

따라서 위 사례의 A 회사는 낮은 성과를 낸 근로자 등을 대상으로 개선 기회의 제공 및 부서 재배치 등의 해고 회피 노력을 충분히 한 예외적인 경우가 아니라면, 단순히 저성과자라는 이유 등으로 근로자를 해고할 수 없다. A사가 인력 감축을 위한 해고를 하기 위해서는 경영상의 어려움 등을 이유로 '근로기준법'에서 정하고 있는 '경영상 해고'를 위한 단계를 거치거나 희망퇴직, 권고사직 등의 방식을 제안할 수 있을 뿐이다.

'프리랜서'도 퇴직금을
요구할 수 있을까

요즘 일반 기업은 물론 공공기관 등에서도 영상 콘텐츠를 마케팅과 브랜딩의 용도로 사용하기 시작했다. 잘 만든 바이럴 영상 하나가 엄청난 효과를 내기 때문이다. 이러한 변화는 노동시장에도 영향을 미치고 있다. IT 개발자, 촬영 PD, 영상 편집자 등의 인력을 프리랜서 형식으로 계약하여 업무를 처리하는 기업들이 늘어난 것이다. 하지만 계약 형태만 프리랜서 계약이고, 실질적으로는 일반 근로자와 동일한 방식의 업무 처리를 요구하는 기업들도 있다. 예를 들어 사무실에 9시까지 출근하여 8시간 동안 근무를 해야 한다는 조건 등을 거는 것이다. 프리랜서는 말 그대로 Freelance (자유 계약자)인데 모순이 아닐 수 없다.

갑학원에서 장기간 강사로 일했던 A는 최근 개인 사정으로 일을 그만둬야 했다. 이 과정에서 A는 생각지도 못한 문제에 부딪히게 되었다. A가 퇴직 희망 사실과 함께 퇴직금을 요구하자 A의 계약 조건이 프리랜서였다는 이유를 들어 퇴직금을 지급할 의무는 없다며 이를 거절한 것이다. 실제로 A는 입사 당시 프리랜서 계약을 맺었다. 하지만 A는 매일 정해진 시간에 학원으로 출근하고 저녁 10시가 넘어서야 퇴근하였으며 주말도 없이 아이들을 가르쳐야 했다. 월급도 별도의 인센티브 없이 고정급으로 매달 지급됐고 강의 일정 역시 학원에서 정한 커리큘럼에 따라 진행해왔다.

전형적인 의미의 '프리랜서'란 어느 사업체에도 속하지 않은 채 사용자 측과 특정 업무에 대한 계약을 맺고 그와 관련된 일을 하는 사람을 말한다. 이는 일종의 위임 또는 도급계약이다. 프리랜서는 사용자에 종속됨 없이 자신의 판단에 따라 일을 진행하며, 근무 장소의 선택이나 출퇴근이 자유롭고 계약 내용에 따라 완성된 일의 대가로서 보수를 받는 것이 일반적이다.

프리랜서라 하면 저널리스트나 연예인, 작가 등 특정 직업군에 한정된 계약 형태라고 생각하기 쉽지만 사실 프리랜서는 학원 강사나 헤어 디자이너, 인테리어 및 각종 설계 관련 업무까지 매우 일상적이고 다양한 직업군에 존재한다. 그러나 이들의 대부분이 이름만 프리랜서일 뿐 일반적인 근로계약을 맺은 근로자와 마찬가지의 고용형태를 가지고 일을 하고 있다. 하지만 프리랜서라는 이름이 갖는 특수성을 이유로 이들을 일반근로자로 대우하지 않는 사업주들이 있어 피해를 입는 경우가 많다.

그러나 **프리랜서 계약을 맺은 경우라도 그 실질적인 업무 형태가 일반근로자와 마찬가지라고 볼 수 있는 경우라면 부당 해고나 임금체불, 퇴직금 지급 거부 등의 문제에 있어 '근로기준**

법'의 보호를 받는 근로자에 해당한다는 것이 법원의 입장이다. '근로기준법'상 '근로자성'은 단순한 계약 형태에 따른 구분이 아닌 실질 근로형태에 따라 판단되기 때문이다.

예를 들어 위 사례의 A와 같이 △학원이 정한 일정과 커리큘럼에 따라 강의하는 등 사용자인 학원과의 관계에서 종속관계가 존재하고 △근무 장소와 근무 시간, 출퇴근 시간 등이 지정되어 있으며 △실질적으로 고정급을 받고 있는 경우라면, 프리랜서가 아닌 일반 임금근로자와 마찬가지라고 본다.

즉 A는 갑학원이 고용한 일반근로자와 마찬가지이므로, 학원은 A에게 퇴직금을 지급해야 한다. 참고로 A와 같이 서류상 프리랜서 계약을 맺고 있으나 그 실질적인 근로형태가 일반근로자와 다를 바 없는 경우라면 만약을 위해 평소 업무지시를 받은 정황, 근무형태나 출퇴근 기록, 급여내용 등 자신의 근로자성을 증명할 수 있는 자료를 모아두는 것이 좋다.

5인 미만 사업장도
퇴직금 지급해야 하나

　5인 미만 사업장은 영세사업장이기에 근로기준법에 해당이 되지 않는 경우가 많다. 즉, 근로자가 피해를 볼 수도 있다는 것이다. 초과 근로 수당, 휴일수당, 야간수당은 물론 연차 휴가도 없다. '뭐 이렇게 다 안 된대?'라고 생각할 수도 있겠지만, 5인 미만 사업장이라고 해도 반드시 지켜야 하는 근로기준법 규정들은 있다. 꼭 알아두고, 불이익을 당하는 일이 없도록 해야 할 것이다.

　직원이 5인 미만인 소규모 회사에 다니고 있던 A는 코로나19로 사업체의 경영이 어려워져 월급도 제대로 받지 못하던 중 최근 해고 통보를 받고 하루아침에 실업자가 되었다. 퇴직금은커녕 밀린 임금과 해고수당도 받지 못했다. 예고도 없이 이뤄진 갑작스러운 해고에 억울한 마음이 든 A는 사업주에게 연체된 임금과 해고수당을 요구했지만, 업주는 5인 미만 사업장의 경우 해고수당 등을 지급할 의무가 없다며 지급을 거절하고 있다.

최근 국회에서 발표한 자료에 따르면 이번 코로나 경제 위기로 발생한 실업자 중 약 40%는 5인 미만 사업장에서 일하던 근로자들이었고, 이는 5인 이상 사업장과 비교해 2배에 가까운 수치였다. 이처럼 5인 미만 사업장에서 유독 실업자가 많이 발생한 것은 갑작스러운 경제 위기에 근로자 수가 적은 영세사업체일수록 그 충격을 버티지 못하고 폐업한 업체가 많았던 탓도 있지만, 5인 이상 사업장에 비해 상대적으로 인력 감축이 더 쉬웠던 탓도 있었다.

실제로 5인 미만 사업장의 경우 '근로기준법'상 ▲초과근무 등 일부 가산수당에 관한 사항 ▲휴업수당 ▲연차유급휴가 ▲해고의 서면통지의무 등에 있어 적용이 제한된다. 부당 해고 등에 대한 노동위원회 구제신청 역시 특별한 사정이 있는 경우가 아니라면 불가능하다.

물론 영세사업장의 특수성을 반영한 것이라고는 하지만, 문제는 5인 미만 사업장의 비율이 전체 사업체의 80%(2018년 기준)에 달한다는 것이다. 그만큼 많은 근로자들이 생계문제와 직접적 관련이 있는 각종 수당이나 해고에 관한 사항을 제한적으로 적용받고 있다. 그렇기에 '근로기준법'이 가진 '근로자 보호'라는 측면이 약화되고 있다는 점은 부정하기 어렵다.

더욱이 이러한 영세사업장에 대한 '배려'를 악용하는 사업체들이 나타나면서 근로자가 감수해야 할 피해는 더욱 커지고 있다. 사업장을 쪼개 편법으로 운영하며 과도한 업무량을 부여하면서도 각종 수당을 지급하지 않는 것은 물론 무급휴가조차 보장하지 않는 경우가 많고 해고를 쉽게 생각하는 사업체도 적지 않다.

하지만 이상의 일부 '근로기준법'규정을 제외한 다른 노동 관련 법규들은 상시근로자의 수와는 무관하게 모든 사업장에 적용된다. 따라서 **5인 미만 사업장이라 하더라도 ▲최저임금에 관한 사항 ▲해고예고 및 해고수당 ▲퇴직금 지급 ▲출산휴가, 육아휴직 ▲산재에 관한 사항 등은 모든 근로자에게 동일하게 적용되며, 이와 관련된 부당한 대우가 있었던 경우 근로자는 노동위원회 등에 신고하여 구제받을 수 있다.**

A의 경우 부당해고에 관한 신고는 어렵겠지만, 밀린 임금과 지급되지 않은 해고수당 등에 대해서는 노동위원회 등에 신고하여 그 지급을 요구할 수 있다. 다만 5인 미만 사업장의 경우 임금 계산에 있어 일부 수당이 제외될 수 있다.

과로와 스트레스도 업무상 재해인가

장시간 노동과 과도한 업무 강도, 실적 압박 등의 문제로 극단적인 선택을 하거나 극심한 스트레스에 시달리는 이들이 많아지고 있다. 간호사, 화물차 기사, 버스 기사, 집배원, 대기업 연구원, 방송국 연출 직원 등 업종과 직종을 막론하고 고통을 호소하며 업무 환경 개선을 요구하고 있다. 특히 코로나19로 인해 전국 택배 물량이 작년 기준 30억 개를 넘어서면서 택배 기사들의 노동 강도가 엄청나게 증가했다. 게다가 쿠팡이나 마켓컬리 등 e-커머스 업계는 빠른 배송을 위해 새벽배송까지 실시하고 있다. 과도한 택배 물량에 시달리며 병에 걸리거나 숨지는 사고가 이어지고 있는데, 과로와 스트레스로 인한 질병도 업무상 재해로 인정받을 수 있을까?

대형 물류업체에서 일하는 근로자 A는 설날을 앞두고 정신없이 바쁜 하루를 보내고 있다. 특히 설 명절은 유독 처리해야 하는 물류의 양이 많은 기간이다 보니 벌써 한 달째 정시 퇴근은 커녕 휴일도 없이 매일 출근하고 있다. 게다가 최근에 동료 몇명이 일을 그만두면서 인력에 공백이 생겨 남은 사람들의 업무 강도가 더욱 가중되고 있다. 그러던 중 설 연휴 물류 처리의 마지막 날, 업무를 마무리하기 위해 바쁘게 움직이던 A가 갑작스럽게 호흡곤란과 마비 증상을 보이며 쓰러졌다. 주변 동료들에 의해 병원으로 이송되어 검사를 받은 결과 누적된 피로와 과도한 스트레스로 인한 뇌출혈 진단을 받았다.

현재 우리나라의 근로자는 1주에 40시간, 최대 52시간을 초과하여 근로할 수 없다. 법에서 정하고 있는 예외사유에 해당하지 않는다면, 50인 이상의 기업인 경우 모두 이러한 기준에 따라야 한다. 위반 시 사업주는 2년 이하의 징역이나 2천만 원 이하의 벌금에 처해질 수 있다. 주 52시간 근무제는 근로자들의 업무시간을 단축시켜 일명 '저녁이 있는 삶'을 가능하게 해줄 것이라 기대되었다. 하지만 현실은 줄어든 업무시간에 비례하여 높아진 업무 강도와 '비공식'적인 근무시간의 증가로 큰 '피로'를 느끼는 근로자들이 더 많다고 한다.

과중한 업무와 그로 인한 스트레스는 근로자의 생명을 위협하기도 한다. 업무로 인한 피로로 주의력이 떨어져 발생한 근무 중 사고 때문에 부상을 당하는가 하면, 스트레스로 인한 우울증이나 질병으로 회복하기 힘든 상태에 빠지거나 경우에 따라서는 '자살'이라는 극단적 선택을 하기도 한다. 이처럼 **근로자가 업무상 사고로 인해 재해를 당하거나, 질병을 얻거나, 사망에 이르는**

경우에는 재해 근로자나 그 유가족은 '업무상 재해'를 이유로 근로복지공단에 '산업재해보상보험법(산재보험법)'에 따른 요양급여나 유족급여 등을 청구할 수 있다.**

'업무상 재해'를 인정받기 위해서는 해당 사고나 질병의 원인이 업무와 관련되어 있다는 사실을 입증할 수 있어야 한다. 이 과정에서 많은 다툼이 발생하게 되며 소송까지 이어지는 경우가 많다. 특히 과로나 스트레스 등을 이유로 하는 질병에 의한 '업무상 재해'의 경우 업무상 사고로 인한 경우에 비해 근로자가 그 원인관계를 증명하기가 어려워 문제가 되는 경우가 더 많다. 최근 공단과 법원은 근로자 보호를 위해 '업무상 재해'와 관련하여 그 인정범위를 점점 넓혀가고 있다. 직장 내 괴롭힘 등으로 인한 우울증 및 정신적 스트레스로 인한 질병까지 '업무상 재해' 범위에 포함시키는 것은 물론, 사안에 따라 근로자가 기존에 앓고 있던 질환이 업무상 원인으로 악화된 경우도 '업무상 재해'를 인정하고 있다.

위 사례의 A는 뇌출혈이 업무상 과로로 인해 발생한 사실이라는 점을 증명하여 공단을 상대로 산재요양급여 등을 신청할 수 있다. 만약 A의 뇌출혈과 업무상 과로 등에 인과관계가 인정되지 않는 경우 A는 급여 신청을 거절당할 수 있다. 물론 공단의 지급거절이 있었다 하더라도 A는 다시 한번 공단에 재심사 청구를 하거나 행정법원에 행정소송을 제기하여 다툴 수 있다. 최근 법원이나 공단이 '업무상 재해'를 판단하는 범위를 넓혀가고 있는 추세이긴 하지만, 문제가 되는 사고나 질병이 업무상 원인에 의해 발생하였다는 사실은 분명해야 한다. 또 '업무상 재해'의 경우 유사한 원인으로 재해를 입은 경우라 하더라도 재해 근로자의 성별이나 나이, 건강 상태, 근무환경, 근무시간 등 구체적인 사안에 따라 '업무상 재해' 인정 여부가 달라질 수 있다.

관리인 경비원도 근로자,
업무상 사고나 질병에 산재적용 가능한가

건물 관리인으로 일하고 있는 A는 얼마 전 순찰 중 지하로 내려가는 계단에서 발을 헛디뎌 심하게 넘어지는 바람에 허리와 다리를 다쳐 입원 중이다. 다른 아파트의 경비원인 B는 입주민들로부터 매일 쏟아지는 불합리한 민원과 모욕적인 대우 등 과도한 업무 스트레스로 최근 정신과 치료를 받고 있다. A와 B는 산업재해보상을 받을 수 있을까.

관리인 또는 경비원이라 함은 주로 아파트나 사무실 등의 건물·시설물 등을 관리하며 해당 건물 내에 거주하고 있는 주민들을 불법 침입, 화재, 도난 등으로부터 보호하기 위해 외부인의 입출입을 통제하거나 안내하는 업무를 담당하는 근로자를 말한다.

이들과 같이 주로 감시적 업무를 담당하며 건물 등을 순찰하고 관리하지만 일반적인 근로와 달리 그 업무가 간헐적으로 이루어지거나 업무시간 중 휴게·대기시간이 많아 상대적으로 정신적·육체적 피로가 적은 업무에 종사하는 근로자를 감시·단속적 근로자라 한다.

감시·단속적 근로자의 사용자는 그 근로의 형태와 조건이 '근로기준법 시행규칙'과 '근로감독관집무규정' 등에서 제시하는 요건에 해당하는 경우 필요한 서류를 갖추어 고용노동부의 승인을 받아 이들 근로자들에 대해 합법적으로 근로시간이나 휴게, 휴일과 관련된 '근로기준법'상의 적용을 배제하거나 합의로 달리 정할 수 있다.

그러나 **감시·단속적 근로자 역시 '근로자'에 해당하므로 그 외 최저임금의 적용이나 야간근로 등 기타 다른 '근로기준법'상 준수 사항은 모두 적용**되어야 하며, 만약 이에 위반하는 경우 사용자는 임금체불이나 손해배상 등의 책임을 져야 할 수 있다. 또 **감시·단속적 근로자가 업무상 사유로 질병이나 사고를 당하는 경우 그 인과관계를 입증하여 업무상 재해를 인정**받을 수도 있다.

실제로 몇 년 전 아파트 경비원이 입주민의 폭행과 폭언에 시달리다 극단적 선택으로 사망한 사건에서 법원은, 망인의 사망이 극심한 업무상 스트레스와 그로 인한 정신적 고통으로 합리적 판단을 기대할 수 없는 상황에서 발생한 것이라고 인정해 그 유가족에 대한 '산재보험법'상 보상을 인정한 바 있다.

다만 업무상 질병의 경우 감시·단속적 근로자의 개념적 특성상 업무의 양이나 강도가 약하다고 판단되어 정당한 보상을 받지 못하는 경우가 존재하므로 발생한 질병과 업무상 인과관계 입증에 주의가 필요하다.

관리인과 경비원 역시 '근로기준법'상 근로자에 해당하므로 A와 B는 모두 업무상 원인을 이유로 발생한 사고와 질병에 대해 '산재보험법상' 산업재해보상을 신청할 수 있다. 다만 감시·단속적 근로자의 경우 B와 같이 사고가 아닌 질병에 대한 산재신청에 있어 업무상 재해로 인정받기 까다로운 부분이 있으므로 전문가의 도움을 받아 사건을 진행하는 것이 좋다.

구두로 약속받은 근로계약 갱신도
보호받을 수 있을까

　드라마 '미생'의 주인공 장그래는 계약직 신분으로 서러운 일을 많이 당했다. 자신의 사업 아이템이 계약직이라는 이유로 뺏기게 되었고, "어차피 나갈 사람을 왜 키우냐"라는 이야기를 듣기도 했다. 많은 시청자들이 계약직의 서러움에 공감을 하며 장그래를 응원했다. 장그래의 이야기이기도 하지만, 우리의 이야기이기도 하기 때문이다. 잡코리아에서 계약직 직장인을 대상으로 설문조사를 한 결과, 정규직 전환에 대한 비관적인 답변이 약 90%에 육박했다. '정규직으로 전환될 것'이라고 확신하는 직장인은 11%에 불과했다. 하지만 76.4%의 계약직 직장인이 '정규직 전환을 위해 노력하고 있다'라고 답했다. 정규직 전환이 되지 않을 것이라 전망하면서도 한 편으로는 낮은 가능성이라도 잡고자 열심히 일을 하고 있다는 것이다. 우리 사회에 만연한 장그래들을 위한 법적인 제도에는 무엇이 있을까?

A는 갑회사와 2년의 기간제 근로계약을 맺고 일을 해왔다. 입사 당시 회사는 A에게 최초 근로계약 형태가 기간제 근로계약인 것은 관행적인 일이며 특별한 일이 없다면 근로계약기간 종료 후 자동으로 정규직 전환이 이뤄질 것이라고 말했다. 일을 시작한 후에도 회사는 줄곧 A에게 향후 정규직으로 전환될 것임을 강조해 왔다. 하지만 얼마 전 A는 회사로부터 근로계약 갱신을 하지 않겠다는 통지를 받았다. 적은 월급에 비해 과도한 업무량에도 정규직으로 전환될 날을 기다리던 A에겐 날벼락 같은 일이었다.

사용자는 '기간제 및 단시간 근로자 보호 등에 관한 법률(기간제법)'에 따라 2년을 초과하지 않는 범위의 기간제 근로자를 사용할 수 있다. 기간제 근로자란 그 명칭에 상관없이 기간에 정함이 있는 근로계약을 체결한 근로자를 말한다.

기간제 근로자와 사용자 사이의 근로관계는 근로계약상 정해둔 근로 기간의 만료와 함께 자동으로 종료한다. 하지만 예외적으로 근로계약상 계약기간 갱신에 대한 조건이 명시되어 있거나 취업규칙이나 단체협약 등에 이와 관련된 규정이 마련되어 있는 경우라면 그에 따라 근로계약을 이어갈 수 있다.

문제는 근로계약이나 규정상 계약 갱신과 관련하여 아무런 정함이 없는 상황에서 사용자 등 인사권자가 기간제 근로자에게 근로계약의 갱신이나 정규직으로의 전환 등을 약속해왔으나 이에 반하여 계약기간 만료를 이유로 해고를 통보한 경우다.

이러한 경우 법원은 법에 정함은 없으나 재판상 일정한 요건에 충족하는 경우에 한해 근로자에게 근로계약에 대한 갱신기대권을 인정하고 있다. 예를 들어 회사가 기간제 근로계약을 맺은 근로자들에 대해 관행적으로 연장 계약을 해왔던 경우, 채용공고가 정규직으로 표시되어 있었고 정규직과 동일한 선발과정을 거쳐 입사한 경우, 근로자의 근로형태나 업무내용이 사실상 정규직 근로자와 동일한 경우 등이다.

기간제 근로자에게 계약 갱신에 대한 기대권이 인정되는 경우 사용자는 정당한 사유 없이 근로계약의 갱신을 거절할 수 없고 만약 이에 반해 근로자를 해고하는 경우에는 부당 해고에 해당할 수 있다. 다만 이러한 갱신기대권의 유무는 이를 주장하려는 근로자 측이 입증해야 한다.

A는 회사가 채용 당시는 물론 입사 후에도 지속적으로 정규직 전환에 대해 약속을 해온 점, 그러한 약속을 바탕으로 A에게 정규직 직원과 동일한 강도의 업무를 지시해 온 점 등을 이유로 근로계약의 갱신기대권을 주장할 수 있다. A에게 갱신기대권이 인정되는 경우 회사는 정당한 사유 없이 A를 해고할 수 없으므로 위 사례의 A에 대한 해고는 부당 해고에 해당하여 무효이고, A는 갑 회사에 대해 복직이나 손해배상을 요구할 수 있다.

권고사직이
부당해고에 해당하려면

 A는 1년간 육아휴직 후 얼마 전 회사로 복귀했다. 문제는 복귀 후 회사로부터 업무 배정을 받지 못하고 있다는 것이다. 매일 동료들의 눈치만 보다 퇴근하는 것이 일과의 전부인 A는 출근이 너무 괴롭지만 가족의 생계를 위해 회사를 그만둘 수는 없다. 그러던 중 A는 인사담당자로부터 퇴사 권유를 받았다. 퇴직을 하는 경우 퇴직금과 함께 위로금이 지급될 것이지만, 거부하면 지방으로 전출되거나 실적 부진 등을 이유로 징계를 받게 될지도 모른다고 한다. 복귀 후 제대로 된 업무 배정을 받지 못한 탓에 실적이 저조할 수밖에 없었던 A는 회사의 퇴사 권유가 억울할 뿐이다.

 사용자는 경영상의 필요나 근로자의 부적응, 비리 등 사회통념상 근로관계를 더 이상 유지하기 힘들다고 인정될 만한 정당한 사유가 있는 경우 특정 근로자에 대해 퇴직을 권고할 수 있다. 이를 권고사직(퇴직)이라 한다. 회사가 일방적으로 근로자와의 근로관계를 종료시키는 해고와 달리 권고사직의 경우 근로자가 회사의 퇴직 권유에 응하여 사직서 등을 제출해야만 근로관계가 종료한다는 점에서 개념상 해고와는 다르다. 문제는 권고사직이 가진 이러한 이론적인 내용과는 달리 현실에서는 주로 사용자가 근로자에 대한 부당 해고의 책임을 회피하기 위한 수단으로 악용되고 있다는 점이다. 권고사직으로 처리가 되면 해고수당을 지급하지 않아도 되기 때문이다.

결론부터 말하자면 권고사직의 형태를 취하고 있더라도 실질적으로 그 내용이 근로자에게 원하지 않는 퇴직을 강요하고 있는 것이라면 이는 해고에 해당할 수 있다. 특히 근로자가 회사의 부당한 퇴사 권유를 거부하였음에도 이것이 해고로 이어진 경우라면 이는 부당 해고에 해당한다. 따라서 **정당한 사유 없이 이뤄진 권고사직으로 원하지 않은 억울한 퇴사를 하게 된 근로자는 이를 노동위원회에 신고하거나 법원에 소송을 제기해 부당 해고임을 다퉈볼 수 있다. 이 경우 사용자는 근로자가 스스로 원해서 사직한 것임을, 근로자는 자신이 스스로 원한 사직이 아님을 증명해야 한다.**

권고사직이 부당 해고임을 판단할 때 다양한 사정들이 고려되지만, 가장 중요한 기준이 되는 것 중 하나가 바로 근로자의 사직서 제출 여부다. 회사의 부당한 권고사직에 대해 근로자가 사직서를 제출한 경우라면 이후 부당 해고 다툼에 있어 근로자에게 진정한 퇴직의사가 있지 않았음을 입증하기 매우 어려울 수 있다.

A는 회사의 퇴사 권유가 부당하다고 여겨지는 경우 회사에 명

확히 거부의 의사를 밝히는 것이 좋다. 또 사직서를 제출하거나 퇴직에 대한 대가를 요구하는 등의 행위는 이후 부당 해고를 다투게 되는 경우 불리해질 수 있으니 주의해야 한다. 만약 A의 퇴사 거부에도 회사가 A를 퇴사 처리 하는 경우 이는 부당 해고에 해당할 수 있고, A는 노동위원회나 법원을 통해 부당 해고 여부를 다퉈 구제받을 수 있다.

근로계약서 작성은
필수인가

　수년째 카페를 운영 중인 A는 늘 손님이 많아지는 여름이면 기존의 직원들로는 수요를 감당하기 어려워 몇 명의 단기 아르바이트 직원을 고용해왔다. 새로 고용하는 아르바이트 직원의 근로 기간은 길어야 3개월 정도였기 때문에 근로계약서 작성과 같은 부담스러운 과정은 생략하였다.
　하지만 이번에 새로 고용하기로 한 B가 근로계약서 작성을 요구하면서 A는 고민에 빠졌다. 찾아보니 근로계약서 작성이 의무라고 하는데 정말 단기간 아르바이트 직원까지 근로계약서를 작성해야 하는지 의문이다. 만약 작성하지 않으면 어떤 불이익이 있는지도 궁금하다.
　근로계약서는 근로자가 노동을 제공하고, 사용자는 그에 대한 대가로 임금을 지급하는 것을 내용으로 하는 근로계약을 문서화한 것이다. 근로계약서는 근로계약의 내용을 문서로 명확히 남김으로써 사용자와 근로자의 권리와 의무 및 근로조건 등을 명확히 하는 것은 물론, 이후 발생할 수 있는 분쟁을 예방하고 해결할 수 있는 중요한 근거자료가 되기도 한다.

'근로기준법'에 따르면 사용자는 근로계약 체결 시 근로자에게 임금과 근로 시간, 근로 조건, 근로 장소, 휴게와 휴일, 휴가 등에 관한 사항을 명시해 주어야 한다. 법에서 정하고 있는 서면 명시 의무는 임금에 관한 사항과 근로 시간, 휴일과 연차에 관한 사항뿐이지만, 기타의 근로조건들 역시 함께 명시하여 서면으로 작성되는 것이 일반적이다.

근로계약서의 경우 관련법에서 명시되어야 하는 내용을 정한 것 외에 고정된 양식은 존재하지 않으므로 반드시 표준근로계약서의 형식을 따를 필요는 없다. 다만 근로계약서는 정규직, 기간제, 아르바이트, 일용직, 프리랜서 등 모든 근로형태의 근로계약에 작성되어야 하므로 사용자와 근로자는 업종이나 고용형태 등에 따라 적절한 양식의 근로계약서를 선택하여 작성하면 된다.

만약 근로계약서를 작성하지 않았거나 반드시 포함되어야 하는 내용을 누락한 채 계약서를 작성한 사실이 적발되는 경우 ▲근로계약서의 미작성이나 내용 누락에 고의가 있었는지 ▲작성하지 않은 근로자의 근로형태 ▲미작성 부분의 내용 등에 따라 최소 30만 원에서 500만 원 이하에 이르는 벌금이 부과될 수 있다.

근로계약서는 근로 기간의 장단이나 근로형태에 관계없이 작성되어야 하므로 단기 아르바이트 직원을 고용하려는 위 사례의 A 역시 B와 근로계약 체결 시 근로계약서를 작성해야 한다. 근로계약서 양식에 정함은 없으나 임금이나 근로시간, 업무 내용 등 법에서 정하고 있는 근로 기준에 관한 사항들이 포함되어야 하며, 특히 임금이나 근로시간, 휴일 등에 관한 사항은 반드시 서면으로 작성되어 교부되어야 한다. 만약 아르바이트 직원을 고용하며 근로계약서를 작성하지 않아 적발되거나 신고당하는 경우 500만 원 이하의 벌금에 처해질 수 있다.

법으로 보장되는 연차휴가,
제한 시 처벌 가능한가

구인구직 플랫폼 사람인이 2021년 11월 직장인을 대상으로 '올해 연차 소진 여부'에 대해 조사한 결과, 절반가량인 49%의 직장인이 연차를 모두 소진하지 못할 것이라고 답했다. 연말이 코앞인데 2명 중 1명이 연차를 모두 사용하지 못한 것이다. 심지어 사용하지 못한 연차에 대한 보상이 이루어지냐는 조사에서 36.1%가 '보상이 없다'라고 답을 했다. 연차는 직장인의 권리이다. 그리고 회사는 직장인에게 연차를 보장해 줄 의무가 있다. 그럼에도 불구하고 일이 많아서, 연차 사용이 자유롭지 못한 분위기라서 등의 이유로 연차를 쓰지 못하는 직장인들이 많은 것이다. 내가 일해서 정당한 권리로 받은 내 연차도 마음대로 쓰지 못하는 게 억울하기만 하다. 이럴 경우 처벌이 가능할까?

입사한 지 1년이 채 되지 않은 신입사원 A는 최근 회사로부터 연차휴가를 모월 모일까지 모두 사용하라는 통보를 받았다. 하지만 A는 아직 연차 사용이 필요하지 않은 상황이다. 입사 3년 차인 B는 입사 후 지금까지 과다한 업무량으로 휴식이 필요한 상태이다. 하지만 주변의 눈치 때문에 한 번도 연차를 사용해보지 못했다.

흔히 '연차'라고 부르는 **'연차유급휴가'는 1년간 성실히 근무한 근로자에 대해 일정 기간 근로의무를 면하게 함으로써 몸과 마음의 피로를 회복하게 하려는 것에 목적이 있는 제도로서 '근로기준법'에 따라 1년 중 80% 이상을 출근한 근로자에게 지급되는 일정 일수의 유급휴가를 말한다.**

직전 1년 출근 일이 80% 미만인 근로자나 입사한지 1년이 채 되지 않는 신입 근로자의 경우에도 개근 한 개월 수만큼 1년간 사용할 수 있는 연차를 받을 수 있다. 다만 신입 근로자의 경우 기존의 근로자들처럼 한 번에 받을 수는 없고 직전 1개월을 개근할 때마다 그 다음 달부터 1년간 사용할 수 있는 1일의 연차가 발생하는 구조다.

근로자는 언제든 자신이 원하는 시기에 연차를 사용할 수 있다. 연차의 사용은 전적으로 근로자의 의사에 의한 것으로 회사나 사용자는 근로자에게 연차의 사용을 강요하거나 연차의 사용을 방해할 수 없다. 다만 해당 근로자가 휴가를 떠나는 경우 사업 운영에 막대한 지장이 발생하는 등 특별한 사정이 있는 경우에 한해 '시기 변경권'을 사용할 수 있을 뿐이다.

만약 자신에게 발생한 연차를 기간 내에 다 사용하지 못한 경우라면 근로자는 그에 상응하는 휴가수당으로 이를 대신할 수도 있다. 이때 회사나 사용자는 연차의 기간 만료 전 연차사용촉진제도상 서면통보를 한 경우가 아니라면 근로자가 사용하지 않은 연차에 대한 보상 책임을 면할 수 없다.

연차사용촉진제도란 근로자의 휴가권을 보장하고 연차유급휴가 제도의 취지를 살리기 위해 도입된 것으로 사용자가 근로자에게 연차 소멸 6개월 전 서면으로 남은 연차일수를 알려주고 그 사용을 유도하는 것을 말한다. 사용촉진통보를 받은 근로자는 일정 기간 내에 자신이 가진 연차를 사용하거나 이후의 사용계획을 알려야 하며, 근로자가 지정하지 않는 경우라면 회사가 시기를 지정할 수도 있다.

연차는 근로자의 의사에 의해 사용되는 것으로 회사는 특별한 사정이 있는 경우가 아니라면 A에게 연차의 사용을 강요할 수 없다. 따라서 A는 연차휴가의 사용을 거절할 수 있고, 이후 회사가 이를 이유로 연차수당을 지급하지 않거나 적게 지급한다면 임금체불이 될 수 있다.

마찬가지로 특별한 사정이 없는 한 회사는 근로자의 연차 사용을 방해할 수 없으므로 B는 자신이 원하는 경우 가진 연차를 사용하여 휴가를 떠날 수 있다. 만약 연차를 사용하였다는 이유로 인사상 불이익이나 징계, 해고 등이 이루어진 경우라면 이는 부당징계, 부당 해고에 해당할 수 있다.

실업급여를 받으려면
어떤 조건이 필요한가

얼마 전 A는 회사에 사직서를 제출했다. 직장 내 따돌림을 신고한 것이 문제가 되어 상사로부터 퇴사 권유를 받았기 때문이다. 처음엔 억울한 마음에 거절했지만, 시간이 지날수록 점점 심해지는 퇴사 요구에 A는 결국 정신적 피로를 견디지 못하고 사직서를 제출하기로 했다. 부당 해고를 다퉈 복직하는 것보다는 쉬면서 마음의 상처를 치유하고 싶었기 때문이다.

고용보험에 가입되어 있던 A는 당장 수입이 없어 생활이 어렵겠지만 퇴직금과 실업급여를 받으면 새로운 직장을 구하기까진 그럭저럭 생활할 수 있을 것으로 생각했다. 하지만 지인으로부터 스스로 사직서를 낸 경우 실업급여를 받을 수 없을지도 모른다는 이야기를 들었다. 알아보니 회사도 A를 '권고사직'이 아닌 '자진 사퇴'로 처리해버린 상황이다.

'실업급여'는 '고용보험법'에 따른 수급자격을 갖춘 근로자들에 대해 실직 후 재취업 활동을 하는 기간 동안 생활의 안정과 재취업 활동 지원을 위해 일정 기간 지급되는 소정의 급여를 말한다.

퇴직한 근로자가 실업급여를 신청하기 위해서는 기본적으로 고용보험에 일정 기간 이상 가입되어 있었던 이력이 있어야 함은 물론 퇴직 후 적극적으로 재취업 활동을 해야 한다. 재취업 활동을 하지 않는 경우라면 퇴직급여의 지급이 일부 제한될 수 있다.

또 **실업급여를 받기 위해서는 근로자의 퇴직 사유가 경영상 원인이나 권고사직, 해고 등 비자발적 사유여야 한다.** 만약 근로자가 개인 사정에 의해 자발적으로 퇴직한 경우라면 다른 조건이 충족되는 경우라 하더라도 실업급여를 받을 수 없다.

하지만 외관이 자발적 퇴직이라 하더라도 실제 ▲임금체불 ▲'최저임금법'위반 ▲사내 괴롭힘이나 성희롱 ▲차별 대우 등으로 퇴직하였거나 회사의 부당한 퇴직 강요가 있었던 경우에는 그러한 사유를 증명하여 실업급여를 신청할 수 있다.

개인 사정에 의한 퇴직의 경우에도 본인 및 가족의 질병이나 부득이한 사정으로 인한 이사가 원인인 경우, 통근이 곤란한 경우 등 그 사직에 정당한 사유가 존재한다고 인정될만한 경우라면 실업급여의 대상이 될 수 있다. 반대로 권고사직이나 해고 등 비자발적인 퇴직이었다 하더라도 그 사유가 근로자의 중대한 귀책사유로 인해 발생한 경우라면 실업급여의 지급이 제한될 수 있으므로 주의해야 한다.

A의 경우 사직서를 제출하여 자진사퇴한 것으로 처리되었으

나 실상 직장 내 괴롭힘으로 인한 사직이었다는 점에서 그러한 사정을 증명하여 실업급여를 신청할 수 있다. 예를 들어 직장 내 괴롭힘을 신고한 내역이나 동료의 진술, 녹음파일, 문자메시지 등을 함께 제출해야 한다.

'모닝커피' 심부름도
'직장 내 괴롭힘'이 되나

　몇 달 전 입사한 신입사원 A는 입사 후 지금까지 같은 사무실에서 근무하고 있는 상사 B의 요구로 매일 아침 커피를 사다 주고 있다. 커피값도 제대로 받지 못해 경제적으로도 큰 부담이 되고 있다. 또 일을 가르쳐준다는 명분으로 선임 C의 잡무를 떠맡는 일은 일상이 되었고, 또 다른 선임인 D로부터는 이유도 없이 자주 폭언을 들어야 했다. 주변에 하소연을 해보기도 했지만 누구나 사회생활 중 한번쯤 겪는 일이라며 참으라는 말들뿐이다.

　지난해 한 간호사가 일명 '태움'이라는 간호사 집단 내의 잘못된 조직문화로 인해 극단적 선택을 한 일이 있었다. 얼마 전 발생한 지하철 시설관리직원의 죽음 역시 조직 내 부당한 전출과 과도한 업무지시 등 '직장 내 괴롭힘'으로 인해 발생한 것이 아니냐는 의심을 받고 있다. 최근 시행된 일명 '직장 내 괴롭힘 방지법'이라 불리는 개정 '근로기준법'상 관련조항에 따르면 **직장 내 괴롭**

힘'이란 직장에서 지위나 관계의 우위를 이용하여 타인에게 폭언이나 폭행, 따돌림을 하는 경우는 물론 업무와 관련 없는 일을 지시하는 등 적정 범위를 초과하는 업무지시로 육체적·정신적 고통을 가하는 것을 말한다.

'직장 내 괴롭힘'은 우리나라에서 매우 오랜 시간 사회생활을 하기 위해 당연히 '견뎌야 하는 일'로 여겨져 왔다. 하지만 '직장 내 괴롭힘'은 근무환경을 악화시키는 것은 물론 피해 근로자에게 육체적·정신적 고통을 주고 경우에 따라서는 극단적인 선택을 하게 만드는 행위로서 엄연한 범죄에 해당한다. 따라서 이러한 '직장 내 괴롭힘'이 발생하는 경우 피해자는 물론 누구든 그 사실을 사용자에게 신고할 수 있다.

사용자는 해당 신고 사실에 대해 조사를 실시해야 하며, 조사 결과 직장 내 괴롭힘이 있었다고 밝혀지는 경우 가해 근로자에게 징계를 내리는 등 필요한 조치를 취해야 한다. 피해 근로자에 대해서도 조사 과정에서는 물론 조사 결과에 따라 배치전환이나 유급휴가 명령 등의 적절한 조치를 취해야 한다. 단 피해 근로자에 대한 조치일 경우에는 그의 의사에 반하여 이루어져서는 안 된다.

현재 '직장 내 괴롭힘'에 대한 조치는 전적으로 사업자에게 일임돼 있다. 아직 제도 시행 초기이고, 회사 등 사조직 내부의 문제이기에 공권력 등을 이용한 강제적 해결보다는 사업장 내에서 자체적으로 해결하는 것을 우선으로 하라는 취지이다. 이러한 이유들로 인해 신고자에게 불이익을 준 경우를 제외하면 '직장 내 괴롭힘 방지법'상 형사처벌 조항은 아직 존재하지 않는다. 따라서 만약 피해 근로자가 가해 근로자에 대해 단순한 '사내징계'가 아닌 보다 강력한 '처벌'을 원한다면, 자신이 받은 피해 사실에 대응하는 범죄행위에 대한 민·형사상의 청구를 별도로 해야 한다.

A는 사업자에게 B 등을 직장 내 괴롭힘 가해자로 신고하여 사업자로 하여금 해당 사실을 조사하게 할 수 있다. 조사 결과 A에 대한 괴롭힘이 인정되는 경우 사업자는 A의 의견을 들어 B 등에 대해 부서 재배치나 근무 장소 변경, 기타 사내 징계 등 적절한 조치를 취해야 한다. A가 원하는 경우 A 역시 사업자에게 요청하여 근무 장소의 변경이나 유급휴가 등을 요청할 수 있다. 그 밖에도 A에게 이유 없이 폭언을 행사한 D의 경우에는 '폭행죄'나 '모욕죄'의 책임을 물을 수도 있고, 폭언 등으로 인해 A에게 육체적·정신적 손해가 발생하였다면 그에 대한 민사상 손해배상을 청구할 수도 있다.

여름 휴가와
휴가비 지급은 의무일까

A는 며칠 전 회사로부터 이번 여름 휴가비의 지급은 없을 것이라는 내용의 이메일을 받았다. 코로나19로 회사의 경영 사정이 어려워지면서 직원들의 휴가비 지급이 어렵게 되었다는 것이었다. 명시적인 사규 등은 존재하지 않았지만, 지난해까지 관행적으로 연차에 따라 일정 금액의 휴가비가 지급되어왔다.

B는 올해 여름휴가를 갈 수 없게 되었다. 코로나19로 인력이 감소하면서 당장 B가 맡고 있던 업무를 대신할 사람을 찾지 못했기 때문이다. 대신 돌아오는 추석 연휴를 좀 더 길게 보낼 수 있게 되었지만, 당장 주변 사람들 모두가 가는 휴가를 갈 수 없다는 사실에 우울한 기분이다.

8월 무더위와 함께 직장인이라면 1년 중 가장 고대했을 여름 휴가철이 본격적으로 시작되었다. 코로나19와 긴 장마로 국내여행조차 어려운 상황이지만, 휴가는 그 존재 자체로 1년간 열심히 노력해온 근로자들에게 위로일 것이다.

하지만 **연차나 법정 휴일, 주휴일과 같이 '근로기준법' 등에서 일정 조건을 충족하는 근로자에게 의무적으로 지급해야 하는 것으로 정하고 있는 휴가와 달리, 여름휴가는 각 사업체의 사규나 근로계약 내용, 관행 등에 의해 발생하는 것일 뿐 반드시 지급할 의무가 있는 것은 아니다.**

따라서 여름휴가의 경우 그 기간의 장단이나 시기, 지급조건 등은 사규나 근로계약 등에 따라 다양하게 존재할 수 있다. 예를 들어 여름휴가를 유급이 아닌 무급으로 하거나, 여름휴가에 연차를 사용하게 하는 경우, 통상적인 여름휴가 기간 대신 다른 기간에 휴가를 사용하게 하는 경우, 아예 여름휴가가 없는 경우 등이 모두 가능하다는 것이다.

사규나 근로계약 등에 정함 없이 관행적으로 지급되는 여름휴가비 역시 마찬가지다. 일반적으로 여름휴가 기간에 지급되는 휴가지원비나 보상비는 여름휴가가 의무가 아닌 만큼 반드시 지급되어야 하는 것은 아니며 임금에 해당하는 것 또한 아니다. 여름휴가를 보장하면서 여름 휴가비를 지급하지 않는 것 또한 가능하다.

아쉽지만 위 사례의 A와 B의 경우 사규나 근로계약상 여름휴가나 휴가비 지급에 대한 사항이 정해져 있지 않은 이상 받지 못한 휴가비와 미뤄진 여름휴가에 대해 별도의 이의를 제기할 수 있는 방법은 없다.

다만 사규나 근로계약 또는 오랜 관행에 따라 여름휴가가 존재하였다면 말이 달라진다. 특히 여름휴가를 사용하지 못했을 때 휴가보상비를 지급해 온 경우라면, 여름휴가를 주거나 그에 갈음한 보상비를 지급해야 한다. 만약 지급하지 않는 경우 임금체불이 될 수 있다. 또 관행적으로 일정 조건에 해당하는 근로자들에게 정기적이고 일률적으로 지급되어 오던 휴가비라면 근로자의 퇴직금 등을 산정하는데 기준이 되는 평균임금에 포함되는 것으로 계산해야 한다는 판례도 존재하므로 구체적인 상황에 따라 결과가 달라질 수 있다.

외국인 근로자라도
부당해고 신고, 산재신청 가능한가

　드라마나 영화에서 외국인 근로자를 대상으로 소위 갑질을 하는 사업주를 종종 볼 수 있다. 사실 드라마와 영화에 국한된 이야기만은 아니다. 실제로 불법체류자를 비롯한 많은 외국인 근로자들이 우리말이 서툴다는 이유, 도움을 구할 한국인 지인이 없다는 이유 등으로 부당한 대우를 받고 있다. 생계를 위해 낯선 땅에 온 외국인 노동자들은 자신이 해고를 당할까 두려운 마음에 부당한 대우를 받음에도 소리를 내지 못하고 있다. 이들을 보호할 수 있는 제도가 있을까?

　갑공장에서 일하는 외국인 근로자 A는 최근 작업 중 손가락을 크게 다쳐 입원치료 중이다. 외국인이라는 이유로 최저임금수준보다 못한 임금을 받는 상황에서 병원 치료비도 부담스러운데 치료가 끝난 후에도 손가락 사용이 불편할 수 있다는 의사 소견에 혹여 지금의 직장에서 해고라도 당할까 두렵기까지 하다.

우리나라 근로현장에 외국인 근로자가 등장한 지 약 20년, 최근 통계청 자료에 따르면 우리나라의 외국인 근로자 수는 2018년 이미 100만 명을 넘은 것으로 나타났다. 하지만 이들을 바라보는 시선은 여전히 부정적이기만 하다. 외국인 근로자를 내국인 근로자와는 다르게 취급하는 것은 기본이고, 법으로 정하고 있는 기본 권리들까지 무시당하는 경우가 많다.

그러나 외국인 근로자 역시 내국인 근로자와 마찬가지로 우리나라의 각종 노동법의 보호를 받는다. 이는 불법체류자인 경우에도 마찬가지이며 일부 예외적인 경우를 제외한다면 근로조건이나 임금, 수당, 휴가와 휴게 등 '근로기준법'이나 '최저임금법' 등에서 정하고 있는 기본 원칙들의 적용을 받는다.

예외적인 경우란 다른 법에 특별한 정함이 있는 경우나 농어촌 등 상시 4인 이하의 근로자를 사용하는 사업장에서 근무하는 외국인 근로자인 경우, 소정근로시간이 1주 15시간 미만인 자, 해당 외국인이 가진 체류 자격에 의한 제한 등을 말한다.

이러한 예외적인 경우가 아니라면 **외국인 근로자 역시 최저임금수준에 미치지 못하는 임금을 받고 있는 경우나 휴일근로 및 야간근로 등 초과근로에 대한 수당을 지급받지 못하고 있는 경우 노동위원회나 법원에 그러한 사실을 신고하여 구제받을 수 있다. 임금체불 또는 부당 징계나 부당 해고를 당한 경우에도 마찬가지이다.**

외국인 근로자는 '산업재해보상보험법(산재보험법)'의 적용을 받는 근로자의 범위에도 포함되며 산재가 발생하는 경우 가

입된 산재보험에 따라 보상 신청이 가능하다. 보험에 가입되어 있지 않은 경우나 불법체류 중인 외국인 근로자라 하더라도 발생한 피해가 산재임을 증명하여 산재보험급여를 신청할 수 있다.

다만 산재신청과정에서 외국인 근로자가 불법체류자임이 밝혀지는 경우 '산재보험법'의 적용과는 별개로 산재로 인한 부상 등이 완치된 후 '출입국관리법'에 따라 강제출국 될 수 있으며, 그 사용자 역시 동법에 의해 처벌될 수 있다.

우리나라는 외국인 근로자에 대해서도 예외적인 경우가 아니라면 '근로기준법'과 '최저임금법', '산재보험법' 등이 모두 적용된다. 따라서 A는 작업 중 발생한 사고로 입은 손가락 부상에 대해 '산재보험법'에 따른 보상을 신청하여 치료비 등에 대한 부담을 줄일 수 있고, 최저임금의 수준보다 낮은 임금에 대해 이의를 제기할 수 있으며, 부상으로 인해 부당한 해고를 당하게 되는 경우라면 고용노동부 등에 구제를 신청할 수도 있다.

임금수준 및 해고 제한
수습근로자도 보호받나

얼마 전 갑회사에 취직한 A는 앞으로 3개월의 수습기간을 거쳐 정직원으로 채용될 예정이다. A는 근로계약을 체결하는 과정에서 수습기간 동안 급여가 원래 예정된 수준의 70% 정도만 지급된다는 설명을 듣게 되었다. 많지 않은 월급이라 70%만 지급되는 경우 최저시급 수준에도 미치지 못해 생활이 빠듯했지만 3개월만 참으면 정직원이 될 수 있다는 생각에 크게 문제가 되진 않았다. 하지만 입사한지 얼마 지나지 않아 A는 회사로부터 경영이 악화되었다는 이유로 해고 통보를 받게 되었다. 해고 예고는커녕 수습사원이라는 이유로 제대로 된 해고통지서도 받지 못했다. A는 첫 직장에서 수습사원이라는 이유로 월급도 제대로 받아보지 못한 채 해고되어야 하는 상황이 억울하기만 하다.

대부분의 근로자들은 취업 후 '수습'이라는 이름으로 일정 기간을 보내게 된다. 최근에는 계약직이나 정규직으로 회사에 입사한 경우는 물론 아르바이트인 경우에도 '수습기간'을 거치는 것이 보통이다. 이 기간 동안 근로자는 '수습근로자'라는 이름으로 자신이 맡을 업무들에 대해 배우고 회사분위기에 적응하는 일종의 교육훈련을 받게 된다.

'수습기간'은 오랜 시간 회사들이 관행적으로 실시해온 것으로 수습기간에 대한 사항들은 회사가 취업규칙이나 사규에 명시적으로 정해 두었거나 근로계약상 합의한 내용에 따라 결정된다. 하지만 1년 이상의 기간을 정한 근로계약일 경우, 취업규칙에서 수습기간에 대한 내용을 정하고 있고 근로자와 근로계약 시 합의를 했다고 하더라도 근로자의 생계문제와 관련된 수습기간의 길이나 임금수준, 해고 등에 있어서는 근로자 보호를 위해 마련된 관련법상의 한계에 따라야 한다.

예를 들어 수습기간 동안 근로자가 받게 되는, 근로계약상 정해진 임금보다 낮은 수준의 '수습기간 급여'는 '최저임금법'에 따라 그 수준이 최저임금액의 90% 수준보다 낮아서는 안 되며, 수습을 시작한 날부터 3개월이 지난 후에는 수습을 이유로 감액된 임금을 지급할 수 없다. 이는 수습기간을 3개월보다 초과하여 정할 수 없다는 것을 의미하기도 한다.

수습근로자인 경우에도 해고에 있어 '근로기준법'상 보호를 받는 것은 당연하다. 수습근로자의 경우 정규근로자보다 해고의 정당한 사유가 넓게 인정되고 있는 편이지만, 회사는 합당한 이유가 없는 한 수습기간 중에 있는 근로자를 해고할 수 없으며 해고하려는 경우 그 사유와 시기에 관한 사항을 구체적으로 명시한 서면으로 통지하는 등 '근로기준법'상 정하고 있는 해고 사유와 절차에 따라야 한다.

갑회사는 수습기간 중이라 하더라도 A에게 현재 최저임금의 90% 수준보다 낮은 임금을 지급할 수는 없다. 따라서 만약 A가 수습기간 동안 받은 임금이 이 기준보다 낮은 경우라면 사용자는 '최저임금법'상 정하고 있는 한계를 위반한 것으로서 관련법에 따라 형사 처벌을 받게 될 수 있다.

해고에 있어서도 A가 아직 수습근로자라는 점에서 해고 사유의 범위가 정규근로자에 비해 더 넓게 인정될 수는 있겠으나, 정당한 사유에 의한 해고여야 하며 '근로기준법'상 정해진 해고 절차에 따라야 한다. 따라서 제대로 된 서면통지도 없이 이루어진 A에 대한 해고는 위법한 것이고 A는 이러한 부당 해고에 대해 관련 기관에 이의를 제기하거나 구제를 신청할 수도 있다.

직원감시를 위한 CCTV설치도 가능할까

직원 A는 최근 사장 B로부터 근무 중 태도가 불량하다는 지적을 받았다. A가 근무 중에 휴대폰을 사용하고 직원 휴게실에 너무 자주 들린다는 이유였다. 하지만 A씨는 업무 매뉴얼대로 휴대폰은 급한 사정이 없는 한 근무 중에 사용하지 않았고, 직원 휴게실은 얼마 전 갑자기 느껴지는 감기 기운에 따뜻한 차를 마시기 위해 두세 번 들린 일이 전부였다. 사정을 설명해 봤지만 B는 사무실과 직원 휴게실에 설치된 CCTV를 통해 직접 확인한 결과라며 A를 더 압박하였다. A는 누구보다 성실히 일했음에도 근무태도 불량자라는 오해를 받게 된 것이 억울했다. 자신도 모르는 사이 CCTV를 통해 휴게실의 모습까지 감시를 당하고 있었다는 사실에 화도 났다. 얼마 전 곳곳에 CCTV가 설치된다는 사실이 공지되긴 하였으나 직원들의 근무를 모니터링까지 할 것이라는 안내를 받은 적도 없고 별도의 동의 또한 한 기억이 없기 때문이다.

CCTV는 일정한 목적을 위해 특정 사용자에게만 촬영된 화면을 전달해 주는 영상 정보처리기기를 말한다. 우리는 집을 나서는 순간부터 아파트 주차장을 시작으로 길거리는 물론 각종 대중교통시설과 일반 건물의 복도, 엘리베이터, 음식점, 카페 등에 설치되어 있는 수많은 CCTV와 마주하게 된다. 엄연히 개인정보에 해당하는 개인의 일상이 길거리 등 '공개된 장소'에서 사전동의도 없이 수많은 CCTV들에 의해 기록되고 있다. 우리나라의 '개인정보보호법'에 따라 공개된 장소일 경우 일정한 목적 하에 CCTV의 설치와 운영이 가능하다.

'개인정보보호법'에 따르면 '공개된 장소'일 경우 개별법령에서 허용된 경우나 범죄 예방, 시설 안전, 교통단속 등을 위해 제한적으로 CCTV의 설치와 운영이 가능하다. 설치가 허용된 경우에도 CCTV 운영자는 촬영 대상이 되는 사람들이 그 운영 사실을 알 수 있도록 설치의 목적과 장소, 촬영범위, 시간, 관리자 연락처 등이 표시된 안내판을 설치하는 등 필요한 조치를 취해야 한다.

그러나 문제는 불특정 다수의 출입이 가능한 '공개된 장소'가 아닌 곳에 CCTV가 설치되어 있는 경우이다. 일반 건물이라도 출입증을 소지한 특정인들만 출입이 가능한 사내 사무실이나 매장 내에 직원들만 이용 가능한 공간 등이 대표적인 예이다.

만약 **사무실 등 '비공개 장소'에 CCTV를 설치하여 운영하려면 법률에 특별한 규정이 있거나 관리자가 해당 CCTV 운영으로 인해 촬영의 대상이 되는 사람들, 즉 CCTV가 설치되는 공간을 이용하는 직원들에게 그 설치와 운영에 대한 동의를 받아야**

한다. 직원들의 동의를 받아 사무실 등 '비공개 장소'에 CCTV설치 및 운영을 하려는 경우에도 그 목적은 범죄 예방이나 시설 안전 등의 목적으로 제한된다. 따라서 직원들의 근무를 감시하는 등 사생활을 침해할 수 있는 목적은 허용되지 않는다. 다만 일정 규모 이상의 사업장인 경우에는 '근로자참여 및 협력증진에 관한 법률(근로자참여법)'에 따라 노사 간의 합의를 통해 사업장 내 직원들의 근무를 모니터링을 하기 위한 목적의 CCTV 설치 및 운영이 가능하다.

위 사례에서 B가 사전에 직원들의 동의나 노사 간 합의 없이 직원 휴게실 등에 CCTV를 설치하여 직원들의 근무태도를 감시한 것은 엄연히 '개인정보보호법' 등에 따라 보호되는 개인의 사생활 침해 행위로 볼 수 있다. 따라서 이러한 행위는 징역형 등의 형사처벌은 물론, 불법적인 감시행위로 인해 피해근로자가 입은 정신적 피해 등에 대한 민사상 손해배상책임의 원인이 될 수도 있다.

채용과 해고에 '성별'를 차별한다면

'유리천장지수'라는 것이 있다. 2013년부터 영국의 시사주간지 이코노미스트가 OECD 회원국을 대상으로 직장 내 여성차별 수준을 평가해 발표하는 지수이다. 관리직 내 여성 비율, 성별 간 임금 차이, 여성 육아휴직, 남성 육아휴직 등 10가지 지표를 평균해 결과를 산출한다. 유리천장은 여성들의 고위직 진출을 막는 회사 내 보이지 않는 장벽을 뜻한다. 그렇다면 우리나라의 유리천장지수는 어떻게 될까? 우리나라는 2013년부터 2019년까지 7년 연속으로 OECD 국가 중 유리천장지수 최하위를 기록했다. 부끄러운 일이 아닐 수 없다. 실제로 우리 주변을 둘러보면 직장 내 성차별을 경험한 여성들을 다수 발견할 수 있다.

의류와 신발 등을 취급하는 대형 매장의 판매직이었던 A는 얼마 전 해고 통보를 받았다. 최근 경기 침체와 코로나19로 인한 매출의 감소가 원인이었다. 문제는 해고된 직원의 대부분이 A를 비롯한 여성 직원들이었다는 것이다. 재고관리 등 체력이 필요한 일이 많은데 남성 직원들보다 힘과 체력이 약하다는 것이 그 이유였다.

A는 해고 기준을 이해할 수 없었다. 그동안 남성 직원들보다 여성 직원들의 판매 실적이 더 높았고, 평소 힘쓰는 일도 성별에 관계없이 모두 함께했다. 심지어 결혼하여 수입이 있는 배우자가 있는지도 고려되었다. A는 자신이 여성이라는 이유로, 기혼자라는 이유로 제일 먼저 해고되었다는 것이 몹시 억울하다.

과거 근로자를 채용하고 고용하는 과정에서 발생하는 성차별의 문제는 근로자들조차 당연하다고 느낄 만큼 익숙한 것이었다. 하지만 시대가 변했다. 현대사회에서 고용이나 근로관계상의 성차별은 '남녀고용평등과 일·가정 양립 지원에 관한 법률(남녀고용평등법)', '채용절차의 공정화에 관한 법률(채용절차법)', '국가인권위원회법' 등 수많은 법에서 금지하고 있는 엄연한 불법행위 중 하나이다. 근로자들 역시 더 이상 특정 성별이라는 이유로 가해지는 차별을 당연하다고 여기지 않는다.

각종 차별금지법에 따라 사용주는 근로자를 채용할 때 합리적인 이유 없이 성별의 차별을 두어서는 안 된다. 예를 들어 목욕탕이나 탈의실 관리 등 명확히 성구별이 필요한 업무를 해야 하거나 법에서 성별에 제한을 두고 있는 경우가 아닌 이상 단순히 주 고객에 특정 성별이 많다는 이유나 직장 내 인력 구성 균형 등을 이유로 고용에 성차별적인 기준을 둘 수 없다. 특히 여성 근로자에 대해서는 채용 시 업무 수행에 꼭 필요한 경우가 아니라면 외모나 신체조건, 미혼 등을 채용기준으로 삼을 수 없다.

근로자를 채용한 이후에도 임금과 복리후생, 직업교육, 승진, 배치, 정년 등에 있어 성별이나 여성의 혼인, 임신 등을 이유로 차별을 둘 수 없다. 만약 사용자가 채용이나 임금, 승진 등에 있어 성차별적인 기준을 적용하여 특정 성별의 근로자에게 불이익을 주었다면 그를 이유로 형사 처벌의 대상이 될 수도 있다.

성차별의 금지는 징계나 해고에서도 마찬가지로 적용되는데, 성차별적인 이유로 행해진 징계나 해고는 정당한 이유 없는 부당 징계 및 부당 해고로서 근로자는 이를 노동위원회에 신고하거나 법원을 통해 구제받을 수 있다.

A는 성차별적인 기준으로 행해진 해고에 대해 노동위원회나 고용평등상담실 등에 부당 해고로 신고하거나 법원에 제소하여 구제받을 수 있다. 이때 성차별로 인한 부당 해고가 있었다는 점을 입증해야 하므로 성차별적인 해고 사유가 적힌 해고통지서나 관련자의 진술 등을 확보해두는 것이 좋다.

채용예정자의 채용취소, 부당해고로 다툴 수 있나

코로나19로 인해 회사들의 사정도 어려워졌고, 그에 따라 취업준비생은 더 힘들어진 시국이다. 대기업의 공채 채용 인원이 대폭 줄어든 것은 물론, 최종 합격 통보를 받은 후 입사만을 기다리고 있는데 일방적인 채용 취소 통보를 받는 경우도 있다. 취업준비생들에게는 면접 하나하나가 소중한 기회인데, 이러한 채용 취소로 받게 되는 손해는 누가 책임져줄 수 있을까?

대학 졸업을 앞둔 A는 얼마 전 갑회사의 졸업예정자들을 대상으로 한 신입사원 모집에 지원하여 최종합격하였다. 채용예정 통지를 받은 이후 A는 졸업준비와 함께 입사 예정자 간담회에 참석하고 신입사원 교육을 받으며 회사와 근로조건을 협의하는 등 바쁘게 지냈다. 그러나 갑자기 갑회사로부터 코로나19로 회사 사정이 어렵다며 채용 취소 통지를 받았다.

'채용예정'이란 정식 채용 상당 기간 전 채용할 근로자를 미리 선정해 두는 것을 말한다. 문제는 채용예정의 경우 본채용 전까지 근로계약서를 작성하지 않는 등 정식 근로관계가 미성립한 상태라 불안정한 지위를 갖는 경우가 대부분이라는 것이다. 불안정한 고용관계에 놓이게 되는 채용예정자들의 경우 회사의 갑작스러운 채용 취소나 입사일 연기 등으로 불의의 피해를 입는 경우가 많다. 근로계약을 체결하지 않았다는 점을 악용해 채용예정자와의 관계 종료를 쉽게 생각하는 회사들이 있기 때문이다.

하지만 **채용예정자와 회사 사이에 실질적인 근로관계가 성립했다고 볼 수 있는 사정이 존재한다면, 회사의 일방적인 채용 취소는 '근로기준법'상 해고로서 예정자는 이를 부당 해고 등으로 다툴 수 있다.** 예를 들어 채용예정 통지 후 임금 등 구체적인 근로조건에 대한 협의까지 마친 채용예정자의 정식 발령을 미루며 방치하다 뒤늦게 채용을 취소한 경우나 정식 고용계약 전이기는 하나 실질적인 근로의 제공이 이루어지고 있었던 상황에서 발생한 채용 취소라면 '근로기준법'상 '부당 해고'에 해당할 수 있다. 채용예정자에 대한 채용 취소가 부당 해고로 인정되는 경우 회사는 예정자가 제공한 근로에 대해 약속된 임금을 지급하고 정식 채용을 기다리며 다른 취직 기회를 포기해 발생한 손해 등을 배상해야 한다.

사례의 경우 회사가 A에 대해 채용 내정 통지 후 입사 예정 간담회나 신입사원 교육에 참여시키고 연봉 등 근로조건에 협의한 점, 이미 예정된 입사일이 지난 상태였다는 점 등을 미루어 보아 A와 회사 사이에는 실질적인 근로관계가 형성되었다고 볼 수 있다. 따라서 A에 대한 회사의 채용 취소는 실질적인 해고에 해당하며 해당 해고에 정당한 사유가 없다면 이는 부당 해고로서 A는 노동위원회 등에 구제를 신청할 수 있다. 다만 채용예정자에 대한 채용 취소의 경우 정식근로자와 비교하여 해고의 정당한 사유 범위를 넓게 인정하고 있으므로, 해고의 부당함을 다투기에 앞서 전문가의 도움을 받아 진행하는 것이 불필요한 시간이나 비용을 낭비하지 않는 방법이 될 수 있다.

체불임금문제
소송이 더 유리한가

　모든 직장인들이 기다리는 날이 언제일까? 바로 월급날일 것이다. 오죽하면 '월급날은 월요일이어도 즐겁게 출근할 수 있다'라고 할까. 그런데 만약 월급날에 월급이 입금되지 않는다면? 당황스러울 것이다. 당장 월급날에 출금되도록 설정해둔 카드값이 걱정일 테고, 월급날에 입금하기로 한 월세도 막막할 것이다. 월급이 들어오지 않으면 카드값이 연체되고, 집 주인에게 사정을 말해서 양해를 구해야 하는 상황이다. 이처럼 우리의 일상은 월급을 통해 돌아간다. 그런데 몇 달째 월급을 지급받지 못하고 있다면 어떻게 해야 할까?

　갑회사에 다니고 있던 평범한 직장인 A는 수개월간 제대로 된 월급을 받지 못했다. 월급은 원래 받았던 수준의 절반이 조금 넘는 정도만 지급되었고 그마저도 제때 지급되지 않거나 밀리는 경우도 있었다. 시작은 회사의 경영난이 이유였지만, 회사 사정이

나아진 후에도 월급은 그대로였다. 결국 시간이 흐를수록 생활을 유지하는 일조차 힘들어진 A는 갑회사를 그만두기로 마음먹었다.

A는 퇴사 시 받게 될 퇴직금으로 새 직장을 구하는 동안 충분히 버틸 수 있을 것이라고 생각했다. 하지만 A의 기대와 달리 퇴사한 지 한참이 지나도 밀린 임금은 물론 퇴직금 역시 지급되지 않았다. 회사에 연락을 취해 봤지만 여전히 사정이 좋지 않다는 말만 되풀이할 뿐이다. 알고 보니 앞서 퇴사한 다른 동료 직원들 역시 노동부에 신고까지 했지만 여전히 밀린 임금과 퇴직금을 받지 못했다고 한다.

올해 설을 앞두고 고용노동부가 조사한 바에 따르면 2019년 임금체불을 당한 근로자는 약 32만 명에 육박했고 그들이 받지 못한 체불임금액은 약 1조 6천억 원에 달했다. 이는 2016년 이후 체불임금액 사상 최대치를 갱신했던 2018년 보다 큰 규모였다.

임금은 근로자의 생활에 가장 기초가 되는 주된 수입원으로서 개인에 따라 단 1회의 체불만으로도 일상생활이 극도로 어려워지는 경우가 발생할 수 있다. 따라서 임금체불을 방지하고 임금체불이 발생하는 경우 이를 빠른 시간 안에 해결해 주는 일은 근로자의 생활 보장은 물론 국민경제의 안정을 위해서도 매우 중요한 일이다.

체불임금 문제를 해결하기 위해 근로자가 가장 많이 사용하는 방법은 노동부에 임금체불 사실을 신고하는 것이다. 하지만 노동부의 조사 후 임금체불이 인정되어 밀린 임금에 대한 지급 지시가 내려지는 경우에도 강제력이 없어 끝까지 사업주가 임

금을 지급하지 않고 버틴다면, 근로자는 다시 한번 민사소송을 통해 강제 지급을 청구하지 않는 이상 체납된 임금을 지급받을 길이 없다.

따라서 근로자는 처음부터 민사소송을 제기하여 승소 판결을 받아 바로 사업주의 재산에 강제력을 행사해 체불된 임금의 지급을 받는 방법을 선택할 수 있다. 민사소송을 통한 체불임금의 해결은 특히 체불된 임금이 다액이고 사업주가 악질 또는 상습적인 경우 더 유리할 수 있다.

밀린 임금이 소액인 경우에도 소액 사건으로 분류되어 보다 신속하고 간편한 처리가 가능하므로 초기 적절한 도움만 받는다면 더 확실하고 빠르게 체불임금 문제를 해결할 수 있다. 소 제기 전이나 소 제기와 동시에 사업주 등의 재산에 가압류를 해 둔다면 보다 확실하게 지급을 보장받을 수도 있다.

A는 노동부에 체불임금 신고를 하여 밀린 임금을 지급받을 수 있게 해달라고 요구할 수 있고, 법원에 사업주를 상대로 민사소송을 제기하여 체불임금 지급을 요구할 수도 있다. 보통 소송을 통한 문제 해결의 경우 비용이나 시간 등을 이유로 꺼려하는 경우가 많지만, 사례에서와 같이 사업자가 악의적으로 임금체불을 해온 경우 등에는 처음부터 민사소송을 제기하는 것이 체불임금 등을 확실히 지급받기 위해 더 좋은 방법이 될 수 있다.

투잡시대, 겸직금지 위반을 이유로 해고 될수 있나

직장인 10명 중 8명은 투잡 의향이 있다고 밝혔다. 자신이 가진 취미나 특기를 활용할 수도 있고, 주말을 이용해서 아르바이트를 할 수도 있다. 본업 기술을 활용할 수도 있으며, 은퇴 및 퇴직을 대비하여 창업을 할 수도 있다. 하지만 대부분의 회사들에서 이러한 투잡을 취업규칙을 통해 막고 있다. 본업에 지장이 가지 않도록 하는 투잡도 문제가 되는 것일까?

A는 평범한 회사원이자 SNS를 통해 직접 만든 액세서리나 소품 등을 판매하는 사업자이기도 하다. 최근 이러한 겸업 사실을 알게 된 회사가 A의 겸업을 이유로 해고를 통보했다. 아무리 수입을 내고 있다지만 SNS 판매는 부업에 불과하여 그 수입만으로는 생활이 곤란하다. 또 A는 회사 업무에 피해가 가지 않도록 퇴근 후 남는 시간이나 주말을 이용해 운영하던 소일거리로 해고를 당해야 한다는 사실이 억울하다.

흔히 '투잡'이라고 부르는 '겸직(겸업)'은 1인이 두 가지 이상의 직업에 동시에 종사하는 것을 말한다. 주 5일 40시간 근로가 시작된 후 많은 직장인들 사이에서 유행하던 '투잡'이 최근 코로나19로 다시 한번 큰 관심을 받고 있다. 휴업이나 재택근무, 격일근무 등으로 수입이 감소한 탓이다.

근로자가 동시에 수개의 직업을 갖는 것은 '헌법'상 직업선택의 자유나 사생활의 자유 등이 인정되는 영역의 문제로 원칙적으로 이를 무조건 금지할 수는 없다. 현행법에서도 '공무원'에 대한 겸직금지만 다루고 있을 뿐이며 이 또한 최근 예외적으로 허용하는 추세다. 하지만 현실의 많은 기업들은 **취업규칙이나 근로계약상 개별약정으로 근로자들의 겸직을 금지하거나 제한하고 위반 시 이를 징계나 해고 사유로 정하고 있는 것**이 보통이다. 기업은 근로자의 겸직으로 회사 업무에 지장이 초래될까 염려되기 때문이다.

결론부터 말하면 **일반 근로자의 겸직을 제한하는 취업규칙이나 개별약정은 유효**하다. 따라서 근로자는 취업규칙 등에 의해 정해진 겸직 관련 사항을 준수해야 하며, 이를 위반하는 경우 회사는 근로자를 징계하거나 해고할 수도 있다.

다만 회사의 사규 등을 통한 겸직금지는 포괄적이거나 전면적일 수 없고 겸직으로 근로자를 징계 또는 해고하기 위해서는 겸직으로 근로자의 근무태도가 불성실해졌다거나 기업의 대외적 이미지가 손상되어 피해가 발생하는 등 상당한 사유가 존재해야 한다. 만약 그러한 특별한 사유 없이 단순히 겸직을 했다는 이유만으로 근로자를 징계하거나 해고하는 경우 이는 부당 징계 또는 부당 해고가 될 수 있다. 하지만 현실적으로 근로자 개인이 회사의 겸업금지 압박에 맞서는 일은 쉬운 일이 아니다. 따라서 겸업을 계획 중이라면 사전에 상사 등 회사와의 면담 등을 통해 충분히 상황을 설명하고 미리 허락을 구해두는 것이 좋다.

회사는 A가 겸업을 했다는 이유만으로 곧바로 해고를 통보할 수는 없다. 다만 A가 겸업으로 성실히 근로를 제공하지 않았다거나 겸업 중 회사의 이미지를 훼손할 수 있는 행위를 한 경우라면 이는 징계사유가 될 수 있고 반복되는 경우 해고 사유가 될 수도 있으니 주의해야 한다.

해고 당일 문자로 받은
해고통보가 효력있을까

중소기업에 다니고 있던 A는 오늘 아침 회사로부터 문자로 해고 통보를 받았다. 입사한 지 1년 만의 일이다. 해고 사유는 경영위기로 인한 인력 감축이었다. 얼마 전 회의에서 지난해부터 감소하던 영업매출이 최근 코로나19의 확산으로 더욱 악화되어 회사 운영이 매우 어려워졌다는 이야기가 나오긴 했지만, 이렇게 갑작스럽게 인력 감축이 진행될 것이라고는 예상하지 못했다.

코로나19로 인한 피해가 장기화되면서 경영상의 이유로 근로자를 해고하는 사업장이 속출하고 있다. 이러한 해고가 특히 영세 사업장이나 중소기업을 중심으로 발생하면서 많은 근로자가 '억울한 해고'를 당하고 있다.

이들 대부분이 아무 예고도 없이 갑작스럽게 문자나 메신저를 통해 해고를 통보받았다. 해고 예고를 하지 않는 경우 대신 지급되어야 하는 해고예고수당 역시 받지 못했다. 억울함에 사업주에게 해고 이유를 물어도 매출이 감소해 경영이 어렵기 때문이라는 대답뿐이었다.

하지만 우리나라 '근로기준법'에 따르면 **사용자는 근로자를 해고하려는 경우 적어도 30일 전에는 해고 사실을 예고하고 해고의 사유와 시기를 정해 반드시 서면으로 통지해야 한다.** 만약 30일의 여유를 줄 수 없는 경우라면 통상임금 30일분 이상의 해고예고수당이라도 지급해야 한다.

경영상 고도의 위험이 발생하여 사태 해결을 위한 긴박성이 요구되고 회사가 해고 회피를 위해 최선을 다했으나 어쩔 수 없이 인력 감축이 필요하여 근로자 대표와의 협의 등을 거친 경우가 아니라면 단순한 매출 감소는 정당한 해고 사유가 될 수 없다.

정당한 사유나 절차 진행 없이 이루어진 해고는 부당 해고로서 근로자는 이러한 사실을 노동위원회에 신고하거나 회사를 상대로 해고무효 소송을 제기해 구제받을 수 있다. 부당 해고로 인정되는 경우 근로자는 복직하거나 부당 해고 기간에 해당하는 임금 등과 함께 손해배상을 청구할 수 있다.

다만 이러한 해고와 관련하여 서면통지의무나 부당 해고 구제신청 등은 상시근로자 수 5인 이상 사업장인 경우에만 해당되고, 해고예고의 경우 상시근로자의 수나 근로형태에 관계없이 적용되나 3개월 미만인 근로자를 해고하는 경우에는 적용되지 않으니 주의해야 한다.

A의 회사가 상시근로자 수 5인 이상 사업장이라면, 단순한 매출 감소를 이유로 당일 문자로 통보된 A에 대한 해고는 부당 해고

이다. A는 노동위원회에 신고하거나 법원에 해고무효 소송을 제기해 구제받을 수 있다.

또 해고예고를 하지 않았을 때 대신 지급되어야 하는 해고예고수당 역시 받지 못한 경우라면 A는 고용노동부에 신고하여 이를 지급받을 수 있다. 회사는 3개월 이상 근로한 근로자를 예고 없이 해고하는 경우, 근로자에게 해고예고수당을 지급하여야 한다. 이것은 특별한 경우가 아니라면 근로형태나 사업장의 규모와는 상관없이 적용되어야 하는 것이다.

'확찐자' 놀림
성희롱 될 수 있나

　A는 약 1개월간의 재택근무를 마치고 회사로 복귀하던 날 자신의 상사 B 때문에 매우 불쾌한 일을 겪어야 했다. B가 회의 중 많은 사람이 있는 자리에서 '확찐자'가 유행이라더니 A도 살이 '확찐자'가 되어 좋았던 몸매가 망가진 것 같아 아쉽다며 공개적으로 망신을 주었기 때문이다. 친분도 깊지 않은 B가 갑자기 '확찐자'라며 자신의 몸매를 평가하는 것에 A는 큰 수치심을 느껴야 했다. 평소 부하직원들을 상대로 성적 농담을 즐기는 B였기에 그 불쾌감은 더욱 컸다.

　'성희롱'이란 성별에 관계없이 말이나 행동을 통해 상대방에게 성적인 불쾌감이나 굴욕감을 주는 것을 말한다. 여전히 많은 사람들이 성희롱을 농담처럼 가볍게 여기지만 성희롱은 강간 등 성폭력과 같은 성범죄 중 하나로서 각종 관련법에 따라 금지되고 있는 행위 중 하나다. 이러한 성희롱이 직장 내 지위를 이용하거나 업무와 관련하여 발생하는 경우, 우리는 이를 '직장 내 성희롱'이라 부른다. 직장 내 성희롱에는 성적인 불쾌감을 주는 직간접적인 언행뿐만 아니라, 성적인 요구 등을 따르지 않았다는 이유로 고용상 불이익을 주는 경우까지 모두 포함된다.

직장 내 성희롱이 발생하는 경우 피해자는 물론 그 사실을 알고 있는 자라면 누구든 사업주에게 신고하여 이를 해결하도록 요구할 수 있다. 사업주는 신고가 접수되는 경우 그에 대해 즉시 조사하고 피해 근로자와 가해 근로자 각각에게 적절한 조치를 취해야 한다.

사업주는 직장 내 성희롱 신고와 관련하여 피해자나 신고자에게 그 어떠한 불이익을 가해서는 안되며, 이를 위반하는 경우 형사 처벌을 받을 수 있다. 만약 피해자가 소송 등을 통해 가해자에게 별도의 손해배상을 청구하는 경우, 해당 사안에 대해 적극적인 조치를 취하지 않은 회사는 가해자와 공동으로 책임을 부담해야 할 수도 있다.

직장 내 성희롱을 법으로 금지하고 피해 발생 시 그 판단 과정에 피해자의 입장을 중시여기는 분위기가 조성되고 있음에도 불구하고, 여전히 성희롱 피해자들이 목소리를 내는 것은 어려울 수밖에 없다. 직장 내 성희롱을 신고하는 경우 향후 조직생활이나 재취업에 있어 실질적인 불이익이 존재하기 때문이다.

하지만 성희롱 역시 성범죄에 해당하는 사실을 잊어서는 안 된다. 보다 건전한 직장문화의 정착을 위해서라도 누군가에게 성적인 불쾌감이나 모욕감을 줄 수 있는 행위에 대해 이의를 제기하고 바로잡는 과정은 반드시 필요하다. 더는 성희롱을 '친근함'의 표시 정도로 치부해서는 안 된다는 것이다.

A는 그간의 B의 언행에 대해 회사에 신고하여 적절할 징계를 요구할 수 있다. 만약 A의 신고에도 회사가 해결에 적극적인 태도를 보이지 않는다면 A는 고용노동부에 진정을 요구할 수 있고, 법원을 통해 모욕죄 등을 이유로 형사 처벌을 구하거나 민사상 손해배상을 청구할 수도 있다.

휴업이유에 따라 휴업수당 지급의무도 달라지나

　주로 소수 인원을 상대로 중국이나 일본 등 아시아 투어 일정을 제공하고 있었던 작은 규모의 A 여행사는 최근 신종바이러스 감염증의 발생으로 아시아권 여행에 대한 수요가 급감하면서 운영에 큰 어려움을 겪고 있다. 매일 취소 문의가 이어지더니 결국 확정되어 있던 일정들까지 모두 취소해야 하는 상황에 이르렀다. 처음 겪는 최악의 상황에 결국 A 여행사는 다음 주부터 약 2주간 휴업을 하기로 결정했다.

　쉬는 동안 급격한 매출 감소에 대한 대책을 세우고, 감염증에 대한 공포와 실적 저하로 사기가 떨어진 직원들을 위로하기 위해서라도 휴업이 필요하다고 판단했기 때문이다. 하지만 A 여행사의 직원 갑은 이러한 상황이 마냥 반갑지는 않다. 휴업 기간이 포함된 달의 월급이 일부 감액되어 지급된다는 공지 때문이다. 생각지도 않았던 회사의 휴업으로 갑은 감염증에 대한 걱정과 함께 당장 다음 달 생활에 대한 걱정까지 더해진 것이다.

중국에서 시작된 코로나19의 피해가 건강상의 위협을 넘어 소비심리 위축으로까지 이어지고 있다. 감염에 대한 걱정으로 많은 사람들이 타인과의 대면접촉을 꺼려해 여행이나 외식, 오프라인 소비가 급감하고 있다. 중국 등 해외에서 원자재나 부속품을 수입하여 물건을 생산하던 제조업 분야의 공장들도 재료를 구할 수 없어 공장을 가동할 수 없는 상황이다.

이와 같은 매출 감소와 부품 공급 차질 등의 어려움 속에서 결국 많은 사업체들이 하나 둘 임시 휴업에 들어가고 있다. 골목의 작은 식당부터 대기업의 자동차 공장까지 그 직종과 규모 또한 매우 다양하다. 문제는 근로자들이다. 사업체가 임시로 휴업에 들어가는 경우 그 기간 동안 임금을 제대로 받을 수 있을지 걱정이 앞서기 때문이다. 임금은 곧 나를 비롯한 가족의 생계와 직결되는 문제로 근로자에게는 가장 중요한 문제 중 하나다.

우리나라 '근로기준법'에 따르면 최근 발생하고 있는 휴업과 같이 매출의 감소나 원활하지 못한 부품 공급 등 경영 내 사유로 발생하는 휴업의 경우, 사업주는 휴업으로 인해 영업을 하지 않는 기간에도 법에서 정하고 있는 일정 수준 이상의 휴업수당을 계산하여 근로자들에게 지급해야 한다. 원래 임금이란 사용자가 근로자의 일정한 노동력 지급에 대한 대가로서 지급하는 것이지만, 근로자의 귀책사유 없이 발생하는 휴업의 경우 그로 인해 근로자의 생계가 위협당하는 것은 부당하기 때문에 최소한의 생활을 보장하기 위해 일정 수준 이상의 임금이 지급되어야 한다.

다만 이러한 의무는 상시 5인 이상의 근로자를 사용하는 사업장을 대상으로 하며, 사업자의 귀책사유가 아닌 자연재해 등 불가항력적인 사유에 의한 휴업일 경우에는 적용되지 않는다. 따라서 예를 들어 사업장 내 근로자 중 확진 환자가 발생하여 어쩔 수 없이 휴업을 하게 된 경우라면, 사업자에게 반드시 휴업수당을 지급해야 할 의무는 없다.

A 회사는 관련법에 따라 휴업을 하는 동안에도 통상임금의 100분의 70 이상에 해당하는 휴업수당을 계산하여 갑에게 지급해야 한다. 이를 위반하는 경우 사용자는 '근로기준법'에 따라 징역형이나 벌금형 등의 형사 처벌을 받을 수도 있다. 다만 A 회사가 상시 5인 이하 사업장이라면 사업주의 선택에 따라 도의적으로 지급될 수 있는 것일 뿐 반드시 휴업수당을 지급해야 할 의무는 없다. 또 극심한 매출 감소 등으로 사업의 유지가 어려운 수준이라면, 노동위원회 승인을 얻어 법에서 정하고 있는 기준 이하의 휴업수당을 지급할 수도 있다.

**저작권
상표권
초상권
인공지능**

1인 미디어 시대
저작권에 위반되지 않게 하려면

콘텐츠 산업에서 '스낵 컬처(Snack Culture)'가 떠오르고 있다. 말 그대로 과자를 먹듯 5~10분의 짧은 시간 동안 문화 콘텐츠를 소비한다는 뜻이다. 요즘 아이들은 이러한 스낵 컬처에 익숙해져 있어, 1시간짜리 드라마도 너무 길다는 이유로 보지 않는다고 한다. 대신 드라마, 영화, 예능의 재미있는 부분이나 중요한 부분만 편집한 클립 영상을 소비한다. 그래서 이제는 공영 방송사들도 유튜브 채널 운영이 필수이다. TV로 방영된 드라마나 예능의 재미있는 부분만 클립 영상으로 재편집해서 올리는 것이다. 그뿐만 아니라, 개인들도 자신의 채널을 만들어 직접 편집한 영상을 업로드하기도 한다. 그런데 개인이 방송 프로그램을 편집해서 올리는 것, 과연 괜찮은 것일까?

유튜브에서 개인 채널을 운영하며 영화리뷰와 함께 과거 예능 프로그램들을 편집한 영상을 업로드하고 있는 A는 최근 B 방송사의 요청으로 업로드된 영상들 중 일부가 삭제 조치 되었다는 이메일을 받았다. 얼마 전에는 자신의 채널 구독자로부터 새로 생긴 C 채널에 올라오는 영상이 아무래도 A의 영화리뷰 영상을 제목만 조금 바꿔 그대로 업로드하는 것 같다는 제보를 받기도 했다. 많은 노력과 긴 시간을 들여 편집한 영상들을 지키기 위해 A가 할 수 있는 일에는 무엇이 있을까.

누구나 '미디어'가 될 수 있는 시대가 되었다. 각종 동영상 플랫폼엔 '1인 방송'이 넘치고 초등학생들 사이에선 '유튜버'가 장래희망 직업으로 꼽히기도 한다. 이러한 활동으로 월 수천만 원을 벌어들이고 있다는 내용을 기사나 방송으로 접할 때면 당장이라도 '크리에이터'에 도전해 보고 싶어진다. 하지만 정보를 글이나 사진, 영상 등의 형태로 만들어 이를 외부로 공개하고 공유하는 일에는 많은 주의가 필요하다. 콘텐츠를 제작하는 과정에서 자칫 누군가의 '저작권'을 침해해 법적으로 책임을 져야 할 수도 있다.

저작권이란 '인간의 사상 또는 감정을 표현한 창작물인 저작물'에 대해 그 창작자에게 부여한 배타적이고 독점적인 사용과 수익 등에 관한 권리를 말한다. 저작권은 특별한 신고나 등록 없이 저작물을 창작하는 시점부터 발생하는 것으로서, '저작권법'에 따라 원칙적으로 저작권자의 생존기간은 물론 사후 70년까지 보호된다. 자유로운 이용이 허락된 저작물이나 창작 후 오랜 시간이 흘러 그 누구든 사용에 특별한 제한을 받지 않는 경우를 제외하고는, 타인의 저작물을 사용하기 위해서는 우선 저작권자의 허락을 받아야 하는 것이 원칙이다.

예를 들어 A와 같이 어떤 영화의 리뷰를 위해 동영상을 제작하는 경우라면 상업성 여부와 관계없이 해당 영화의 제작사로부터 리뷰에 사용될 영화의 스틸컷이나 편집 영상의 사용에 대한 허락을 먼저 받아야 한다. 그뿐만 아니라 배경음악과 자막에 쓰일 글씨체까지 모두 사용 허락을 받아야 하는 타인의 저작물일 수 있으므로 확인이 필요하다. 만약 자신의 저작물이 무단으로 도용 및 사용되고 있는 것을 알게 된 경우 저작권자는 자신의 권리를 침해한 자에 대해 사용 중지를 요구할 수 있고 저작권침해로 인해 손해가 발생한 경우라면 그에 대한 손해배상을 청구할 수도 있다.

침해 행위자가 실수로 한 경미한 침해행위의 경우라면 합의금을 지급하는 방식으로 해결하는 것이 보통이지만, 고의로 저작권을 침해하여 이를 상업적으로 이용하는 등 그 침해의 목적이 악의적인 경우에는 벌금이나 징역형에 처해질 수도 있다. 다만 저작권 침해와 관련된 범죄의 경우 친고죄로서 피해자인 저작권자의 고소가 있어야만 처벌이 가능하다.

A는 자신이 제작한 영화리뷰 영상을 그대로 도용한 C 채널을 상대로 해당 영상의 삭제를 요청할 수 있고 만약 C 채널의 행위로 인해 피해가 발생한 경우라면 그에 대한 손해배상을 청구할 수도 있다. 하지만 B 방송사가 저작권침해를 이유로 삭제한 영상들의 경우에는 이를 다시 돌려받을 수는 없다. 20년이 지난 프로그램이라 하더라도 여전히 그 저작권은 제작사인 B 방송국이 소유하고 있고, A가 그것을 사용하는 것에 대한 허락을 받거나 대가를 지불한 사실도 없기 때문이다.

이와 같은 일이 다시 발생하는 것을 막기 위해서라도 A는 향후 영상 제작에 앞서 사용되는 영상이나 이미지 등의 저작권자를 확인하는 과정을 거치는 것이 좋다. 타인의 저작물을 이용하기 위해서는 그 사용에 대한 저작권자의 동의를 받는 것이 원칙이며, 단순히 출처를 밝히거나 비영리를 목적으로 사용한다는 이유로 법적인 책임을 면제받기는 어렵기 때문이다.

내가 찍은 나의 사진,
다른 회사가 임의로 사용하면 초상권 침해인가

　SNS에 #ootd #데일리룩 #옷스타그램 등을 검색하면 정말 많은 사진들이 나온다. 요즘은 브랜드에서도 SNS의 해시태그를 이용한 광고를 많이 한다. 모델의 사진보다 일반인이 직접 찍어 올리는 자연스러운 착용 사진이 구매 유도에 더 효과적이기 때문이다. 그래서 몇몇 브랜드들은 일반인의 착용 사진을 자신들의 SNS에 올려 홍보하기도 한다. 만약 브랜드 측에서 해당 일반인에게 허락을 구하지 않은 거라면, 이것은 초상권 침해일까?

　평소 패션에 관심이 많은 A는 매일 그날 입은 외출 복장을 사진으로 찍어 브랜드나 구매정보를 함께 표시하여 자신의 SNS계정에 올리고 있다. 비슷한 성격의 다른 계정들과 교류하며 최근 유행하는 스타일이나 브랜드에 대한 정보 등을 공유할 수 있어 꽤 즐겨하는 편이다. 그러던 중 A는 자신의 사진이 B브랜드 회사의 홍보용 SNS에 게시되어 있다는 사실을 SNS 이웃을 통해 알게 되었다. 얼마 전 B사의 의류를 입고 외출했던 날 찍은 사진이었다. 하지만 A는 사전에 B사에게 해당 사진에 대한 그 어떠한 사용 허락도 해 준 적이 없었다.

우리는 매일 스마트폰이나 인터넷을 통해 수많은 이미지들을 소비하고 있다. 특히 시간이 날 때마다 습관처럼 접속하는 SNS에는 내가 올린 사진들은 물론 내가 팔로우 하고 있는 수많은 계정들이 공유한 이미지들로 가득하다. 이렇게 넘쳐나는 이미지들은 대부분 별다른 제재 없이 '재사용'되곤 한다. 사용을 허락한 기억은 물론 언제 찍혔는지도 기억나지 않는 내 사진들이 타인의 블로그나 SNS에 무단으로 게시되는 등 나의 '초상권'이 나도 모르는 곳에서 침해되고 있는 것이다. 흔히 '초상권'은 연예인이나 정치인들과 같이 유명인들에게만 인정되는 것으로 오해하기 쉽지만 사실 누구나 가지고 있는 권리이다. '초상권'의 경우 관련법에 직접적인 규정이나 개별법이 아닌 '헌법'에 의해 보장되는 권리이기 때문이다.

우리나라의 경우 '헌법' 제10조의 '일반적 인격권'과 제17조 '사생활의 비밀과 자유' 등에 근거하여 '초상권'을 인정하고 있다. '초상권'이란 자신의 얼굴이나 신체 등의 초상이 허가 없이 촬영되거나 공개되지 않을 권리로서, 내 초상이 나의 동의 없이 누군가의 영리활동에 사용되지 않을 권리도 포함된다. 이러한 타인의 초상이 담긴 이미지 등을 이용하기 위해서는 본인의 동의를 얻어야 하는 것이 원칙이다. **반드시 얼굴이 노출된 경우가 아니더라도 신체 일부나 정황상 누군가를 특정할 수 있는 정도면 초상**

권이 인정될 수 있으므로 마찬가지로 본인의 동의를 받아야 한다. 특히 사용의 목적이 상업성을 띠는 경우에는 동의 여부는 물론 그 사용범위를 초과하는 경우에도 문제가 될 수 있어 이에 대해 명확히 해 두어야 한다. 초상이 담긴 매체가 사진이나 영상이 아닌 그림이나 조각 같은 작품일 경우에도 '초상권'이 인정될 수 있으므로 주의해야 한다.

어느 정도의 공개와 공유가 전제되어 있는 SNS 상 이미지들의 경우에도 이를 본인의 동의 없이 사용하는 경우 민형사상의 책임을 져야 할 수 있다. 예를 들어 타인의 초상이 담긴 사진을 허락 없이 홍보 등 상업적인 목적으로 사용하거나 허락 범위와 다르게 사용한 경우라면 불법적인 사용에 대한 민사상 손해배상책임을 지게 될 수 있다. 또 상업적인 사용이 아닌 경우에도 타인의 초상을 무단으로 게시하며 그와 함께 모욕적인 글이나 명예훼손이 될 만한 표현 등을 함께한 경우라면 모욕죄 등의 형사상 책임도 져야한다.

A는 B사에 대해 해당 사진의 게시를 중단해 줄 것을 요구할 수 있고 사진을 무단으로 사용한 것에 대한 민사상 손해배상을 청구할 수도 있다. SNS의 특성상 공개적인 사진의 게시와 공유가 전제되어 있다 하더라도 이를 홍보 등 상업적으로 이용하려는 경우라면 우선 본인에게 사용과 그 사용의 범위 등에 대해 동의를 받았어야 하기 때문이다. 다만 B사가 이용한 A의 사진에 대해 초상권 침해가 인정되기 위해서는 해당 사진으로 A가 특정될 수 있는 경우여야 한다. 만약 사진 속 인물이 A로 특정되기 어렵다고 판단된다면 초상권에 대한 침해가 인정되지 않을 수 있다.

스크랩이 허용된 사진이라도
영리 목적이면 저작권 침해인가

프리랜서 사진작가인 A는 직접 촬영한 풍경 사진을 자신이 운영하는 인터넷 사이트에 게시하며 '스크랩'을 허용하였다. 얼마 후 우연히 검색을 통해 A가 게시한 풍경사진을 발견하게 된 LCD 모니터 회사 B는 해당 사진을 스크랩하여 자신의 회사 홈페이지에 제품홍보 이미지로 사용하였다. 문제는 B가 A의 사진을 사용함에 앞서 A에게 별도의 승낙을 받지 않았다는 것이다. 이에 A는 해당 풍경 사진의 저작권자로서 B 회사가 자신의 저작권을 침해한다고 주장하였다. 하지만 B 회사는 A가 해당 게시물의 스크랩을 허용하였으므로 문제가 되지 않는다고 항변하고 있다. A와 B 회사 중 누구의 주장이 타당한가?

'저작권법'상의 저작물에 관한 규정을 살펴보면, '사진'은 저작권법에서 보호하는 저작물 중 하나이다(법 제4조 제1항). 따라서 **A가 촬영한 풍경 사진은 저작물로서 저작권법의 보호를 받으**

며, 해당 사진을 이용(복제·공연·공중송신·전시·배포·대여·2차저작물작성)하려는 사람은 저작권자인 A의 동의를 받아야 한다. 한편 저작권자는 자신의 저작물에 대해 사전에 이용을 허락할 수 있는데, 예를 들어 위 사례와 같은 사진저작물의 경우 사진의 저작권자는 해당 사진을 인터넷 게시판 등에 게시하며 다른 사람이 자신의 블로그, 카페, 포토데스크 등에 옮겨가는 것(스크랩)을 승낙할 수 있다.

그러나 **사진의 저작권자가 스크랩을 허락하였다고 해서, 해당 사진의 '상업적 이용'까지 허락한 것은 아니다.** 법원 역시 "저작권자가 저작물(사진)에 관한 스크랩을 허용하였다고 하더라도 이는 당해 인터넷 사이트를 이용하는 사람들이 자신의 블로그, 카페 등에 비영리적인 목적으로 사진을 옮기는 범위에서 승낙을 한 것으로 볼 것이고, 이용자가 자신의 회사 홈페이지에서 영리의 목적으로 저작물(사진)을 사용하는 것까지 허락한 것으로 볼 수는 없다."라고 하였다.

특히 법원은 저작물이 위 사례의 A처럼 아마추어 사진작가의 작품이라 하더라도 이를 저작권자의 승낙 없이 영리의 목적으로 사용하면 법적인 책임을 질 수 있다고 하였다. 따라서 이 사건의 경우 저작권자인 A가 스크랩을 허용했다는 사실만으로 B 회사가 이를 자유롭게 이용 가능하다고 확대해석할 수 없고, B 회사가 위 사진을 영리 목적으로 사용하면서 A로부터 별도의 승낙을 받지 않은 이상, B 회사는 A의 저작권을 침해한 것으로 볼 수 있다.

최근 인터넷상에 존재하는 수많은 저작물들을 이용하는 과정에서 이용자가 자신도 모르는 사이 저작권을 침해하는 사례들이 빈번히 발생하고 있다. 특정 저작물이 인터넷에 널리 공개되어 있다거나 비영리 목적으로 출처표시를 하고 이용하였다는 사실 또는 저작권자가 누구인지 확인하기 어렵다는 사유만으로는 타인의 저작물을 자유롭게 이용할 수 있는 것은 아니다. 저작권자가 명시적으로 목적을 특정하여 저작물의 이용을 허락한 경우가 아니라면, 원칙으로 돌아가 저작권자의 허락이 요구된다. 따라서 인터넷상에 존재하는 저작물을 이용할 경우, 각별한 주의를 기울여야 한다.

정품을 판매한 경우에도 상표권자의 허락을 받아야 할까

　A는 정식 사업자등록을 한 블로그를 통해 국내에서 구매가 어려운 일부 해외브랜드의 정품을 일정 수수료를 받고 대신 구매해 주는 구매대행업을 하고 있다. 그런데 A는 얼마 전 B 회사로부터 내용증명 한 통을 받게 되었다. 현재 A의 블로그에 있는 해외 C 브랜드의 상품들을 B 회사에서 독점적으로 계약하여 국내에 공급하고 있고, 그 계약에 따라 A가 B의 허락 없이 블로그 등을 통해 C 상품을 판매한 행위가 자신들의 '상표권'을 침해하고 있다는 내용이 담긴 경고장이었다.

　우리가 사용하는 물건들에는 모두 각기 다른 '상표'가 붙어있다. '상표'란 일반적으로 그림이나 도형, 글씨는 물론 냄새나 소리 등 그 형태에 상관없이 상품의 출처를 나타내기 위해 사용되는 모든 표시를 말한다. 주로 상거래의 목적물이 되는 상품을 구별하기 위하여 사용되는 것이다. 상표는 오랜 시간 사용될수록 해당 상품에 대한 신뢰는 물론 상품을 제작한 사람 또는 회사에 대한 신용까지 모두 함축하게 된다. 상표가 상품과 상표권자의 또 다른 얼굴이 됨과 동시에 그 자체로 경제적인 가치를 지닌 상품이 된다는 것이다.

이에 우리나라는 '상표법'을 두고 상거래에 있어 상표 그 자체가 갖는 신용이나 신뢰 등의 가치들을 보호함으로써 상표의 소유자는 물론 그 소비자의 이익까지 보호하고 있다. 다만 이러한 '상표법'상의 보호를 받기 위해서는 규정에 따라 등록된 상표여야 한다. **상표권자는 등록한 상표에 대해 일정 기간 독점적인 사용권을 보장받고 해당 상표를 사용함으로써 얻는 이익을 보호받는다.** 따라서 '상표법'에 따라 등록된 타인의 상표를 사용하려는 경우라면 우선 해당 상표의 상표권자로부터 사용허락을 받아야 하는 것이 원칙이다. 상표권의 침해는 흔히 허락 없이 타인의 상표를 사용하여 가품, 이른바 '짝퉁'제품을 제작하거나 판매하는 경우에만 해당한다고 생각하기 쉽다. 하지만 '정품'을 수입하여 판매하는 경우에도 상표권침해가 발생할 수 있으므로 주의해야 한다.

예를 들어 위 사례의 A와 같이 **해외브랜드 진정상품의 구매대행업을 하면서 해외 상표권자와 국내 상표권자가 다른 상품을 국내 상표권자의 허락 없이 국내로 들여와 판매한 경우, 구매대행업자는 국내 상표권자에 대해 상표권침해에 대한 책임을 부담해야 할 수 있다.** 다만 해외 상표권자와 국내 상표권자가 동일인이거나 법적·경제적으로 밀접한 관계에 있는 등 상품 출처의 동일성이 인정되며, 제품 자체의 품질에 실질적인 차이가 없

는 진정상품 수입판매의 경우라면 '병행수입'으로 인정되어 상표권침해의 책임을 면할 수도 있다.

타인의 상표를 무단으로 사용하여 상표권자의 상표권을 침해한 경우라면 침해행위자는 상표권 침해행위 자체에 대한 형사상 책임은 물론 자신의 상표권 침해행위로 인해 상표권자가 입은 피해에 대한 민사상 손해배상책임 또한 져야 한다. 상표권자는 상표권 침해행위자에 대해 민사상 손해배상이나 형사책임 외에도 이미 만들어진 물건이 있는 경우라면 이를 폐기하거나 가품의 제작에 사용되는 설비의 제거를 청구할 수도 있다.

A의 상표권침해에 대한 처벌 여부는 해당 상품에 대한 해외 상표권을 소유하고 있는 C사와 국내 상표권을 소유하고 있다고 주장하는 B사의 동일성 여부에 따라 달라질 수 있다. 만약 B와 C가 법률적 또는 경제적으로 밀접한 관계의 있어 그 출처가 동일하다고 인정된다면, 품질에 실질적인 차이가 없는 C사의 진정상품을 수입해 판매한 A의 행위는 '진정상품 병행수입'으로 보아 상표권 침해의 책임을 면제받을 수 있다. 하지만 B사와 C사의 동일성이 인정되지 않는 경우, 즉 병행수입이 인정되지 않는 경우라면 A는 B의 상표권 침해에 대한 민형사상을 책임을 부담해야 한다.

인공지능과 드론 및 안티드론

 '벌이 윙윙거린다.'라는 뜻을 가진 영어 단어에서 유래된 '드론'은 인공지능기술의 발전과 함께 차세대 산업혁명을 이끌 핵심 기술 중 하나가 되었다. 드론이 도입된 초기에는 연습 사격을 위한 적기(敵機) 대용 등의 군사적 목적으로 주로 사용되었다. 하지만 현재는 많은 사람들이 즐기는 취미생활 중 하나가 되었으며, 기타 안전진단이나 감시·측량, 사람 및 화물 수송 등 우리의 일상생활 곳곳에서 활용되고 있다.

 예를 들어 건설 현장에서 드론 카메라는 토지를 3차원으로 스캔해 측량하는 일부터 건축물의 이상 유무를 조사하는 등 설계와 시공, 자산의 유지관리와 홍보 등의 역할을 하고 있다. 농업 분야의 경우 드론을 이용해 농약이나 씨를 뿌리거나 농경지 조사, 작물의 생육상태를 관찰한다. 최근에는 드론을 통해 얻은 정보와 토양에 설치한 센서를 이용한 스마트 팜 시스템의 구축연구까지 활발히 진행되고 있다.

그러나 드론의 활용도가 다양해질수록 드론과 관련한 문제 역시 증가하고 있다. 드론으로 인한 소음과 오염, 프로그램 오류나 조작 미숙으로 인한 사고, 항공기 등과의 공중충돌문제, 사생활 침해, 범죄 집단에 의한 악용, 불법적으로 개조된 드론을 이용한 테러 등 이미 그 종류도 매우 다양하다. 이처럼 드론은 4차 산업혁명의 핵심기술이면서 동시에 범죄의 도구가 될 수도 있다. 그야말로 양날의 검인 셈이다.

일찍이 드론을 활용하기 시작한 일본의 경우 드론의 장점 중 하나인 저공비행 기술을 살려 각종 농업 및 행사에 적극적으로 드론을 사용하였으나, 투입된 드론이 추락하여 사람이 다치거나 사망하는 사고가 발생해 문제가 되는 일이 많았다. 공황 활주로에 나타난 미확인 드론으로 수백 대의 항공기가 운항에 차질을 빚고 공항이 폐쇄되어 승객 12만 명의 발이 묶였던 영국의 개트윅 공항 사건 역시 드론으로 인한 사고였다.

위와 같은 **드론으로 인한 범죄나 사고 등을 예방하고 대응하기 위해 고안된 기술을 '안티드론'이라고 한다. '안티드론'은 불법적인 드론의 비행을 감시하거나 운용을 방해하고, 나아가 해킹이나 포획 등의 방법으로 문제가 되는 드론의 작동을 정지시키는 기술을 말한다.**

안티드론의 시스템은 크게 불법 드론을 발견하고 경고하는 '모니터링(표적 감시)'과 불법 드론을 실질적으로 제압하는 '대응(전투 행동)'으로 나눠진다. 이 중에서도 '대응'은 드론을 이용한 테러나 범죄 등이 발생한 경우 문제가 된 드론을 직접적으로 무력화시킬 수 있는 기술로서 안티드론 기술개발에 핵심이라 볼 수 있다. 전파방해를 이용하거나 GPS 교란, 그물이나 독수리를 이용한 드론 포획 방식이 대표적이다.

현재 안티드론 기술은 드론 기술에 못지않은 활발한 투자와 개발이 이루어지고 있는 분야다. 우리나라 역시 안티드론 시스템 구축을 위해 노력하고 있으며, 인천공항공사의 경우 안티드론 시스템 구축에 22억 원을, 한국공항공사의 경우 드론 테러 방지를 위해 3.5억 원의 예산을 투입할 예정으로 앞으로 우리나라의 드론 및 안티드론 기술발전에 대한 기대가 크다.

인공지능과 변호사 A의 하루

A는 언제나처럼 상쾌하고 기분 좋은 음악소리를 들으며 잠에서 깨어난다. 인공지능 알렉사가 지정된 기상 시간에 맞춰 A가 좋아하는 클래식 음악을 부드럽게 울리도록 한 것이다. A가 어렸을 때 아침마다 어머니는 큰소리로 A의 잠을 깨우며 이불을 확 걷어치우곤 하셨는데, A는 그때마다 느닷없이 잠에 깨는 것과 밤새 따뜻하고 포근했던 이부자리가 걷어지고 싸늘한 공기에 놀라 억지로 잠을 깨는 것이 싫었다. 하지만 지금은 기분 좋게 하루를 시작할 수 있게 되었다.

A가 샤워를 하고 옷을 입는 동안, 주방에서는 가사로봇 아르미가 커피를 끓이고, 간단한 토스트와 스크램블 에그를 준비해 놓고 있다. A가 식사를 하는 동안, 알렉사는 밤사이에 있었던 사건 사고와 주요 뉴스, 오늘의 날씨를 A에게 브리핑한다.

현관에 대기하고 있는 인공지능 무인 자동차에 올라타서 목적지를 말하면, 무인 자동차가 A를 회사로 데려다준다. A는 자동차를 굳이 소유할 필요가 없다. 공유 시스템에 의해 A가 필요할 때에만 사용하면 되기 때문에 비싼 자동차 구입비, 유지비, 보험료 등을 부담할 필요가 없어 훨씬 경제적이다.

회사에 도착한 변호사 A는 오늘 법원에 제출할 서면을 작성하기 위해 인공지능 변호사 로스에게 사건과 관련한 판례와 과거 10년 동안의 유사 사건의 선고 결과 등을 검색하도록 지시한다. 로스는 A의 지시에 10분도 지나지 않아 검색 결과와 함께 이번 사건의 결과에 대한 예상치까지 알려준다.

A는 로스의 검색 결과를 바탕으로 서면을 작성하고 전자 시스템으로 준비서면을 제출한 후, 오늘 예정된 변론을 위해 법원 화상 재판 시스템에 접속을 한다. 원래는 변론기일에 법원에 직접 출석하여 변론을 하였으나, 이제는 화상을 통한 재판을 진행하므로 변론을 위해 굳이 먼 지방 법원까지 갈 필요가 없다. 예전에는 제주지방법원 재판 기일이라도 있으면 새벽부터 비행기를 타고 제주까지 갔다가 재판을 마치고 서울로 돌아오면 파김치가 되곤 했다.

재판이 끝난 A는 상담 예약 시스템에서 예약한 스케줄대로 의뢰인과 상담을 하고, 새로운 사건들을 수임한다. 최근 수임되는 사건들을 살펴보면, 인공지능 시대가 도래했다는 것을 방증하듯 디지털 범죄 사건이나 로봇 또는 시스템의 오류로 인해 발생하는 손해배상 사건들이 주류를 이루고 있다.

A가 하루 일과를 마치고 집으로 돌아오면, 인공지능 영화 추천

시스템은 취향에 맞춰 영화를 추천해 주고, A는 그 영화를 감상하면서 스르륵 잠자리에 든다.

　인공지능과 함께 한 변호사 A의 하루는 현재에도 대부분 이루어지고 있고, 아주 가까운 미래에 모두 누리게 될 기술들이다. 인공지능은 우리의 생각보다 훨씬 가까이에 있다.

인공지능과
비대면 면접

우리는 입시나 취업을 위해 수많은 면접을 본다. 면접은 응시자가 가진 잠재력과 역량을 짧은 시간 내에 가장 직접적으로 확인할 수 있는 절차로서 면접자에겐 매우 부담되는 과정이지만, 학교나 기업 입장에서는 인재를 선발하기 위한 최종 확인 절차로서 무엇보다 중요한 과정이다.

최근 코로나19의 확산으로 인해 공공기관과 대기업을 중심으로 '인공지능'을 이용한 비대면 면접방식이 활용되어 주목을 받고 있다. 인재를 선발하는 과정에 '사람'이 아닌 '인공지능'을 활용한다는 점에서 일부 거부반응을 보이기도 하지만, '인공지능 역량검사'는 이미 새로운 트렌드가 되고 있다.

'인공지능 역량검사'는 본래 2018년 금융권 채용 비리 문제를 계기로 등장했지만, 최근 코로나19로 '비대면 전형'이 늘어나면서 더 큰 주목을 받고 있다. 이미 포스코, 국민은행, 한미약품, 연세세브란스병원 등 약 1천여 곳이 넘는 기업들과 인천국제공항공사, 한국자산관리공사와 같은 공공기관들이 기존의 서류전형이나 인·적성 필기시험, 면접 등을 '인공지능 역량검사'로 대체하거나 추가하고 있다.

'인공지능 역량검사'는 기본질문, 상황질문, 인·적성검사, 10여 가지의 게임으로 구성되며, 뇌신경과학을 기반으로 응시자의 표정, 목소리, 생리적 신호 등을 분석한다. 인공지능은 이 과정에서 면접자 개인의 성과역량, 관계역량, 조직 및 직무적합성 등 세세한 '내면적 특성'에 대한 분석과 의사표현능력, 감정전달 등의 '외면적 호감도'에 대한 분석을 종합하여 객관적 평가를 한다.

따라서 '인공지능 역량검사'를 통한 면접은 사람에 의한 편견이나 왜곡을 줄여 객관성과 정확성을 높일 수 있고, 시간과 예산 등 효율성 측면에서도 장점을 갖는다. 다만 역량검사를 위한 인공지능의 알고리즘을 설계하는 것 역시 '사람'이라는 점과 인공지능 알고리즘에 배경이 되는 '빅데이터' 자체에 정보의 부족이나 왜곡 가능성 역시 존재해 차별성과 편향성을 완전히 배제할 수는 없다는 비판이 있다. 예를 들어, '인공지능 면접관'의 판단 알고리즘이 목소리가 또렷하고 큰 표준어 사용자에게 호감을 느끼도록 설계되어 있다면, 목소리가 작고 사투리를 심하게 쓰는 면접자의 경우 상대적으로 낮은 평가를 받을 수 있다.

이러한 비판에도 불구하고 공정한 채용을 위한 방안으로 인공지능 역량검사에 대한 수요는 꾸준히 늘고 있다. 따라서 비대면 면접을 앞둔 응시자들의 경우 자신이 마주해야 할 새로운 상황에 맞는 준비가 필요하다. 예를 들어, '인공지능 역량검사'의 경우 해당 기업과 직군별로 측정하는 항목을 각각 다르게 설정해 검사하는 것이므로, 만약 어떤 인공지능 역량검사 결과가 좋지 않았다면 그 역량검사에 해당하는 직군은 응시자에게 맞지 않다고 볼 수 있다. 또 '인공지능 역량검사'는 끝까지 포기하지 않고 마치는 것 역시 중요하므로 비대면 면접을 앞둔 응시자라면 당일 컨디션 관리를 잘 해두는 것이 도움이 된다.

인공지능과
예술가

　2016년 3월 9일, 세기의 대결이 펼쳐졌다. 바로 인공지능 '알파고'와 이세돌의 바둑 대결이다. 전 세계로 생중계되었고, 전 세계인들이 숨죽이며 관전했던 바로 그 경기 말이다. 노련한 내공의 세계 최고 바둑기사를 패배로 돌려세운 인공지능 '알파고'를 보며 조금은 섬뜩하다는 생각, 모두들 해봤을 것이다. 이러다가 인공지능이 예술 창작 외의 모든 부분에서 인간을 뛰어넘겠다며 우스갯소리를 하기도 했다. 그리고 그로부터 5년여의 시간이 흘렀다. 최근 인공지능은 인간 고유의 영역으로 여겨졌던 예술 창작의 영역에도 도전을 하고 있다. 예술은 감성을 가진 인간만의 특권이라고 생각했지만 아니었다.

　예술 작품이 가진 힘은 어마어마하다. 베토벤의 '운명교향곡'을 듣거나, 고흐의 '별의 빛나는 밤'을 바라보며 영혼 깊이 전율하고 감동함과 동시에 '치유'를 받기도 하기 때문이다. 우리는 이러한 아름다운 예술에 대한 감동과 환희 또는 슬픔과 위로 같은 정서적인 공감은 인간만이 느낄 수 있으며, 상상력이나 예술에 대한 창의성 또한 인간만이 가지고 있는 능력이라고 생각해 왔다.

그러나 최근 이러한 인간만의 창작 영역에 인공지능이 도전하는 일이 있었다. 소니사의 인공지능은 비틀즈의 음악과 비슷한 분위기의 음악을 만들어 냈고, 마이크로소프트 등은 자신들의 딥러닝 학습을 통해 인공지능이 렘브란트의 작품과 유사한 그림을 그려냈다며 발표했다. 이를 두고 혹자는 인공지능도 아름다운 음악과 그림을 그리는 '예술가'가 될 수 있다고 한다. 정말 인간은 자신들만의 영역이라 여기던 '창작'의 영역까지 인공지능에게 빼앗긴 것인가?

소니사의 인공지능이 만들어 냈다던 음악을 다시 한번 살펴보자. 소니사는 우선 자신들의 인공지능이 음악을 작곡하기 위해 필요한 일정한 규칙과 화성법을 가르쳤다. 그리고 인공지능에게 비틀즈의 모든 곡을 학습시킨 후 그 모든 데이터베이스들을 조합해 작곡하게 한 다음 보컬을 넣고 프로듀싱을 하여 하나의 곡을 만들어 냈다. 그 결과 인공지능은 마치 비틀즈의 신곡이라고 느껴질 만큼 비틀즈의 분위기와 비슷한 노래를 만들어 낼 수 있었다.

하지만 소니사의 인공지능이 했다는 '작곡'은 인공지능에게 주입된 인간의 규칙, 인간이 창조해 낸 '음악을 작곡하기 위한 규칙'들을 다시 활용하여 만들어 낸 규칙 위의 규칙일 뿐 그 속에 순수한 의미의 '창작'이라는 것이 포함되어 있다고 볼 수는 없다.

렘브란트의 작품과 유사한 수준의 그림을 그렸다는 마이크로

소프트사 등의 인공지능인 '넥스트 렘브란트' 역시 마찬가지다. 이 인공지능은 '딥러닝'을 통해 렘브란트 작품의 전형적인 인간 표정의 패턴을 얼굴인증 알고리즘을 이용하여 데이터베이스화했다. 또한 3D스캐너를 이용해 실제 작품의 캔버스 위에 칠한 물감의 높낮이와 색채 표현, 붓질의 패턴을 분석하여 이를 바탕으로 렘브란트의 작품과 매우 흡사한 수준의 새로운 초상화를 그려냈다. 인공지능이 인간이 만들어 낸 창작물을 다각도로 분석하여 그려낸 그림을 정말 순수한 의미의 '창작물'로 볼 수 있을까?

위와 같이 소니사와 마이크로소프트사 등의 인공지능이 만들어 낸 작품에 대해 '예술성'을 인정할 수 있을까? 이에 대한 논의는 여전히 진행 중이다. 그러나 이를 두고 인간의 창작성이나 예술가에 대한 도전으로 볼 것은 아니라고 생각한다. 예술이란 인간의 영감에서 우러나오는 '창조'라는 점에서, 인공지능이 유명 예술가의 화풍과 작곡법을 모방하고 조합해 만들어 낸 작품에 아름다움을 느낄 수는 있겠으나 이를 온전한 의미의 순수 창작물로 보기는 어렵기 때문이다. 아무리 '인공지능의 시대'라 하더라도, 여전히 인공지능에게는 '창조'가 아닌 '모방'만이 가능할 뿐이며, '예술'과 '창작'의 영역은 인간의 고유영역이라고 할 수 있다.

인공지능과 워라밸

A는 두 아이의 '엄마'이자 3년차 '변호사'다. 낮에는 재판과 상담 등으로 바쁘고, 서면을 쓰기 위한 야근은 당연한 일이 된지 오래다. 변호사가 되면 우아하게 법정에서 변론을 하고, 고상하고 품위 있는 생활이 보장될 것이라 상상했다. 하지만 현실은 엄청난 업무량 때문에 아이들과 집 근처 공원으로 나들이 한번 나갈 여유를 갖기도 어렵다. 소송 과정에서의 스트레스는 제대로 풀 시간도 없이 쌓여만 간다. 이러한 상황에서 '워라밸'은 그저 남의 이야기일 뿐이다.

워라밸은 '일과 삶의 균형'을 뜻하는 '워크 앤 라이프 밸런스(Work and Life Balance)'의 줄임말로 '저녁이 있는 삶'으로도 표현된다. 직장을 선택하는 조건으로 근로시간과 개인의 삶 사이의 균형을 고려하는 근로자들이 늘어나면서 등장한 신조어이다. 영미권에서는 1970년대부터 등장한 개념이지만 한국에서는 2018

년부터 새롭게 주목받기 시작했다. 워라밸을 고려하여 직장을 선택하는 근로자들이 증가하면서 기업들도 보다 우수한 인력의 확보를 위해 출산·육아휴가를 확대하고 초과 근무 시에는 일반 근무시간을 줄여주거나 자율출퇴근제를 시행하는 등 근로자의 '저녁 있는 삶'을 지원하면서도 생산성을 높일 수 있는 다양한 지원책들을 마련하고 있다.

그러나 변호사에게 '워라밸'은 다른 세상의 이야기다. 사건 기록 검토, 사실관계 정리, 필요한 증거 수집 및 정리, 관련 이해 당사자들과의 면담, 서면의 작성, 재판 출석 등 변호사의 하루는 말 그대로 빛의 속도로 지나가 버리기 일쑤다. 하지만 변호사의 삶에 '인공지능(AI)'이 도입된다면 어떨까?

인공지능은 더 이상 SF영화 속 상상의 기술이 아니다. 가장 쉬운 예로 우리는 매일 거리 경고, 자동 순항 제어, 추돌 방지, 주차 보조, 사각지역 모니터링, 차선이탈 경고 등 상당한 인공지능 기술이 탑재된 자동차를 이용해 출퇴근 하고 있다. 2014년 바둑으로 인간을 이긴 '알파고'나 지난 8월 사람 변호사팀을 상대로 한 근로계약서 자문 대결에서 이긴 '알파로' 등 이미 단순 보조를 넘어선 말 그대로의 '지능'을 갖춘 AI도 등장하기 시작했다. 하루하루 눈이 부시게 발전하고 있는 인공지능의 도움을 받는다면, 변호사도 '워라밸' 또는 '저녁이 있는 삶'이 가능하지 않을까? 인공지능 비서에게 사건 분석이나 기록 검토와 같이 많은 시간이 필요한 단순 반복 업무를 맡기고, 소송 전략 수립이나 서면 작성과 같이 전문성이 필요한 영역에 변호사의 능력을 집중하게 한다면 분명

변호사 업무의 생산성도 올라갈 것이다.

  인공지능이 도입된 변호사의 하루를 상상해 보자. 2023년, A변호사는 아침 9시에 출근하여 AI 비서가 지난밤 일목요연하게 정리한 사건 기록과 증거들을 검토하는 것으로 하루를 시작한다. 많은 시간이 필요했던 단순 검토 시간이 줄자 소송 전략 수립과 자문 의견서 작성에 더 집중할 수 있게 되었다. 오후 2시 의뢰인과의 상담 중 추가된 요구사항들을 반영한 서면을 오후 4시까지 법원에 제출하고, AI 비서에게 새로 수임한 사건의 자료와 분석방법의 지시를 마치면 오늘도 6시에 퇴근할 수 있다. A변호사의 삶에도 가족과 함께 식사를 하며 그날 있었던 소소한 이야기들을 나눌 수 있는 '저녁'이 가능해진 것이다.

인공지능과 일자리 감소

인공지능 시대가 오면 고용시장에 변화가 생길 거라는 예상은 이미 오래전부터 제기되어 왔다. 최근 코로나19로 인하여 인공지능 시대가 예상보다 더 빨리 도래하고 있다. 즉 사회적 거리두기가 일상화 되자 사람들은 자연적으로 비대면 접촉을 선호하게 되고, 이에 로봇을 이용한 비대면 접촉 서비스가 증가하고 있다.

예를 들어 레스토랑에 가면 키오스크를 이용하여 주문을 하고, 인공지능 로봇이 음식을 담은 쟁반을 손님들 식탁까지 옮겨다 준다. 외국에서는 농작물과 잡초를 구분하는 인공지능 기능이 탑재된 농업 로봇 "타이탄"이 농장에서 잡초를 뽑는다. 운송업체 페덱스의 로봇 "록소"는 계단을 오를 수 있어 고객의 집 문 앞까지 배달이 가능하다. 월마트 등 대형 매장에는 로봇이 바닥 청소를 한다. 이처럼 인공지능을 탑재한 로봇이 단순노동의 시장을 대체하는 현상은 코로나19로 인하여 더욱 가속화되고 있다.

인공지능 관련 기술이란 인공지능, 로봇, 빅데이터, 사물인터넷, 가상현실, 자율주행 등의 기술들이 융합하여 새로운 환경을 만들어내는 것이다. 이러한 인공지능 기술은 '무인화'를 확장시키고 있다. 따라서 로봇으로 처리가 가능한 단순노동의 일자리는 줄어들 수밖에 없다. 산업혁명에 따라 농업에 종사하던 사람들이 공장으로 일자리를 옮겨갔던 것처럼 인공지능 시대에는 단순노동의 직업은 줄어들지만 인공지능 시대에 맞는 새로운 일자리는 늘어날 것이다.

최근 국제노동기구(ILO)는 코로나19로 인하여 전 세계적으로 2,500만 개의 일자리가 사라질 것이라고 예측하였다. 이 수치는 실업자 예상치를 기준으로 한 것으로 직업의 개수를 말하는 것이 아니라 단순히 일자리를 추정한 것이다. 인공지능기술의 발전과 코로나19가 동시에 고용시장에 영향을 미치고 있기 때문에 체감하는 효과는 더욱 크게 다가오고 있다. 또한 정규직보다는 비정규직 같은 취약계층이 더욱 영향을 받을 수 있다. 이러한 취약계층을 보호하기 위한 방안은 정부가 정책적으로 대비하여야 한다.

이러한 단순 노동직의 감소 등 일자리 감소에 대한 대비책으로 유럽의 EU는 로봇세의 도입을 논하고 있고, 저소득층을 위한 기본소득지원금을 지급하는 방안을 고려하고 있다. 제레미 리프킨의 "노동의 종말"과, 베르나르 스티글레르의 "고용은 끝났다, 일이여 오라!"라는 저서에서 4차 산업혁명과 함께 일자리 감소 문제는 위기가 아니라 새로운 기회가 될 수도 있다고 강조하고 있다. 즉 4차 산업에 따라 새로운 일자리가 창출되고, 새로운 직업과 다양한 일이 출현한다는 것이다. 우리는 현재의 단순노동 일자리 감소문제를 정책적으로 대비하는 한편, 미래를 위하여 인공지능 시대에 맞는 새로운 일자리 창출의 노력을 계속하여야 한다.

인공지능과 차별

긴 법정 공방 끝에 법원의 판결이 내려지게 되면 재판의 승자는 정의가 살아있음을 느끼며 기뻐하는 반면, 그 상대방은 법원의 판결이 불공정하고 차별적이라며 불만을 품기도 한다. 같은 판결을 두고 원고와 피고 모두가 만족할 수 있는 완전한 판단을 내리는 것은 생각만큼 쉽지 않다. 그렇다면 사람이 아닌 기계가 빅데이터를 근거로 판단을 내리면 그 판단은 공평하고 공정하다고 여겨질 수 있을까?

사람들은 인공지능이라면 객관적이고 공정한 판단을 할 것이라고 생각한다. 사람과 달리 감정에 휘둘리지 않고 원리원칙대로 프로그래밍 된 논리에 따라 정확한 결과 값을 내려줄 것이라고 믿기 때문이다. 실제로 현재 의료영역에서 활용되고 있는 암 예측 인공지능 중 하나인 IBM의 '왓슨'의 경우 환자들로부터 인간 의사의 진단 결과보다 더 신뢰를 받고 있다는 연구도 있다.

일부 미래학자들은 머지않아 법조 분야도 인공지능으로 대체될 것이며, 인공지능 판사가 일부 판결을 하게 될 것이라고 예측하고 있다. 미국의 일부 주에서는 특정 알고리즘을 이용하여 범죄자의 재범률을 산출하고 그 결과를 고려하여 범죄자의 형량을 정하는 시스템인 '콤파스(COMPAS)'를 활용한 사례가 있다. 그러나 이 콤파스가 출소 후 2년 내에 재범을 저지를 가능성을 계산하는 과정에서 백인 범죄자보다 흑인 범죄자에게 2배 가까이 높은 재범률을 부여하였다는 것이 드러나 인종차별 문제가 불거지기도 했다.

이렇게 객관적이고 불편부당하다 믿었던 인공지능이 이와 같은 '차별'을 갖게 되는 이유는 간단하다. 인공지능 알고리즘을 인간이 만들기 때문이다. 인공지능의 알고리즘을 구성함에 있어 개발자의 편향된 가치관과 신념 등이 고스란히 반영되는 경우, 인공지능은 인간과 마찬가지로 근원적인 편견을 가진 개발자의 '차별 복제품'이 될 수 있다.

인공지능이 가진 편견과 차별성으로 인한 문제는 사후처리는 물론 그 예방에도 큰 관심과 연구가 필요하다. 인공지능 알고리즘에 개발자의 편견이나 고정관념 등이 반영되는 경우, 심각한 문제가 발생하기 전까진 이를 발견해 내는 것이 쉽지 않기 때문이다. 우리나라는 인공지능 윤리헌장을 선언하는 등 인공지능의 윤리 문제에서 선도적인 역할을 하고 있다. 또한 우리나라는 EU나 미국 등 많은 선진국과 더불어 인공지능이 가진 편견 등으로 인해 발생할 수 있는 윤리 문제에 관한 가이드라인을 마련하기 위한 논의를 활발하게 하고 있다.

　인공지능 역시 인간과 마찬가지로 '차별'과 '편견' 등 여러 윤리 문제에 대한 논란들이 존재한다. 하지만 이러한 이유만으로 다가오는 인공지능 시대를 막을 수는 없다. 다만 인공지능 역시 편견과 차별을 가질 수 있다는 사실을 주지하고, 발생할 수 있는 문제들에 대해 철저히 준비하여 인간의 차별을 피하고자 만들어 낸 인공지능으로부터 또 다시 차별을 받는 일은 없어야 할 것이다.

인공지능과 코로나19

코로나19는 우리의 일상을 많이 바꿔놓았다. 매장에 들어가면서 QR 코드를 찍고, 키오스크를 이용해 음식을 주문하며, 인공지능 로봇이 메뉴를 자리까지 가져다준다. 먼 미래의 일이라고 생각했던 것들이 코로나19로 인해 생각보다 빠르게 우리 삶에 훌쩍 들어와버렸다. 매장에서뿐만이 아니다. 이제는 은행에서도 인공지능 은행원을 둘 예정이라고 한다.

A는 최근 문제가 되고 있는 코로나19의 감염예방수칙에 따라 '사회적 거리두기'를 시행 중이다. 대면접촉을 피하고자 최대한 외출과 모임을 삼가고 있다. 지난주부터는 회사의 재택근무 실시로 출근도 하지 않는다. 물론 당장 필요한 물건이 생기는 경우엔 외출도 한다. 마스크를 착용하고 들린 마트에서는 필요한 물건을 무인 계산대를 이용해 구매했고, 기분전환 삼아 들린 화장품 편집매장에서 새로 나온 립스틱을 메이크업 앱을 통해 테스트해 봤다.

대면접촉 없이도 A의 짧은 외출에는 큰 불편함이 없었다.

전 세계인의 건강을 위협하고 있는 코로나19가 이젠 단순한 보건위기를 넘어 전 세계인들의 라이프 스타일을 바꾸고 있다. 특히 감염증의 확산 방지와 예방을 위해 실시되고 있는 "사회적 거리두기"가 일상이 되면서 비대면 라이프 스타일에 기반한 "언택트"(un-contact)서비스가 크게 주목받고 있다.

'언택트 서비스'란 사람과 사람이 직접 만나지 않고 비대면 형태로 접촉하는 형식으로 키오스크나 VR, 챗봇 등을 활용하여 물품을 구매하거나 서비스를 받는 것을 말한다. 간단하게는 패스트푸드점의 키오스크를 이용한 메뉴 주문부터 오프라인 매장에 들어가 필요한 물건을 집어 나오면 자동으로 결제가 되는 아마존 고(Amazon Go)의 무인 결제 시스템, 거울로 된 화면을 통해 가상으로 색조화장품을 테스트해 볼 수 있는 화장품 편집매장의 메이크업 앱이나 스마트테이블까지 이미 다양한 언택트 서비스가 우리의 소비생활에 활용되고 있다.

이러한 언택트 서비스는 인공지능을 만나 단순히 정해진 주문을 받고 결제하는 것을 넘어 좀 더 '똑똑한 직원'이 되기도 한다. 인공지능을 활용하는 경우 빅데이터에 근거하여 고객의 성향과 선호도를 예측해 그에 맞춰서 우선적으로 서비스를 제공할 수 있기 때문이다.

예를 들어 패스트푸드점의 키오스크는 고객이 주문했던 메뉴들을 바탕으로 새로운 메뉴를 제안하고, 대형 매장의 무인 안내판은 고객이 자주 구매하던 물건들의 위치를 가리켜 쇼핑시간을 줄

여주며, 화장품 매장의 메이크업 앱과 스마트테이블은 고객의 피부 톤을 분석해 여러 브랜드의 색조화장품 중 가장 어울릴만한 신상품을 추천해줄 수 있다.

사회적인 위기가 때로 누군가에게 새로운 기회이자 발전의 계기가 되기도 한다. 코로나19의 장기화가 언택트 서비스와 인공지능에게 새로운 기회를 제공하고 있듯이 말이다. 인류는 위기를 통해 발전하고 기술 역시 그러하다. 이번 코로나19도 전 세계적으로 큰 위기임은 분명하지만, 인공지능 기술 분야에서는 비약적인 발전 계기가 될 것이다.

다만 인공지능과 언택트 서비스의 발전이 편리함을 가져다주지만 소통의 부재를 초래할 수 있다. 우리는 편리함과 소통 사이를 이어주는 문제를 해결해 나갈 방법도 함께 연구해 보아야 한다.

인공지능과
한국판 뉴딜 정책

지난 7월 14일 관계부처 합동으로 '한국판 뉴딜' 종합 계획이 발표되었다. 배경은 세계적인 감염병인 코로나19로 인하여 사회·경제 전반의 구조적 변화가 초래되고, 고용과 생산의 저하로 인한 경제침체를 우려하면서 위기 극복과 국가경쟁력 제고를 위해 국가적 투자 전략이 수립된 것으로 보인다. 핵심적인 추진과제로 디지털 뉴딜, 디지털·그린 융복합, 그린 뉴딜로 나뉘는데 그 핵심에 기본을 이루는 기술적 배경이 인공지능과 빅데이터를 기반으로 하고 있다.

혹자는 정부가 개입해서 주도하는 경제성장에는 한계가 있으며, 부작용이 있다고 우려한다. 이들은 미국의 아마존이나 구글과 같이 사기업이 앞서서 미래산업을 주도적으로 이끌어야 최상의 효과가 나타난다고 강조한다. 다른 혹자는 우리나라의 새마을 운동이나 경제발전 5개년 계획과 같은 정부 주도형 개발 방식이 눈

부신 한강의 기적을 이루었고, 이번 코로나19에 대한 범국가적 방역체계가 세계적으로 모범을 보였듯이 정부가 주도적으로 경제위기를 극복하고자 하는 방안이 더욱 효과적이라고 주장한다. 이러한 양측의 주장이 대립되는 가운데 한국판 뉴딜 중에서 인공지능과 밀접한 관련이 있는 디지털 뉴딜정책을 중점적으로 살펴보자.

한국판 뉴딜정책의 핵심과제 중에서도 특히 큰 관심을 받고 있는 디지털 뉴딜은 데이터와 네트워크, 인공지능을 기반으로 디지털 국가를 달성하여 코로나19 이후 유망산업으로 급부상하고 있는 비대면 방식의 산업분야를 육성하고 디지털 경제로의 전환을 준비하기 위한 기반을 마련하는 것을 목적으로 한다.

디지털 뉴딜의 주요 내용을 살펴보면 ▲국민의 생활과 밀접한 분야부터 전체 산업분야와 정부 영역을 모두 아우르는 거대한 데이터베이스와 보안체계의 구축 ▲국민들의 디지털기술에 대한 이해와 활용을 위해 필요한 교육 프로그램의 확충과 디지털 기반의 교육 인프라 조성 ▲의료분야와 국민 생활의 편의와 안전을 위한 교통, 물류 등 SOC 분야의 스마트화 ▲원격근무나 온라인을 통한 제품 및 서비스 거래 등의 온라인 비즈니스를 지원하기 위한 각종 지원책 마련 등이다.

정부는 이러한 국가적 차원의 디지털 뉴딜을 통해 중요해지고 있는 '디지털 역량'을 길러 미래 국가경쟁력을 확보하는 동시에 그 과정에서 창출되는 다양한 분야의 일자리를 통해 침체된 국가경제를 활성화 할 수 있을 것이라 기대하고 있다. 하지만 그러한 긍정적인 결과들은 디지털 정보의 수집과 활용에서 나타날 수 있는 정보주체들의 저항과 사생활 및 재산권 침해 문제, 구축된 데이터베이스를 누가 관리하고 어떻게 보호할 것인지에 대한 논란 등 부정적인 반응들에 적절히 대응할 수 있을 때 얻어질 수 있음을 잊어서는 안 된다.

바야흐로 인공지능 시대의 도래는 필연적이다. 인공지능 시대에 따른 고용과 일자리 창출에 정부가 적극적으로 나서서 해결하고자 하는 의지를 보여준다는 점에서 디지털 뉴딜 정책을 반가워하는 바이다. 부디 이 정책이 정권이 바뀌더라도 용두사미가 되지 않고 초지일관하여 우리나라가 디지털 강국으로서의 입지를 다시 한번 견고히 다지게 되길 바란다.

감사의 글

이 책이 나오기까지 많은 분들의 수고와 격려가 있었다. 지면을 빌려 감사의 인사를 드리고자 한다. 평소 글 쓰는 것을 좋아하는 저자에게 일간지에 2018년부터 3년간 기고할 수 있도록 격려를 해 준 내일신문의 장명국 사장님과 문진헌 기획팀장님, 안성열 기자에게 감사 인사를 전한다. 변호사 협회 신문에도 주기적으로 인공지능 관련 글을 기고할 수 있도록 해 준 대한변호사협회 담당자에게도 고마운 마음을 전한다. 내외뉴스통신에는 2019년부터 기고하고 있으며, 앞으로도 꾸준히 기고할 예정이다. 늘 한결같은 마음으로 격려하고 용기를 주는 내외뉴스통신의 김광탁 사장님께 다시 한번 고개 숙여 인사드린다.

처음 시작은 미약했으나, 3년이라는 시간이 지나고 100여개가 훨씬 넘는 글들이 쌓이면서, 재미있다는 이야기, 어려운 법을 쉽게 얘기해 줘서 고맙다는 이야기, 저자의 열정이 느껴진다는 이야기 등 많은 격려를 고객과 독자들로부터 넘치도록 받았다. 저자로서는 과분한 칭찬에 몸 둘 바를 모르겠고 그저 고맙고 감사할 따름이다. 앞으로도 꾸준히 좋은 글을 쓰도록 노력하겠다는 약속을 드린다.

처음에 일간지에 기고를 시작할 때는 몇 번 하다 말겠지 하던 가족들이 3년이 넘도록 꾸준히 글을 쓰는 모습을 보더니 이제는 제일 든든한 조력자가 되어주고 있다. 늘 곁에서 지치지 않도록 위로와 힘을 주는 멋진 남편 이형권, 저자와 같은 길을 가고 있는 든든한 아들 이다솔, 세상에서 가장 현명하고 아름다운 딸 이지인에게 사랑과 감사의 말을 전한다. 사무실에서 묵묵히 맡은 바 최선을 다하는 믿음직하고 성실한 이정용 변호사에게도 고마운 마음을 전한다.

끝으로 이 책이 나올 때까지 교정과 편집에 수고해 준 남아라님, 훌륭한 책을 만들어 준 이지컴 이진영 대표님께 따뜻한 마음을 전한다. 모두 모두 행복과 건강이 함께 하시길 빈다.

2022년 1월
문정동 사무실에서